中国人民大学“十四五”规划教材

马克思主义政治经济学原理（第五版）

主　编　张雷声

副主编　董正平

参编者（按姓氏笔画排序）

李玉峰　陆　宁

郑吉伟　姜　冰

黄泽清　彭俞超

韩建新

中国人民大学出版社

·北京·

图书在版编目（CIP）数据

马克思主义政治经济学原理/张雷声主编；董正平副主编．--5版．--北京：中国人民大学出版社，2024.7.--（中国人民大学“十四五”规划教材）．
ISBN 978-7-300-32935-2

Ⅰ．F0－0

中国国家版本馆CIP数据核字第2024MQ2911号

中国人民大学“十四五”规划教材
马克思主义政治经济学原理（第五版）
主　编　张雷声
副主编　董正平

出版发行	中国人民大学出版社		
社　　址	北京中关村大街31号	邮政编码	100080
电　　话	010－62511242（总编室）		010－62511770（质管部）
	010－82501766（邮购部）		010－62514148（门市部）
	010－62515195（发行公司）		010－62515275（盗版举报）
网　　址	http://www.crup.com.cn		
经　　销	新华书店		
印　　刷	涿州市星河印刷有限公司	版　　次	2003年9月第1版
开　　本	720 mm×1000 mm　1/16		2024年7月第5版
印　　张	20.5 插页1	印　　次	2024年7月第1次印刷
字　　数	308 000	定　　价	54.00元

目　录

导　论

要论提示

● 马克思主义政治经济学的研究对象是社会生产关系。社会生产关系是一个内容非常丰富的复杂系统，必须联系社会基本矛盾运动研究社会生产关系。

● 马克思主义政治经济学的研究任务是揭示人类社会各个发展阶段经济运行过程中的客观经济规律。

● 唯物辩证法是马克思主义政治经济学研究的根本方法。运用唯物辩证法分析经济运行过程，具体要运用科学抽象法、逻辑与历史相一致的方法等。

● 马克思主义政治经济学具有与时俱进的理论品质，蕴含在它的创立中，反映在它的特征上，体现在它的发展中。

关键词　马克思主义政治经济学　物质资料生产　生产力　生产关系　经济规律　与时俱进

马克思主义政治经济学是一门揭示以社会化大生产为基础的社会生产关系及经济运行客观规律的科学，或者说是研究一定社会经济运行规律的科学。马克思主义政治经济学也是一门随时代、实践和科学的发展而不断发展的科学。

马克思（1818—1883）

马克思主义的创始人，世界无产阶级和劳动人民的革命导师，国际共产主义运动的奠基者。马克思的一生是在科学的道路上不畏艰险、勇攀高峰的一生，是为共产主义事业奋斗不息的一生。19 世纪 50—60 年代，马克思创立政治经济学科学体系的时期，正是马克思一生中最困难的时期，贫困的阴影笼罩着马克思，但是他并没有被贫困所压倒，而是埋头于政治经济学的研究，经过苦心耕耘，终于完成了政治经济学的伟大变革，创立了马克思主义政治经济学的科学体系。

恩格斯（1820—1895）

马克思主义的创始人，国际无产阶级的伟大导师，马克思的亲密合作者和朋友。在政治经济学的研究上，他先于马克思发表了《国民经济学批判大纲》，马克思称之为“批判经济学范畴的天才大纲”。从 1844 年 8 月和马克思结成革命友谊开始，共同合作，写下了《神圣家族》《德意志意识形态》《共产党宣言》等光辉篇章。马克思逝世后，恩格斯不仅肩负起了指导国际共产主义运动的任务，而且还整理、出版了马克思的《资本论》，完成了许多重要的著作。恩格斯为马克思主义政治经济学的创立、发展做出了重要贡献。

0.1 研究对象

物质资料生产是马克思主义政治经济学研究的出发点，社会生产关系是马克思主义政治经济学研究的对象。但是，马克思主义政治经济学必须在社会基本矛盾运动中研究社会生产关系。

0.1.1 物质资料生产

物质资料生产作为人类最基本的实践活动，是马克思主义政治经济学研究的出发点。因为：（1）只有通过物质资料生产，人类才能获得吃、穿、住、行等所需的基本生活资料，才能生存。物质资料生产是人类社会存在的基础。（2）只有通过物质资料生产，人类才能从事生产活动之外的其他一切社会活动，如政治、科学、文化、艺术、体育等。物质资料生产又是人类社会发展的基础。

人类进行物质资料生产的劳动过程必须具备三个基本要素：

第一，人的劳动，即劳动力的支出。主要是指具有一定生产经验和劳动技能的劳动者有目的地改造自然的活动。人的劳动有体力劳动和脑力劳动之分。随着生产和科学技术的发展，脑力劳动的作用日益重要，体力劳动的形式也会发生改变。

第二，劳动资料，即劳动手段。主要是指人们在生产过程中用以改变和影响劳动对象的一切物质手段和物质条件，包括生产工具、生产建筑物、道路、运河等，其中最重要的是生产工具。随着社会生产的发展，劳动资料的质与量都在不断发展，范围在不断扩大，使用效能也在不断提高。

第三，劳动对象，即劳动者在生产过程中所加工的一切物质资料。它分为两类：一类是未经人的加工但已被纳入生产过程的自然物，如地下埋藏的煤层和矿石、原始森林的树木、天然水域中的鱼类等；另一类是经过人的劳动加工的物质资料，即原材料。随着科学

各种经济时代的区别，不在于生产什么，而在于怎样生产，用什么劳动资料生产。劳动资料不仅是人类劳动力发展的测量器，而且是劳动借以进行的社会关系的指示器。

——马克思

资料来源：马克思，恩格斯．马克思恩格斯文集：第5卷．北京：人民出版社，2009：210.

技术的发展，劳动对象的范围不断扩大，不仅越来越多的自然物被作为劳动对象，而且新的原材料也不断出现和日益增多，越来越显示出它在生产发展中的重要作用。

在上述三个基本要素中，人的劳动是生产中的能动因素，劳动对象和劳动资料的总和构成生产资料，是生产中不可缺少的物质条件。劳动者与生产资料结合的过程就是物质资料生产的过程。

0.1.2 社会生产关系及其系统

在物质资料生产中，人们相互之间必然发生一定的关系，即生产关系。物质资料生产过程也就表现为在生产活动中人与人之间发生社会关系的过程。生产关系是一个内容非常丰富的复杂系统。

马克思主义政治经济学研究的生产关系，是人们在生产资料所有制基础上形成的，并在社会生产过程中发生的生产、分配、交换、消费诸关系的总和。社会生产过程是生产、分配、交换、消费四个环节构成的辩证统一的运动过程。在社会生产过程中，生产、分配、交换、消费之间存在着相互联系、相互制约的辩证关系。其中，生产是起决定作用的环节，它决定着分配、交换、消费的对象、方式、数量和性质；分配和交换是联结生产和消费的桥梁与纽带，对生产和消费起着重要的影响作用；消费是最终目的和动力。人们在社会生产过程的各个环节上必然发生一定的经济联系。在生产过程中，人们生产出产品后，要按照各自在社会再生产中所处的地位和享有的权利，分得自己应得的部分，这就形成了人们对物质产品的分配关系。在社会分工条件下，人们所获得的产品往往不是或不完全是自己直接需要的，必须通过交换来满足各自的需要，这就形成了人们之间的交换关系。人们把通过分配和交换所获得的产品用于个人消费，就形成了消费关系。生产关系在社会生产过程中就表现为，人们在进行物质资料生产、分配、交换和消费的经济活动的过程中所形成的相互关系的总和。

人们在社会生产过程中结成的生产、分配、交换、消费诸方面的经济关系，是以一定的生产资料所有制为基础的。生产资料所有制是指人们在生产资料的所有、占有、支配和使用上结成的生产关系的制度规定。生产资料所有制决定着人们在生产过程中的地位和相互关系，决定着产品的分配、交换和消费，从而决定着生产关系。因此，生产资料所有制是生产关系的基础。

以生产资料所有制为基础，历史上的生产关系有两种基本类型：一种是以生产资料私有制为基础的生产关系，如奴隶制生产关系、封建制生产关系、资本主义生产关系；另一种是以生产资料公有制为基础的生产关系，如原始社会的生产关系、社会主义社会的生产关系，以及未来共产主义社会的生产关系。

马克思主义政治经济学对生产关系的研究，包括对经济制度和经济体制的研究。经济制度是不同社会形态中，生产资料所有者根据自身的利益要求及增进自身利益的经济目标，对人们在生产资料占有关系、劳动者与生产资料的结合方式、社会物质财富的分配关系等方面的基本规定。经济制度是一定社会形态的最基本、最本质的经济关系，反映着不同社会经济形态的本质区别。经济体制是一定社会组织内部资源配置的机制、方式和结构的总和，是对一定社会经济运行模式的概括。经济体制是经济制度的具体实现形式。一定的经济体制的发展状况对于一定社会生产关系的建立和发展有着重要的影响；而一定的经济制度也只有在选择了与之相适应的经济体制后才能得到巩固和发展，合理的经济体制对经济制度的发展起着重要的促进作用。马克思主义政治经济学对社会生产关系的研究，既要注重对经济制度的研究，又要注重对经济体制的研究，更要对两者之间结合的方式进行研究。

0.1.3 社会基本矛盾运动

马克思主义政治经济学是在一定的社会基本矛盾运动中研

究生产关系的。社会基本矛盾包括生产力与生产关系的矛盾、经济基础与上层建筑的矛盾。

在物质资料生产过程中，人与自然的关系表现为生产力。生产力是指人们在生产过程中利用自然、改造自然的能力。生产力是人类社会的最终决定力量，生产力的发展状况标志着人类社会的进步程度，也标志着人类利用和改造自然的广度和深度。生产力的构成包括人和物两大要素。人的要素就是指有一定生产经验、劳动技能和科学知识的劳动者，物的要素就是指生产资料，其中生产工具占有非常重要的地位，因为生产工具的变革是社会生产力发展的主要标志，是划分经济发展时期的主要标志。

> 世界主要发达国家的经济发展过程表明：20世纪初，这些国家的社会生产力的发展只有5%是靠科学技术取得的，到21世纪初，社会生产力的发展已有70%～80%是靠科学技术取得的。与发达国家相比，我国这一时期的数据仅为30%～50%。许多知识密集型行业生产的增长几乎100%地依靠科学技术取得。科学技术为社会所创造的物质财富达到了前所未有的水平。

生产力中还包括科学技术、管理、信息等要素。生产力越发展，科学技术要素的作用就越重要。在当代社会生产中，科学技术、管理、信息等都起着日益重要的作用。科学技术是第一生产力。科学技术作为人们从生产实践和科学实验中系统总结出来的经验，一旦进入生产过程，同生产力中人和物的要素结合，就会转化为现实的、直接的生产力。管理在微观上有劳动管理、设备管理、物资管理、质量管理等，在宏观上有生产力布局、资源配置等方面的管理。管理的好坏，对社会生产力有很大影响。在生产中，信息通过图纸、技术资料、文件等载体和通信传递工具，把生产力各要素、生产单位各部分、生产企业、部门、地区、生产指挥系统联系起来，信息的质量和传递速度对生产也有直接影响。因此，生产力包括科学技术、管理、信息等在内，但它们都不是独立的实体，而是通过生产力的基本要素起作用的。生产力和生产关系的统一构成生产方式。生产方式是指人类社会为了生存和发展而谋取物质资料的方式，它是生产力和生产关系的对立统一。生产力决定生产关系，具体表现在：（1）生产力的性质决定生产关系的性质。有什么样性质的生产力，就有什么样性质的生产关系与之相适应。每一种现实的生产关系都是为适应一定性质和水平的生产力而建立起来的。（2）生产力的发展变化决定生产关系的发展和变革。生产力是最活跃、最革命的因素，经常处于变动中，而生产关系则具有相对稳定性。当生产力发展到一个新的水平时，旧的生产关系不再适应生产力的性质，必然或迟或早地发生变革，为适应生产力性质的新的生产关系所代替。生产关系必须而且只能适应生产力的现有状况而发生变化，如果超越了现有生产力状况，人为地过早地变革生产关系，反而不利于生产力的发展。但是，生产关系对生产力也具有反作用，具体表现在：当生产关系适应生产力的性质和状况时，能推动生产力的发展；当生产关系不适应生产力的性质和状况时，则阻碍生产力的发展。落后陈旧的生产关系是生产力发展的桎梏；超越生产力发展状况和水平的生产关系，也会阻碍生产力的发展。生产力决定生产关系，生产关系一定要适合生产力性质的规律，是推动人类社会发展的基本规律。太阳每天都是新的，永远不断地更新。社会生产力不断发展，必然冲破一切束缚它的罗网。

一定社会形态中占主导地位的生产关系的总和，构成这个社会的经济基础。建立在经济基础之上并与之相适应的政治、法律制度和社会意识形态，构成这个社会的上层建筑。经济基础和上层建筑的统一构成一定的社会形态。经济基础和上层建筑也是矛盾统一体。经济基础决定上层建筑，有什么样性质的经济基础，就有什么样的与之相适应的上层建筑。随着经济基础的变革，全部上层建筑也会或迟或早地相应发生变化。上层建筑对经济基础也有反作用，这种反作用主要表现为：适应新的经济基础而建立起来的上层建筑，能够保护和促进新的经济基础的巩固和发展；而旧的上层建筑则维护旧的经济基础，或延缓旧的经济基础的瓦解，阻碍新的经济基础的形成和发展。

由于生产力与生产关系、经济基础与上层建筑有着紧密的联系，因此，马克思主义政治经济学研究社会生产关系，必须在生产力与生产关系、经济基础与上层建筑的矛盾运动中进行。

理论前沿 关于马克思主义政治经济学的研究对象问题，学术界存在着争议，有三种不同观点：(1) 认为马克思主义政治经济学的研究对象是生产关系，但生产力是评价生产关系存在和发展的客观标准，因此，马克思主义政治经济学研究生产关系是以生产力的发展为基础的。(2) 认为马克思主义政治经济学的研究对象是生产力，因为在马克思那里，生产方式作为政治经济学的研究对象主要指的是生产力。(3) 认为马克思主义政治经济学的研究对象既是生产关系也是生产力，研究生产关系时必须考察生产力，研究生产力时必须联系生产关系。

0.2 研究任务

马克思主义政治经济学的研究对象决定其研究任务在于，揭示人类社会各个发展阶段经济运行过程中的客观经济规律。

0.2.1 经济规律的客观性

在人类社会物质资料生产过程中，在纷繁复杂的经济现象背后，存在着某些内在的、本质的、必然的联系。经济规律就是经济运行过程中和经济现象背后内在的、本质的、必然的联系，它体现着社会经济运行的必然趋势。

经济规律具有客观性。因为：(1) 任何经济规律都是在一定的客观经济条件的基础上产生的，并随着客观经济条件的变化而变化，有什么样的客观经济条件，就会有什么样的经济规律。(2) 任何经济规律都是不以人们的主观意志为转移的，人们既不能消灭、废除或改造它，也不能随意地创造或制定它。不管人们能否认识它，它都会客观存在并发生作用。(3) 人们从事经济活动必须尊重经济规律，按照经济规律办事，否则就会受到经济规律的惩罚。

承认经济规律的客观性，并不意味着人们在经济规律面前无能为力，更不意味着人们可以任由经济规律摆布。相反，人们可以充分发挥自己的主观能动性，认识和利用经济规律。人们只有在深刻认识经济规律的基础上，才能对它做出科学的表述和概括，才能利用它能动地改造客观世界。利用经济规律就是使人们的主观行动和措施符合它的要求，根据它的运动趋势，安排人们的经济活动，从而在实践中更好地实现经济活动的目的。

经济规律与自然规律的区别在于：(1) 自然规律赖以产生的自然条件一般不发生变化，因而自然规律一般不变；而经济规律赖以产生的经济条件可能较快地发生变化，因此，经济规律会随着经济条件的变化而变化。(2) 自然规律可以离开人们的活动独立存在并发生作用，而经济规律总是和人们的经济活动相联系。(3) 在阶级社会中，自然规律的发现和利用是没有阶级性的，而经济规律的发现和利用则总要直接或间接地涉及各个阶级的切身利益，要受到阶级利益的限制。

0.2.2 经济规律的类型

根据经济规律赖以产生的经济条件的不同，可以把它分为三种类型：

第一，一切社会形态共有的经济规律。它表现人类各个社会形态发展过程中的某些共同性质，如生产关系一定要适应生产力性质的规律或者生产关系和生产力的矛盾运动规律。

第二，某几个社会形态共有的经济规律。它表现这几个社会形态发展过程中的某些共同性质，如价值规律是在商品经济中发生作用的，而商品经济就跨越了几个社会形态。

第三，某一个社会形态特有的经济规律。它表现某一个社会形态发展过程中的特殊性质，如资本主义社会特有的剩余价值规律、社会主义社会的按劳分配规律等。

在经济规律的三种不同类型中，共有的经济规律体现人类一切社会形态或某几个社会形态之间经济关系上的本质联系，特有的经济规律则把不同社会形态的生产关系从本质上区分开来，社会发展过程也就被划分为性质不同的历史阶段。

在一定的社会形态中，各种不同的经济规律总是同时发生作用的，它们相互联系、相互制约，共同构成该社会的经济规律体系。在这个经济规律体系中，基本经济规律起主导和决定作用。它决定该社会的生产目的和实现目的的手段，决定该社会生产的实质和社会生产的一切主要方面和主要过程，其他经济规律都要服从它的要求，受它制约。当然，其他经济规律能否顺利发挥作用，也会影响基本经济规律的实现程度。

0.3 研究方法

> 马克思的整个世界观不是教义，而是方法。它提供的不是现成的教条，而是进一步研究的出发点和**供**这种研究**使用**的方法。
>
> ——恩格斯
>
> 资料来源：马克思，恩格斯．马克思恩格斯文集：第10卷．北京：人民出版社，2009：691.

马克思主义政治经济学的研究方法很多，包括唯物辩证法、科学抽象法、逻辑与历史相一致的方法、分析与综合的方法、系统方法、数学方法等。其中，唯物辩证法是根本方法，科学抽象法、逻辑与历史相一致的方法是唯物辩证法的具体运用。

0.3.1 唯物辩证法

唯物辩证法就是强调实事求是，从客观的经济事实和经济现象出发，透过各种经济现象揭示出隐藏在经济现象背后的本质联系及其运动规律。唯物辩证法是马克思主义政治经济学研究的根本方法，也是马克思主义政治经济学的重要特色之一。

马克思运用唯物辩证法研究政治经济学，主要表现在：从社会生活的各种领域中划分出经济领域，从社会关系中划分出生产关系，并把它当作其他一切关系的基本的原始的关系，把它作为政治经济学的研究对象；为了揭示生产关系及其规律，又从物质资料生产出发来分析社会经济现象，从事物的互相联系、互相制约中研究经济问题，从量变转化为质变上考察社会经济运行过程，从发展和变化上考察社会经济现象的本质，从对立统一规律上认识矛盾，区分矛盾的性质，分析主要矛盾和矛盾的主要方面，寻求解决矛盾的方法。马克思运用唯物辩证法研究政治经济学，科学地揭示了资本主义经济关系及其经济运行规律。

唯物辩证法与黑格尔的辩证法相反。黑格尔的辩证法是一种唯心主义的辩证法。唯心主义的辩证法认为外界存在的东西都是观念的产物，它在承认思维的辩证发展的同时否定了物质自然界的辩证发展，在承认对立面的统一和斗争的同时把统一看成是绝对的，把斗争看成是相对的，在肯定万事万物都在发展变化的同时，却把普鲁士专制制度看成是“和谐”的。唯物辩证法则认为观念的东西不外是反映在人脑中并经过人脑改造过的物质的东西，它在对现存事物的肯定理解中，也包含了对现存事物的否定理解，从事物的不断运动角度去理解，它的本质是批判的、革命的。

运用唯物辩证法研究政治经济学，必须坚持一切从实际出发和理论联系实际的原则。一切从实际出发，就是从客观事物本身的情况出发，按照世界的本来面目认识世界，按照不断变化的实际来认识事物，按照客观规律办事。理论联系实际，就是强调理论必须接受实践的检验，理论必须随实践的发展而发展。马克思主义政治经济学对社会生产关系及其发展规律的研究，就是从社会经济发展的实际出发，对一系列新现象、新问题进行深入探讨的过程，就是理论联系实际、揭示出深藏在经济社会发展现象背后的本质及其规律的过程。马克思主义政治经济学运用唯物辩证法，坚持一切从实际出发和理论联系实际的原则，实际上就是适应实践的发展，以实践检验一切，自觉地把思想认识从那些已被实践证明是不合时宜的观念、做法和体制的束缚中解放出来，从主观主义和形而上学的桎梏中解放出来，在实践中不断地发展自身。

0.3.2 科学抽象法

科学抽象法是唯物辩证法的具体运用。它是运用人的抽象思维能力，从大量的社会经济现象中排除各种外在的、非本质的联系，抽取某种共同的、本质的联系，从而形成科学的概念和理论体系的方法。对任何学科进行研究都必须运用抽象法。自然科学运用抽象法，可以在实验室中通过物理的、化学的、生物的各种实验手段来进行。但是，社会科学运用抽象法，就不能在实验室中用显微镜、化学试剂来进行了，而只能用抽象力来代替。抽象力是指人的抽象思维能力，即对各种现象进行抽取和概括其本质特征的能力。马克思主义政治经济学运用抽象法研究社会生产关系及其发展规律，就是运用了这种抽象力。马克思主义政治经济学从商品的不同使用价值中抽取出商品的交换价值，在此基础上进一步抽取出商品的价值，从而揭示了商品经济中人与人之间的社会生产关系。马克思主义政治经济学从资本主义经济现实存在的利润、利息、地租等形式中，抽取反映它们本质的东西即剩余价值，通过对剩余价值的分析，揭示了资本主义社会生产关系的实质及其发展规律。

抽象法的运用过程主要有：（1）透过事物错综复杂的现象，撇开次要的、非本质的因素，抽象出特定的研究对象。马克思主义政治经济学在研究资本主义经济现实的过程中，就是透过资本主义社会存在的各种类型的经济关系，撇开了次要的、非本质的经济关系，抽象出生产关系作为特定的研究对象。（2）对抽象出的特定的研究对象进行理论分析，即通过去粗取精、去伪存真、由此及彼、由表及里的过程，揭示出经济过程发展变化的最本质的东西。例如，马克思主义政治经济学在以社会生产关系为研究对象进行的理论分析中，从复杂的经济现象中抽象出能够反映社会生产关系的最一般、最简单的经济范畴——商品，并以商品作为起点，再现了资本主义社会的全部经济过程。

0.3.3 逻辑与历史相一致的方法

逻辑方法是指思维推理方法，即在研究社会经济现象时，按照经济范畴的逻辑关系，从比较简单的经济范畴逐步上升到比较复杂的经济范畴，以阐明社会经济现象和经济过程的逻辑发展进程。历史方法是指在研究社会经济现象和经济过程时，按照其历史发展的真实进程来研究。逻辑与历史相一致的方法就是指思维推理过程要符合和反映经济现象的历史发展过程。“历史从哪里开始，思想进程也应当从哪里开始，而思想进程的进一步发展不过是历史过程在抽象的、理论上前后一贯的形式上的反映”①。马克思主义政治经济学从商品生产和商品流通出发来研究社会生产关系及其规律，就是对逻辑与历史相一致的方法的运用。从研究商品开始，进而研究货币和资本，从研究绝对剩余价值生产到研究相对剩余价值生产，从研究简单再生产到研究扩大再生产，从研究利润到研究平均利润，等等，思想的进程与历史的进程是一致的。从商品到货币，再到资本的逻辑分析进程，正是对商品形式由低级向高级发展并转化为资本形式历史进程的反映。

但是，在逻辑与历史相一致的方法的运用中，逻辑与历史并不是绝对一致的。因为历史的发展经常具有跳跃性和曲折性，如果思维的逻辑进程处处都要跟随它，就必然会使人们更多地去注意一些无关紧要的材料，就必然会经常打乱思维的逻

① 马克思，恩格斯．马克思恩格斯文集：第2卷．北京：人民出版社，2009：603.

辑进程，所以，逻辑与历史的一致只能是大体一致。

在马克思主义政治经济学研究中还采用了许多具体的方法。我们在学习马克思主义政治经济学时，应该深入理解并掌握它的研究方法，运用这些方法分析理论问题和现实问题，发展马克思主义政治经济学。

0.4 理论品质

马克思主义政治经济学具有与时俱进的理论品质。与时俱进是指马克思主义政治经济学必定能随时代、实践和科学的发展而不断发展。这一理论品质蕴含在它的创立中，反映在它的特征上，体现在它的发展中。

0.4.1 在创立中蕴含

马克思主义政治经济学由马克思、恩格斯创立于19世纪40年代至60年代。它的创立蕴含着与时俱进的理论品质，主要从三个方面表现出来：

第一，马克思主义政治经济学的创立反映了时代发展的客观要求。19世纪中期，英、法、德等国的产业革命使生产力以前所未有的速度和规模迅速发展起来，从而加剧了资本主义生产方式中生产力和生产关系的矛盾，生产社会化和生产资料资本主义私人占有这一基本矛盾日益尖锐地发展，无产阶级与资产阶级的矛盾和斗争逐步发展为占据主导地位的社会矛盾。在这一时代发展下，一方面资产阶级要求为其辩护的庸俗经济学代替古典政治经济学占据统治地位，另一方面无产阶级要求能够代表自己利益的科学的政治经济学理论诞生。马克思主义政治经济学就是适应这一时代发展的要求而创立的。马克思主义政治经济学能够适应时代发展的要求而创立的事实说明，随着时代的发展变化，马克思主义政治经济学将不断丰富和发展自身。这就是马克思主义政治经济学的内在的科学精神。

第二，马克思主义政治经济学的创立以批判地继承前人一切优秀成果为基础。资产阶级古典政治经济学和空想社会主义是马克思主义政治经济学的主要理论来源。资产阶级古典政治经济学产生于17世纪中期，完成于19世纪初期。在英国，古典政治经济学从威廉·配第（1623—1687）开始，经过亚当·斯密（1723—1790）的发展，到大卫·李嘉图（1772—1823）结束。古典政治经济学家在经济学说史上第一次把经济理论的考察从流通领域转移到生产领域，阐明了经济现象的某些内在联系，从而使经济学建立在科学基础之上。古典政治经济学以科学的态度批判封建经济制度、揭示资本主义生产和分配规律，取得了有科学价值的成果，如在一定程度上研究了资本主义生产方式的内在联系和结构，揭示了资本主义生产、分配、交换和消费的内在矛盾和运行机制，构建了包括一系列重要经济范畴、理论、规律在内的资本主义经济理论体系，这些成为马克思主义政治经济学的直接理论来源。空想社会主义以圣西门、傅立叶、欧文为代表，他们在对资本主义的尖锐批判中，提出了许多有价值的见解，如批判了现存资本主义制度的罪恶，揭露了资本主义的内在矛盾，勾画了未来社会的美好蓝图等，这些都为马克思主义政治经济学阐述社会主义代替资本主义的客观必然性提供了思想和理论材料。马克思主义政治经济学创立的两大理论来源，

资产阶级古典政治经济学

资产阶级古典政治经济学产生于17世纪中期，完成于19世纪初。它是欧洲资本主义制度处于上升阶段，代表新兴资产阶级利益和要求的具有一定科学性的经济理论体系。在英国，它的创始人是威廉·配第，经亚当·斯密的进一步发展，到大卫·李嘉图最后完成；在法国，它的创始人是皮埃尔·布阿吉尔贝尔，经过重农学派的发展，最后到西斯蒙第结束。资产阶级古典政治经济学试图阐明经济现象的内在联系，揭示资本主义经济发展的规律，它在劳动价值论、剩余价值的各种形式、社会资本再生产等问题的研究上有重大贡献。

资产阶级庸俗经济学

资产阶级庸俗经济学产生于18世纪末至19世纪初。它是为资本主义辩护、粉饰资本主义剥削关系的资产阶级经济学，其特点是不研究经济现象的内在联系，只限于描述从经济现象表面所看到的似是而非的外在联系。资产阶级庸俗经济学的演变过程是：18世纪末至19世纪20年代是其产生时期，主要是把资产阶级古典经济学庸俗化；19世纪30年代至60年代是其占据统治地位时期，开始出现了内部分化；19世纪70年代至20世纪20年代，伴随着“边际革命”，以马歇尔为代表的新古典经济学逐渐成为主流经济学；20世纪30年代至60年代是凯恩斯学派成为主流学派的时期；20世纪60年代以后，凯恩斯学派出现分化，经济自由主义抬头。

说明了它绝不是离开世界文明大道而产生的故步自封、僵化不变的学说。

空想社会主义

空想社会主义也称“乌托邦”社会主义，产生于16世纪初，于19世纪中期马克思主义的科学社会主义产生后逐渐退出历史舞台。它是现代无产阶级先驱者的独立运动的理论表现，是一种不现实的改造人类社会的思想体系。空想社会主义的发展经历了四个阶段：第一阶段是16世纪至17世纪的早期空想社会主义，莫尔和他的《乌托邦》、康帕内拉和他的《太阳城》是其主要代表；第二阶段是18世纪的平均空想共产主义，对共产主义的设想带有明显的平均主义和禁欲主义色彩；第三阶段是19世纪初期的批判的空想社会主义，主要代表是圣西门、傅立叶、欧文，他们把批判的锋芒指向资本主义，提出了一些含有历史唯物主义思想萌芽的见解，这些思想成为科学社会主义的直接来源；第四阶段是19世纪30年代至40年代的空想共产主义，在理论上没有新建树。

第三，马克思主义政治经济学的创立植根于社会经济实践。马克思、恩格斯从青年时代就积极投身于那个时代的社会实践。从19世纪40年代后半期马克思、恩格斯创建“共产主义者同盟”开始，直到90年代前半期恩格斯晚年领导第二国际

> **《资本论》**
>
> 《资本论》是马克思的主要理论著作。马克思以资本主义生产方式的细胞即商品中所包含的矛盾分析为起点，一步一步地揭示出资本主义经济制度内部的错综复杂的矛盾体系，科学地说明了资本主义社会生产力和生产关系之间、经济基础和上层建筑之间矛盾的相互作用，说明了资本主义对生产力发展和对历史进步的巨大贡献，同时也科学地证明了资本主义生产方式必然灭亡的历史趋势，揭示了人类社会发展的客观规律。《资本论》问世已有100多年的历史，资本主义已出现了许多新情况和新问题，我们应当从当代的客观实际出发，创造性地运用和发展马克思主义政治经济学。《资本论》也是迄今全世界以各民族语言出版传播最广的理论著作之一。

的革命活动，在这个历程中，他们始终处在国际共产主义运动的前沿。正是这样的社会实践过程，奠定了马克思、恩格斯创立无产阶级政治经济学的基础。马克思主义政治经济学的创立也离不开经济实践。马克思、恩格斯考察了资本主义经济发展的现状，研究了大量反映资本主义经济发展的统计资料，关注着资本主义经济发展的新动向和新问题，特别对当时资本主义经济最为发达的英国做了剖析，揭示了资本主义经济的本质、运行及发展趋势，揭示了资本主义生产方式的内在矛盾，阐明了资本主义经济关系向未来社会经济关系过渡的历史必然性。马克思主义政治经济学在社会经济实践基础上创立的事实表明，它能够随社会经济实践的发展而发展。

0.4.2 在特征上反映

马克思主义政治经济学与时俱进的理论品质，反映在它的特征上，主要表现是：

第一，马克思主义政治经济学是阶级性与科学性的统一。社会科学的阶级性是由它的研究对象决定的。纵观经济学说史，政治经济学的研究必然要触及各个阶级和阶层的物质利益，在阶级社会中，这种物质利益关系就表现为阶级利益关系。由于人们所处的阶级地位不同以及人们的阶级利益不同，因而人们对社会经济现象和经济过程所做的分析也必然不同。

不同的阶级有不同的从本阶级利益出发、为本阶级利益服务的政治经济学。资产阶级政治经济学是为资产阶级利益服务的，是为资本主义制度辩护的。马克思主义政治经济学是代表无产阶级和最广大人民群众根本利益的社会科学。由于无产阶级是先进生产力和生产方式的代表，它要求彻底消灭资本统治，用社会主义公有制代替资本主义私有制，因而无产阶级的根本利益是同社会经济发展的客观规律相一致的。马克思主义政治经济学实现了阶级性和科学性的高度统一，它站在无产阶级的立场上，从实际出发，科学地揭示了社会经济活动的本质和规律，揭示了人类社会发展的客观规律。这不仅符合无产阶级的阶级本性和根本利益，而且是实现无产阶级的利益和历史使命的前提。

> 人是最名副其实的政治动物，不仅是一种合群的动物，而且是只有在社会中才能独立的动物。孤立的一个人在社会之外进行生产——这是罕见的事，在已经内在地具有社会力量的文明人偶然落到荒野时，可能会发生这种事情——就像许多个人不在**一起**生活和彼此交谈而竟有语言发展一样，是不可思议的。
>
> ——马克思
>
> 资料来源：马克思，恩格斯．马克思恩格斯文集：第8卷．北京：人民出版社，2009：6.

第二，马克思主义政治经济学是制度性、社会性和历史性的统一。马克思主义政治经济学研究的生产关系，是以生产资料所有制为基础的生产关系总和，而这一生产关系总和所构成的是一定社会的经济制度。因此，在一定意义上，马克思主义政治经济学研究的就是不同社会形态下的经济制度。马克思主义政治经济学研究的生产关系具有社会性、历史性。一方面，人总是一定社会关系的成员，人的本质是一定社会关系的总和，脱离了现实社会的人是不存在的。另一方面，一定的社会经济制度总是人类社会发展到一定历史阶段的产物，当它成为生产力发展的桎梏时，就必定要被新的社会经济制度所代替。在不同的国家，人们在社会生产过程中所处的条件和形式各不相同，因而具有不同类型的生产关系；同样，在每一个国家的不同发展阶段，生产关系在其发展过程中也必然有不同的特点。因此，马克思主义政治经济学研究的是不同社会形态下的经济制度，研究的是不能脱离现实社会的生产关系，研究的是不断变化的生产关系，这三者是统一的。

0.4.3 在发展中体现

马克思主义政治经济学与时俱进的理论品质，体现为一个多世纪以来列宁、斯大林，以及在中国共产党百余年历史中中国共产党人对马克思主义政治经济学的发展。

讨 论

马克思主义政治经济学创立于19世纪中期，距今已有一个多世纪之久了。今天，我们为什么还要学习它？

马克思主义政治经济学随着时代、实践和科学的发展而发展。19世纪末20世纪初，列宁根据资本主义发展的新变化，分析了垄断资本主义的实质和基本经济特征，并通过对资本主义发展不平衡规律的深刻论证，提出了社会主义可以在一国或者数国取得胜利的理论，在领导俄国社会主义革命中，探索了现实社会主义经济关系的实质和经济运行问题，为马克思主义政治经济学研究社会主义经济关系奠定了初步的理论基础。

斯大林在领导苏联社会主义建设中，对社会主义经济关系和经济运行问题做过多方面的探讨，例如社会主义基本经济规律以及社会主义商品生产、价值规律在社会主义经济中的运用等，为马克思主义政治经济学研究社会主义经济关系和经济运行提供了一些有价值的内容和有益的启示。当然，斯大林对马克思主义理论的教条式的、片面的理解，使他对社会主义经济关系和经济运行问题的分析也存在着许多不足，这是我们发展马克思主义政治经济学必须反思的方面。

以毛泽东、邓小平、江泽民、胡锦涛、习近平等同志为主要代表的中国共产党人，在中国社会主义革命、建设和改革实践中，把马克思主义政治经济学的基本原理同中国具体实际相结合、同中华优秀传统文化相结合，丰富和发展了马克思主义政治经济学。新中国成立之初，毛泽东论证的中国官僚资本与民族资本的不同性质和特点及社会主义三大改造理论，社会主义建设时期，毛泽东论述的“十大关系”，社会主义改革和发展时期，邓小平理论中的社会主义初级阶段理论、经济体制改革和社会主义市场经济理论，“三个代表”重要思想和科学发展观中体现的经济思想等，中国特色社会主义新时代，习近平经济思想等，都是马克思主义政治经济学在当代中国的发展，也体现了马克思主义政治经济学与时俱进的理论品质。

马克思主义政治经济学与时俱进的理论品质在发展中的体现，是与它的开放性密切联系在一起的。马克思主义政治经济学理论体系的开放性，决定了它能够随着时代、实践和科学的发展而不断发展。马克思主义政治经济学与时俱进的理论品质，正是通过这一发展过程充分体现出来的。

马克思主义政治经济学所具有的与时俱进的理论品质，要求我们始终保持与时俱进的精神状态，在坚持马克思主义政治经济学基本原理的基础上，立足中国特色社会主义发展的伟大实践，勇于探索经济体制改革和发展中的新情况、新问题，不断谱写新的理论篇章，丰富、发展和创新马克思主义政治经济学。

马克思被西方评为“千年第一思想家”

1999年英国剑桥大学文理学院的教授就“谁是人类纪元第二个千年的‘千年第一思想家’”的命题进行了校内的征询、推选，投票结果是马克思位居第一。随后，英国BBC广播公司又以同一命题，在全球互联网上公开征询投票一个月，其结果仍然是马克思位居第一。马克思为“千年第一思想家”，成为西方知识界、思想界精英层的共识。

本章小结

社会生产关系是人们在物质资料生产中必然发生的相互关系。马克思主义政治经济学所研究的社会生产关系，是以生产资料所有制为基础的，贯穿于社会生产过程的生产、交换、分配、消费四个环节，包括了经济制度和经济体制。由于人类社会的发展过程是社会基本矛盾的运动过程，因而必须在生产力与生产关系、经济基础与上层建筑的矛盾运动中研究社会生产关系。

经济规律是经济现象和经济过程内在的、本质的、必然的联系，它体现着社会经济运行的必然趋势。马克思主义政治经济学揭示的是人类社会各个发展阶段经济运行过程中的经济规律。我们既要认识经济规律的客观性，也要重视人的主观能动性。

马克思主义政治经济学的研究对象和研究任务决定其研究方法必须以唯物辩证法为基础。运用唯物辩证法研究政治经济学，必须坚持一切从实际出发和理论联系实际的原则，必须采用科学抽象法，运用人的抽象思维能力，从大量的社会经济现象中，排除各种外在的、非本质的联系，抽取某种共同的、本质的联系，从而形成科学的概念和理论体系，必须坚持逻辑与历史相一致的方法，即使思维推理过程大体符合和反映经济现象的历史发展。此外，还必须借鉴现代科学研究和西方经济学的方法。

马克思主义政治经济学的与时俱进是指它必定能随时代、实践和科学的发展而不断发展。这一理论品质首先蕴含在它的创立中，即表现为马克思主义政治经济学符合时代发展的客观要求，以批判地继承前人一切优秀成果为基础，植根于社会经济实践；其次通过马克思主义政治经济学是阶级性与科学性的统一，是制度性、社会性和历史性的统一这两大特征反映出来；最后通过一个多世纪以来列宁、斯大林，以及在中国共产党百余年历史中中国共产党人对马克思主义政治经济学的发展体现出来。

阅读书目

1. 马克思．《政治经济学批判》序言//马克思，恩格斯．马克思恩格斯文集：第 2 卷．北京：人民出版社，2009.

2. 马克思．第一版序言//马克思，恩格斯．马克思恩格斯文集：第 5 卷．北京：人民出版社，2009.

3. 马克思．第二版跋//马克思，恩格斯．马克思恩格斯文集：第 5 卷．北京：人民出版社，2009.

4. 江泽民．在庆祝中国共产党成立八十周年大会上的讲话//江泽民．江泽民文选：第 3 卷．北京：人民出版社，2006.

5. 胡锦涛．在庆祝中国共产党成立九十周年大会上的讲话//中共中央文献研究室．十七大以来重要文献选编：下．北京：中央文献出版社，2013.

6. 习近平．深入学习中国特色社会主义理论体系　努力掌握马克思主义立场观点方法．求是，2010（7）．

7. 习近平．在哲学社会科学工作座谈会上的讲话（2016年5月17日）．人民日报，2016-05-19（2）．

8. 习近平．高举中国特色社会主义伟大旗帜　为全面建设社会主义现代化国家而团结奋斗．北京：人民出版社，2023.

分析与思考

1. 有人认为，马克思主义政治经济学的研究对象在当代已不再是社会生产关系，你认为这种说法正确吗？

2. 如何理解科学技术是第一生产力？

3. 生产关系对生产力具有反作用，能不能由此认为只要变革了生产关系就可以促进生产力的发展呢？

4. “经济活动是人们有意识的自觉的行动，因而经济发展过程是受人，而不是受经济规律支配的”，这一看法正确吗？

5. 怎样认识马克思主义政治经济学研究的根本方法？

6. 马克思主义政治经济学的创立与发展是如何表现它的与时俱进的理论品质的？

第1章 经济制度的变革与经济体制的演化

要论提示

● 社会基本矛盾运动是推动社会经济制度变革的根本动力。生产关系随着生产力的发展而改变自身的性质，是社会经济制度变革的一般规律。

● 商品经济取代自然经济，是人类社会生产发展的巨大进步。

● 合理配置资源是一切社会生产共同的要求，采用何种经济体制模式取决于能否实现资源的优化配置和社会生产力的更快发展。

● 经济制度是经济体制的基础，经济体制既受经济制度的制约，也受其他因素的影响。

关键词 经济制度　经济体制　商品经济　自然经济

在人类社会形态由低级向高级的历史演变过程中，生产力和生产关系的矛盾运动是推动社会经济制度变革的根本动力，生产关系随着生产力的发展而改变自身的性质，是社会经济制度变革的一般规律。经济制度反映生产关系的性质，经济体制反映社会经济采取的资源配置方式。从自然经济发展到商品经济，是历史的巨大进步，极大地促进了社会生产力的发展。

1.1 经济制度变革的规律

经济制度的变革表现为人类社会经济形态的发展和更替，它是在生产力发展及其与生产关系的相互作用中实现的，是一种不以人的意志为转移的客观历史过程。

1.1.1 社会基本矛盾与经济制度变革

经济制度是一定社会形态最基本、最本质的经济关系，规定着这一社会的政治制度、法律制度和人们的意识形态，反映着人类历史上不同社会形态的本质区别。在人类社会形态由低级向高级不断演进的过程中，社会基本矛盾的运动起着决定性作用，是社会经济制度变革的根本原因。

生产力和生产关系的矛盾、经济基础和上层建筑的矛盾构成了人类社会的基本矛盾。社会基本矛盾的运动总是从生产力的变化开始的，生产力发展到一定阶段，使相对稳定的生产关系越来越不能适应生产力进一步发展的要求，必然要求突破旧的生产关系，建立起适合生产力发展的新的生产关系；生产关系（经济基础）变革的客观要求，又导致上层建筑的变革。新的上层建筑的建

> 社会的物质生产力发展到一定阶段，便同它们一直在其中运动的现存生产关系或财产关系（这只是生产关系的法律用语）发生矛盾。于是这些关系便由生产力的发展形式变成生产力的桎梏。那时社会革命的时代就到来了。随着经济基础的变更，全部庞大的上层建筑也或慢或快地发生变革。
>
> ——马克思
>
> 资料来源：马克思，恩格斯．马克思恩格斯文集：第2卷．北京：人民出版社，2009：591-592.

立，保证了新的生产关系的形成和发展，从而促使生产力从旧的生产关系束缚中解放出来。因此，生产力和生产关系的矛盾运动是一个社会经济制度变革的根本动力，生产力的变化决定生产关系的变化，并最终推动上层建筑的变化和整个社会形态由低级向高级的不断进化和发展。生产关系随着生产力的发展而改变自身的性质，是社会经济制度变革的一般规律。

1.1.2 经济制度变革的过程

迄今为止，人类社会经历了两三百万年的原始社会制度、数千年的奴隶社会制度和封建社会制度、四五百年的资本主义社会制度、百余年的社会主义社会制度。

> 美国民族学家摩尔根在《古代社会》一书中对北美易洛魁人部落的描述是：部落共同开发土地、猎区、渔场、牧场，共同拥有生产资料。氏族全体成员共同劳动创造的成果归全氏族成员共有。个人所有的只是随身携带的生产工具和个人日常生活用品。

原始社会制度是人类历史上最初的社会经济制度。在漫长的原始社会，生产力水平极其低下，人们以石器为主要生产工具，实行以血缘关系为纽带的集体劳动。同生产力水平极其低下的状况相适应，人们在生产过程中形成了原始的互助合作关系，此外，还形成了共同占有生产资料和劳动产品的原始公有制以及平均分配制度，这些构成了原始社会经济制度的基本特征。原始社会末期，金属工具，特别是青铜器的使用，大大提高了劳动生产率。随着集体劳动逐渐过渡到个体劳动，生产资料和劳动产品也逐渐从公有财产变为私有财产。私有制和交换的发展导致财产占有上的不平等，当奴隶劳动扩展到一切生产部门，成为社会生产的基础时，奴隶社会制度便形成了。

在奴隶社会制度下，奴隶主占有全部生产资料，并直接占有生产者奴隶，奴隶是在奴隶主或监工的暴力手段的强制下劳人类的文明时代是从奴隶社会开始的，它是脑力劳动与体力劳动分工的结果，是建立在阶级对立的基础之上的。

动的，奴隶生产的全部产品归奴隶主占有和支配。尽管奴隶制是人类历史上非常野蛮的剥削制度，但奴隶主占有大量奴隶，可以实行较大规模的生产协作，有利于提高生产效率，因而它能够推动社会生产力缓慢地向前发展。不过，奴隶制生产关系对生产力的促进作用毕竟极为有限，到奴隶社会末期，新的金属工具——铁器的使用，使人类社会进入了铁器时代。当奴隶占有制的生产关系成为生产力继续发展的桎梏时，封建社会制度取代奴隶社会制度就成为历史的必然。

中国的四大发明，即指南针、造纸术、印刷术及火药促进了人类经济、文化的交流和世界经济的发展。马克思曾指出：**火药、指南针、印刷术**——这是预告资产阶级社会到来的三大发明。火药把骑士阶层炸得粉碎，指南针打开了世界市场并建立了殖民地，而印刷术则变成新教的工具。

在封建社会里，封建主占有大部分的土地，农民则完全没有或只有很少的土地。为了取得必要的生活资料，农民不得不通过向封建主缴纳地租取得土地的使用权，不得不忍受残酷的封建剥削和奴役。封建主占有基本生产资料（土地）和不完全占有生产者（农民或农奴），是封建经济制度的主要特征。相对于奴隶社会的生产关系，封建社会的生产关系在一定程度上解除了农民对地主的人身依附关系，促进了生产力的发展。进入封建社会后期，商品经济的迅速发展使封建生产关系无法适应生产力进一步发展的要求。在生产力和商品经济的推动下，资本主义生产方式通过资本原始积累和资产阶级革命而建立和发展起来。

资本主义社会制度建立的初期，被封建生产关系束缚的社会生产力得到了极大解放。始于 18 世纪 60 年代的以蒸汽机的发明及广泛应用为标志的第一次科技革命，完成了人类历史上第一次以机械力取代人力和自然力、以人工合成材料取代自然原料的生产技术的根本性变革。以机器大工业为主体的工厂制度取代以手工劳动为基础的工场制度，雇佣劳动从对资本的“形式从属”转变为“实际从属”，不仅确立了资本主义生产方式的物质技术基础，而且确立了资本主义生产方式在一切经济领域中的主导地位。然而随着资本主义生产力的发展，资本主义生产关系日益暴露出与生产力发展不适应的一面。生产的社会化要求否定资本主义私有制的历史趋势，在资本主义生产关系的自我“扬弃”中表现了出来。19 世纪后期，股份公司的出现和股份资本的发展，是资本主义生产关系的第一次自我“扬弃”。由于它突破了单个私人资本的局限性，缓解了生产力和生产关系的冲突，因而在一定程度上适应了生产力发展的要求。这一时期，以电、电机和内燃机的发明与利用为标志的第二次科技革命，实现了电能与机械能等各种形式能量之间的相互转化，推动了生产规模的进一步扩大和生产社会化程度的进一步提高，为生产和资本的迅速集中奠定了物质技术基础，也推动了资本主义从自由竞争阶段进入垄断阶段。垄断的产生和发展，是资本主义生产关系在自身范围内的又一次自我“扬弃”。始于 20 世纪 40 年代的以原子能、电子计算机、航天技术和生物工程的发明与应用为主要标志的第三次科技革命，实现了社会生产的系统化、网络化和智能化，带来了生产社会化向全球范围的延伸和扩展，也加速了国家垄断资本主义和国际垄断资本的发展，这是资本主义生产关系的进一步自我调整。资本主义生产关系在资本主义限度内的不断调整，一方面推动着生产社会化和社会生产力的发展，表明它还有相当的生命力；另一方面也在不自觉地为向社会主义过渡创造着物质条件，表现出它离社会主义的门槛越来越近。由于资本主义所无法克服的基本矛盾和历史局限性，建立起与社会化大生产相适应的社会主义经济制度，是资本主义发展的必然趋势。

但是必须看到，在人类社会发展的历史长河中，任何一种社会经济制度的灭亡和它被新的社会经济制度所取代，都经历了一个漫长而曲折的历史过程。社会主义消灭剥削制度，战胜资本主义经济制度，实现共同富裕，也必然是一个长期、复杂的过程。

1.2 自然经济与商品经济

自然经济和商品经济是人类社会发展至今存在的两种基本经济形态。商品经济是作为自然经济的对立物产生和发展起来的。

1.2.1 自然经济的基本特征

自然经济是为了直接满足生产者或经济单位自身的需要而进行生产的经济形式。自给自足是自然经济最基本的特征。

在自然经济中，由于生产的目的是满足生产者自身的需要，因而生产是在本经济单位内部进行的，每个生产者利用自身的经济条件生产出满足自身需要的几乎一切产品，交换极为有限，并且在整个经济中不起决定性作用。

自然经济是与低下的社会生产力水平相适应的一种经济形式。在自然经济条件下，人们各自相互之间很少进行经济联系，生产规模小，劳动生产率低下，生产发展缓慢，整个社会生产长期处于简单再生产的境况。

讨　论

在自然经济中也存在着生产者为别人生产、产品供给别人消费的情况，如农民向封建主缴纳实物地租。作为实物地租的农产品为什么不属于商品？

自然经济存在于整个原始社会历史时期。在原始社会很长的时间里，人类在血缘家庭和氏族组织的狭小范围内集体劳动，按性别和年龄进行自然分工。人们通过采集、狩猎、畜牧和栽培作物获取的物品极其有限，仅能勉强维持本经济单位很低水平的生活，这就从生产力水平和所有制关系方面，排除了本经济单位内部各个成员之间的商品交换。由于各个经济单位还难以生产出可供交换的剩余产品，也就不存在商品交换。

在奴隶社会和封建社会，商品经济有了一定的发展，但只是处于补充和从属的地位，自然经济在社会经济生活中一直占据着主导地位。到了封建社会末期，自然经济才趋于瓦解。

中国广大农村在历史上长期实行的以“男耕女织”为特征的小农经济，就是典型的自然经济。自然经济的存在是中国封建社会发展缓慢并长期延续的重要原因之一。

1.2.2 商品经济的产生和发展

商品经济是商品生产和商品交换的总和，是直接以交换为目的的社会经济形态。在人类社会发展中，商品经济取代自然经济是历史的巨大进步，推动了社会生产力的发展。

商品经济的产生和发展是以一定的经济条件为前提的，这些经济条件主要有：(1) 社会分工；(2) 生产资料和劳动产品属于不同的所有者，存在具有独立经济利益的经济实体。

社会分工是商品经济产生和发展的一般基础，它是随着人类生产力的发展而产生和发展的。最初的社会分工产生于畜牧业与农业的分离。原始人在长期的狩猎生活中，发现了可以驯服和在驯服后可以繁殖的动物，于是一些部落专门从事饲养牲畜活动而发展成为游牧部落，使畜牧业从农业中分化出来，这就是人类历史上的第一次社会大分工。由于金属工具出现，以及金属加工、纺织、酿酒、榨油等生产活动开始发展，作为农业和畜牧业副业的手工业出现了，手工业逐渐成为许多人的独立职业，从农业中分离出来，这就是人类历史上的第二次社会大分工。手工业产品所具有的非自给性质，造成了直接以交换为目的的商品生产的出现。由于交换规模日益扩大，交换品种逐渐增加，交换范围不断拓展，需要有一些人专门从事商品交换活动，从而出现了不从事生产而专门从事商品买卖的商人，这就产生了人类历史上的第三次社会大分工。商人的出现，促进了商品生产和商品交换的发展。

生产资料和劳动产品属于不同的所有者是商品经济产生和发展的根本条件。当社会分工中处于不同地位的生产当事人，以产品的不同所有者身份相互交换劳动时，他们的劳动产品才表现为商品。当具有不同经济利益的生产者通过商品货币关系实行等价交换时，他们才能互通有无，获得他人的劳动产品。正是因为存在着社会分工以及生产资料和劳动产品属于不同的所有者，劳动产品才会作为商品来生产和交换，才产生了商品经济。

商品经济经历了简单商品经济和发达商品经济两个发展阶段。商品经济在各个社会形态及不同的发展阶段中，有着不同的特点。

在奴隶社会和封建社会中，商品经济只是对占主导地位的自然经济的一种补充，因而处于简单商品经济阶段。简单商品经济是以生产资料的个体所有制和个体劳动为基础的，商品生产者生产和出卖商品的目的在于满足自己不同的消费需要。在这一阶段，市场发育程度较低，市场规模较小，市场体系也不完善，市场机制还难以在全社会范围内发挥配置资源的作用。

在资本主义社会，社会化大生产代替了分散的个体劳动，商品经济得到了高度发展，不仅一切劳动产品成为商品，而且连劳动力也变成了商品，商品经济成为居于统治地位的经济。在以生产资料资本主义私有制和雇佣劳动为基础的资本主义商品经济条件下，资本家从事商品生产和交换的目的不是换取对方的商品以满足自身的消费需要，而是增殖资本。由于生产的社会化程度和产品的商品化程度得到了极大提高，商品生产和交换的范围从物质生产领域扩展到服务领域，资本从封闭的国内市场走向开放的国际市场，市场体系日趋复杂，市场机制日趋完善，市场机制在全社会范围内配置资源的条件已经具备，商品经济进入了它的发达阶段，即市场经济阶段。

在社会主义社会，尽管生产资料所有制和产品分配方式发生了根本变化，但仍然需要采取商品经济的形式。这是因为，在现阶段，广泛存在着社会分工，以公有制为基础的经济单位还是具有各自利益的经济实体，各种非公有制经济都是独立的商品生产者和经营者。历史实践证明，目前所有社会主义国家都不能消除商品经济，特别是生产力落后的国家，更需要大力发展商品经济。商品经济的充分发展，是社会经济发展不可逾越的阶段，是实现社会主义现代化的必要条件。

1.3 资源配置方式与经济体制

合理配置资源是任何社会经济活动的中心问题，是生产力发展的重要前提。在社会化生产条件下，市场和计划是资源配置的两种方式。

1.3.1 合理配置资源的必要性

在任何既定的社会生产力水平条件下，社会生产要素资源都是经济活动中不可缺少的，同时在数量上又总是有限的。由于社会资源总是具有稀缺性，投入某种产品生产上的资源增加，就意味着投入其他产品生产上的资源减少，因此任何社会都存在着如何合理配置资源的问题，人们需要对既定的人力、物力、财力在各种可能的生产用途之间做出选择，以保证稀缺的资源用于生产消费者最需要的产品，分配给生产效率最高的生产者，获得最优的效率。"这种按一定比例**分配**社会劳动的**必要性**，决不可能被社会生产的**一定形式**所取消，而可能改变的只是**它的表现方式**，这是不言而喻的。自然规律是根本不能取消的。在不同的历史条件下能够发生变化的，只是这些规律借以实现的**形式**。"①

一个社会做到人尽其才、物尽其用，就实现了资源的合理配置，社会生产就会与社会需要相适应，从而达到消费者、企

① 马克思，恩格斯．马克思恩格斯文集：第 10 卷．北京：人民出版社，2009：289.

业及社会利益的最大满足。反之，一个社会人力、物力、财力处于闲置状态，就被看作资源配置失当，社会生产结构由于与社会需要结构不相适应而发生脱节，就会造成资源的浪费，社会需要就难以得到满足，社会再生产运动就会遇到困难，甚至会使某些环节出现中断。充分利用有限的社会生产要素资源，避免人力、物力、财力的闲置浪费，是任何社会经济活动的中心问题，是一切社会生产共同的要求。

按一定比例配置资源是人类社会共有的经济规律，在任何历史条件下这个规律都会存在并发生作用，但并不意味着在不同的社会历史发展阶段中，这个规律借以实现的形式是一样的。按一定比例配置资源的形式，会随着社会历史条件的变化有所不同，它既可以借助价格机制、供求机制和竞争机制，通过市场来实现，也可以运用政府的力量，通过人们预先制订计划直接分配来实现。

1.3.2 市场配置方式和计划配置方式

在社会化大生产条件下，社会可以通过市场和计划两种方式，或这两种方式不同程度的结合，来达到合理配置资源的目标。市场配置方式是指依靠市场运行机制进行资源配置的方式。实行市场配置方式，可以使企业与市场发生直接联系，企业根据市场上供求关系的变化，根据市场上产品价格的信息，在竞争中实现资源的合理配置。计划配置方式是指计划部门根据社会需要及可能，以计划配额、行政命令进行资源配置的方式。实行计划配置方式，在一定条件下，有可能从整体上协调经济发展，集中力量完成重点工程项目。

市场配置方式在经济体制上的反映就是市场经济。市场经济是商品经济发展到一定阶段才产生的。在西方，市场经济的发展经历了自由市场经济和现代市场经济两个阶段。在自由市场经济阶段，国家对经济的控制力还不强，只能依靠市场这只“看不见的手”来配置资源，由价格信号来引导企业的经济行为，听任市场自发地以周期性危机的形式消除过剩的生产能力。然而“看不见的手”并不能调节日趋尖锐的资本主义生产无限扩大与市场需求相对缩小的矛盾，终于酿成了 20 世纪 30 年代的大萧条。面对资本主义制度“如何生存的问题”，资产阶级国家强化了经济干预，力图借助政府这只“看得见的手”来弥补市场缺陷，克服市场失灵，保持国民经济稳定。于是，现代市场经济逐渐取代了自由市场经济。

计划配置方式在经济体制上的反映就是计划经济。计划经济始于社会主义国家。社会主义各国在确立社会主义基本经济制度的同时，大都建立了一种高度集中的、以指令性计划为主要手段管理国民经济的经济体制。这种经济体制是与社会主义初始阶段比较落后的生产力状况和不发达的商品经济相适应的，在需求比较简单、生产和供给能力相对有限、技术进步比较缓慢的工业化起步

由于每个个人都努力把他的资本尽可能用来支持国内产业，都努力管理国内产业，使其生产物的价值能达到最高程度，他就必然竭力使社会的年收入尽量增大起来。确实，他通常既不打算促进公共的利益，也不知道他自己是在什么程度上促进那种利益。由于宁愿投资支持国内产业而不支持国外产业，他只是盘算他自己的安全；由于他管理产业的方式目的在于使其生产物的价值能达到最大程度，他所盘算的也只是他自己的利益。在这场合，像在其他许多场合一样，他受着一只看不见的手的指导，去尽力达到一个并非他本意想要达到的目的。也并不因为事非出于本意，就对社会有害。他追求自己的利益，往往使他能比在真正出于本意的情况下更有效地促进社会的利益。

——亚当·斯密

资料来源：斯密．国民财富的性质和原因的研究：下卷．北京：商务印书馆，2017：30.

社会主义国家第一个五年计划的成就

苏联从 1929 年开始实施五年计划，到 1937 年，其工业生产水平超过德国、英国、法国，由 1913 年的世界第五位和欧洲第四位，跃居世界第二位和欧洲第一位，成为仅次于美国的世界第二工业强国。苏联的工业化成就，与同时期资本主义世界性危机的萧条景象形成了鲜明的对照。

我国从 1953 年开始实施第一个五年计划，在国际上面临经济封锁和军事威胁，国内用于建设的资金、物资很少的情况下，我们依靠计划经济体制，集中全国有限的财力、物力和人力，进行重点建设，迅速地奠定了新中国工业化的初步基础。

阶段，它有利于在保障人民基本生活需要的基础上，集中有限的资源保证经济发展预期目标的实现。

但是，高度集中的计划经济体制存在着所有制结构和经营方式过分单一、统得过多过死、完全排斥市场调节的严重缺陷。随着社会主义经济建设条件的变化，尤其是新的科技革命和经济全球化的发展，其固有的功能缺陷日益凸显，运行成本越来越高，经济收益越来越低，不仅制约着国民经济高速、协调发展，而且在激烈的国际竞争面前失去了活力，经济体制改革势在必行。

1.4 经济制度与经济体制的关系

在现实经济生活中，经济体制总是同一定的社会经济制度结合在一起，社会经济制度决定经济体制的特点，经济体制反映社会经济制度的要求。

1.4.1 经济制度是经济体制的基础

经济体制是一定社会组织内部资源配置的机制、方式和结构的总和，是对一定社会经济运行模式的概括。它不可能脱离社会基本制度独立地存在和孤立地运转，总是建立在一定的经济制度基础之上，并受其影响和制约。经济制度是经济体制的基础，经济体制是经济制度的具体表现形式。

经济制度决定经济体制的根本性质和主要特点，规定着它的发展方向。同时，社会经济制度的性质、特征也要通过与其相适应的经济体制反映出来，并贯穿于整个经济运行过程。因此，无论选择何种资源配置方式，都不能背离社会经济制度的要求，经济体制的运作及改革必须为社会经济制度的巩固、完善和发展服务。

1.4.2 经济体制是生产关系的具体实现形式

> **现代市场经济的主要模式**
>
> (1) 以美国、英国为代表的自由市场经济模式。其主要特点是：私人经济占绝对主导，国有经济比重小；私人资本集中程度高，垄断性强；市场自发调节作用大，国家干预少；劳动力市场自由开放程度高、流动性大，就业竞争压力大。(2) 以德国、瑞典为代表的社会市场模式。其主要特点是：混合经济体制特征明显，注重市场机制和国家调节的结合，强调社会保障。(3) 以日本、韩国为代表的政府主导型市场经济模式。其主要特点是：在强调自由竞争的同时，特别强化政府在经济发展中的作用；鼓励员工参与企业事务，培养员工对企业的责任和忠诚。

经济体制作为一定社会经济制度所采取的具体组织形式和管理体系，属于生产关系的具体实现形式，反映着社会经济在组织生产、交换、分配的过程中采取的资源配置方式。它不反映该社会经济制度的性质。不同社会经济制度的国家可以实行类似的经济体制，相同社会经济制度的国家也可以实行不同的经济体制。

同一社会制度的不同国家和同一国家的不同历史发展阶段，之所以能够实行不同的经济体制，其原因在于，经济体制既受经济制度的制约，同时也受生产力发展水平、历史文化传统和现实国情等其他因素的影响。其中，生产力的发展水平是决定经济体制模式的最终根据，经济制度的性质规定着经济体制模式的社会经济本质，社会经济活动方式制约着经济体制的运行机制及调控方式，一个国家的历史文化传统和现实国情决定着经济体制的各种基本要素及其相互关系。正因为如此，一个国家的社会经济制度建立起来以后，能否选择一个适合本国生产力状况、现实国情、历史文化传统的经济体制，关系到能否有效地配置稀缺的资源，从而能否用较少的资源消耗生产出最适用的产品和服务来获取最佳的经济效益，关系到社会经济制度的巩固和社会经济的发展。

本章小结

人类社会形态的发展表现为社会经济制度的变革，推动社会经济制度变革最根本的动力是生产力和生产关系的矛盾运动，生产关系随着生产力的发展而改变自身的性质，是社会经济制度变革的一般规律。

自然经济和商品经济是人类社会发展至今存在的两种基本经济形式，商品经济经历了简单商品经济和发达商品经济两个发展阶段，市场经济是商品经济的发达阶段。

在社会化大生产条件下，社会可以通过市场和计划两种方式，或这两种方式不同程度的结合，来达到合理配置资源的目标。

作为资源配置方式，经济体制既受经济制度的制约，同时也受生产力发展水平、历史文化传统和现实国情等其他因素的影响。因此，同一社会制度的不同国家和同一国家的不同历史发展阶段，可以实行不同的经济体制。

阅读书目

1. 马克思．《政治经济学批判》序言//马克思，恩格斯．马克思恩格斯文集：第 2 卷．北京：人民出版社，2009.

2. 马克思．马克思致路德维希·库格曼//马克思，恩格斯．马克思恩格斯文集：第 10 卷．北京：人民出版社，2009.

分析与思考

1. 如何理解人类生产由孤立的小生产发展成社会化大生产是建立在社会分工基础上的？谈谈你对社会分工及社会化大生产作用的认识。

2. 如何理解商品经济取代自然经济是人类社会生产发展的巨大进步？

3. 马克思认为："无论哪一个社会形态，在它所能容纳的全部生产力发挥出来以前，是决不会灭亡的；而新的更高的生产关系，在它的物质存在条件在旧社会的胎胞里成熟以前，是决不会出现的。所以人类始终只提出自己能够解决的任务，因为只要仔细考察就可以发现，任务本身，只有在解决它的物质条件已经存在或者至少是在生成过程中的时候，才会产生。”试运用这一基本原理，说明资本主义制度和社会主义制度并存竞争的长期性和必然性。

4. 经济体制从来不是一种独立存在的形式，它总是同一定的社会经济制度紧密联系的。然而在现实生活中，不同社会经济制度的国家却可以实行类似的经济体制，相同社会经济制度的国家也可以实行不同的经济体制。应该怎样解释这一经济现象？

5. 按一定比例配置资源是人类社会的一种共有的客观规律，在任何历史条件下都会普遍存在，绝不可被社会生产的任何形式所取消。但是，这个规律借以实现的形式，即资源配置方式，在不同社会历史条件下会有所不同。你能举例说明其中包含的经济学道理吗？

第2章 商品经济的基本原理

要论提示

● 商品是使用价值与价值的统一体，商品的二因素是由劳动二重性决定的；社会必要劳动时间决定商品价值量，单位商品价值量与社会劳动生产率成反比；在简单商品经济中，私人劳动与社会劳动的矛盾是商品内在的各种矛盾的根源。

● 货币是价值形式发展的完成形式，货币的本质是通过货币的职能具体体现出来的，纸币流通须以金属货币的流通规律为基础。

● 价值规律是商品经济的基本规律，它是通过价格围绕价值上下波动表现出来的。

● 马克思的劳动价值论应随着时代和实践的发展而不断发展。

关键词　商品　货币　价值规律　劳动价值论

资本主义生产方式和社会主义生产方式都是建立在商品经济基础上的。因此，要阐明资本主义经济制度发生、发展和必然灭亡的规律，揭示社会主义经济制度、经济体制和经济运行机制的内在联系，就必须从分析商品开始，研究商品经济的基本规定和一般规律。

2.1 商品

商品是用来交换的劳动产品，具有使用价值和价值两个因素，它体现一定的社会生产关系，是一个历史范畴。

2.1.1 商品的二因素

使用价值是商品具有的效用，即能满足人类某种需要的属性。使用价值是商品的自然属性，反映的是人与自然的关系。不论在什么社会形态下，使用价值总是构成社会财富的物质内容，是人类社会赖以生存和发展的基础。在商品生产条件下，商品的使用价值是通过交换用以满足他人的需要的，而不是用以满足商品生产者自身的需要。之所以政治经济学研究使用价值，是因为使用价值是商品交换价值和价值的物质承担者。

交换价值首先表现为一种使用价值和另一种使用价值相交换的量的关系或比例。之所以两种根本不同的使用价值能够交换，是因为它们存在着某种共同的东西，即它们都是人类劳动的产品，都凝结着一定数量的人类劳动。

> 不论财富的社会形式如何，使用价值总是构成财富的内容，而这个内容最初同这种形式无关。我们从小麦的滋味中尝不出种植小麦的人是俄国的农奴，法国的小农，还是英国的资本家。使用价值虽然是社会需要的对象，因而处在社会联系之中，但是并不反映任何社会生产关系。
>
> ——马克思
>
> 资料来源：马克思，恩格斯．马克思恩格斯全集：第 13 卷．北京：人民出版社，1962：16.

凝结在商品中的一般人类

讨　论

(1) 废品没有使用价值，也没有价值；(2) 空气、阳光等非劳动产品，有使用价值却没有价值；(3) 农户生产的供家庭成员自用的粮食，既是劳动产品，又有使用价值，但不是为了满足他人的需要，也没有价值；(4) 农民向地主缴纳的实物地租，既是劳动产品，又有使用价值，并且是为了满足他人的需要，但不通过交换，也没有价值。你还能列举一些不属于商品的产品或物品吗？

劳动就是商品的价值，或价值的实体。作为一个历史范畴，价值是商品所特有的本质属性和社会属性，它体现着商品生产者之间相互比较劳动耗费量和交换劳动的社会经济关系。

商品的使用价值在质上各不相同，因而在量上是难以比较的。但商品的价值在质上是相同的，在量上是可以比较的，从而使不同的商品可以按照一定的比例进行交换。商品交换的比例取决于商品价值的大小。因此，价值是交换价值的基础或内容，交换价值是价值的表现形式。

商品是使用价值和价值的矛盾统一体。(1) 使用价值和价值统一于商品之中，缺一就不能称其为商品。使用价值是价值的物质承担者，没有使用价值的物品是没有价值的，因而它也就不是商品；价值是商品的本质属性，仅仅有使用价值而没有价值的物品，也不是商品。(2) 使用价值和价值又是相互排斥的。商品消费者购买某种商品是为了消费，他所需要的是使用价值；他要获取使用价值，就必须支付商品的价值。商品生产者和消费者都不能既占有商品的价值又占有商品的使用价值。只有通过商品交换，生产者让渡了商品的使用价值，实现了其价值，消费者支付了商品的价值而获得了使用价值，商品中使用价值和价值的内在矛盾才能得到解决。

2.1.2 生产商品的劳动二重性

商品的二因素是由生产商品的劳动二重性决定的。生产商品的劳动具有二重性：从一方面看它是具体劳动，从另一方面看它又是抽象劳动。

具体劳动是在一定具体形式下进行的劳动，具体劳动创造商品的使用价值，体现的是人与自然之间的关系，因而是不以任何社会形式为转移的人类生存的条件。生产不同使用价值的具体劳动在质上是不同的，因而在量上也是无法进行比较的。

抽象劳动是撇开劳动的具体形式的一般人类劳动，抽象劳动形成商品的价值，凝结在商品中的抽象劳动是价值实体，体现的是商品生产者之间的社会经济关系。抽象劳动对于生产任何商品的劳动来说都是相同的，只存在量的差别。

讨　论

威廉·配第说："劳动是财富之父，土地是财富之母。"应如何理解这一观点？

具体劳动与抽象劳动之间存在着矛盾统一的关系。

（1）具体劳动和抽象劳动在时间上和空间上是统一的。商品生产者在从事具体劳动的同时，也就支出了抽象劳动。具体劳动和抽象劳动不是两次劳动，更不是两种劳动，而是生产商品的同一劳动过程的两个不同的方面。

（2）具体劳动和抽象劳动之间又存在差别和矛盾。一是具体劳动是从劳动的有用效果来看的劳动，抽象劳动则是抽去了劳动的有用性的一般人类劳动。二是具体劳动在质上不同，因而在量上不能比较；抽象劳动在质上相同，只有量的差别。三是具体劳动反映的是人与自然之间的关系，是劳动的自然属性，是一切社会形态都存在的永恒的范畴；抽象劳动体现着商品生产者之间的经济关系，是劳动的社会属性，是商品经济特有的历史范畴。四是具体劳动是生产使用价值的劳动，但它不是使用价值的唯一源泉；抽象劳动是创造价值的劳动，它是形成价值的唯一源泉。具体劳动与抽象劳动的矛盾和使用价值与价值的矛盾相联系。只有在交换过程中，商品的使用价值被转让出去，商品的价值得到实现以后，生产商品的具体劳动才能被社会所承认，生产商品的抽象劳动才能被还原，具体劳动与抽象劳动的矛盾才能得到解决。

劳动二重性学说是理解马克思主义政治经济学的枢纽。

（1）劳动二重性学说是建立科学的劳动价值论的坚实基础。虽然马克思以前的资产阶级古典政治经济学家已经提出了一位德国经济学者认为："驳倒价值理论是反对马克思的人的唯一任务，因为如果同意这个定理，那就必然要承认马克思以铁的逻辑所做出的差不多全部结论。"（马克思，恩格斯．马克思恩格斯全集：第16卷．北京：人民出版社，1964：353.）这使我们进一步认识到劳动价值论在马克思经济学理论中的地位。

劳动创造价值的理论，但由于他们不了解劳动的二重性，因而无法真正解决究竟是什么样的劳动创造价值以及劳动在什么样的条件下形成价值的问题。马克思的劳动二重性学说科学地回答了这些问题，从而使劳动价值论建立在真正科学的基础之上。

（2）劳动二重性学说是剩余价值理论建立的重要基础。马克思运用劳动二重性学说，科学地分析了资本主义生产过程的二重性。在资本主义生产过程中，雇佣工人运用具体劳动在生产新的使用价值的同时转移生产资料的价值，运用抽象劳动创造了新价值。以此为基础，马克思区分了资本的不同部分在价值增殖过程中的不同作用，揭示了剩余价值的真正来源。

（3）劳动二重性学说是马克思经济理论体系及其他一系列理论建立的理论基础。从劳动价值论出发，在创立剩余价值理论的基础上，马克思进一步分析了资本有机构成、资本积累、社会资本再生产等问题。

2.1.3 商品的价值量

商品的价值是质和量的统一。既然商品价值的质表现为一般人类劳动的凝结，那么，商品的价值量就由凝结在商品中的一般人类劳动的量来决定。由于衡量劳动量的自然尺度是劳动时间，因而商品的价值量取决于生产商品所耗费的劳动时间。

但是，商品的价值量不是由个别生产者生产某种商品耗费的个别劳动时间来决定的，而是由生产商品的社会必要劳动时间来决定的。社会必要劳动时间是指"在现有的社会正常的生产条件下，在社会平均的劳动熟练程度和劳动强度下制造某种使用价值所需要的劳动时间”[①]。由社会必要劳动时间所决定的价值量，是商品的社会价值。社会价值是在同一部门内部同类商品生产者之间的竞争中形成的，商品交换是依据商品的社会价值来进行的。

商品价值量的决定同简单劳动和复杂劳动有密切的关系。简单劳动是指不需要经过专门训练和培养的一般劳动者就能胜任的劳动。复杂劳动是指需要经过专门训练和培养，具有一定文化知识和技术特长的劳动者才能从事的劳动。简单劳动和复杂劳动的区分是相对的。社会必要劳动时间是以简单劳动为尺度来计量的，复杂劳动可以换算成倍加的简单劳动。这一过程是通过生产者背后的社会过程自发形成的。

讨 论

在现实生活中，个别企业由于提高劳动生产率而增加了产出与投入比，与同行业其他企业相比，单位时间内生产出更多的产品，从而形成更多的价值量，这是否与单位商品的价值量和生产该商品的劳动生产率成反比相矛盾呢？

社会必要劳动时间不是固定不变的，它会随着劳动生产率的变化而变化，从而影响价值量发生相应的变化。劳动生产率是指劳动者生产某种商品的使用价值的效率，它通常有两种表示方法：一是单位时间内生产的产品数量，二是生产单位商品所消耗的劳动时间。决定和影响劳动生产率高低的因素主要有：劳动者的平均熟练程度、生产过程的社会组织形式、科学技术发展及其在生产中的应用、生产资料的质量和效能、自然条件等。由于劳动生产率的变化只涉及一定时间内所生产的商品数量的变化，而同一劳动在该时间内所创造的商品价值总量是不变的，因而社会劳动生产率提高了，单位时间内所生产的商品数量就会增多，生产单位商品所耗费的社会必要劳动时间就会减少，从而单位商品中所包含的价值量也就会降低；反之，社会劳动生产率降低了，单位时间内所生产的商品数量就会减少，生产单位商品所耗费的社会必要劳动时间就会增加，从而

① 马克思，恩格斯．马克思恩格斯文集：第5卷．北京：人民出版社，2009：52.

单位商品中所包含的价值量也就会增大。所以，单位商品的价值量与包含在商品中的社会必要劳动量成正比，与生产该商品的劳动生产率成反比。

2.1.4 简单商品经济的基本矛盾

简单商品经济是以生产资料私有制和社会分工为条件的。这两个条件决定了生产商品的劳动同时具有私人劳动和社会劳动的两重性质。由于生产资料私有制，商品生产者的劳动具有私人性质，每个商品生产者生产什么、生产多少和怎样生产完全由他个人决定，劳动产品也归他自己占有和支配；由于社会分工，商品生产者的劳动又具有社会性质，各个商品生产者在社会分工体系中只从事某种生产。他们以不同的具体劳动，为他人创造使用价值，相互满足需要，他们的劳动互相联系、互相依存，成为社会总劳动的一部分。

私人劳动和社会劳动之间存在着矛盾。生产商品的劳动的社会性质，要求劳动产品在数量和品种上能够符合社会的需要。但是，劳动的私人性质，却使得生产出的商品往往不能与社会需要直接相一致。因此，生产者的私人劳动只有通过商品交换才能得到社会承认，转化为社会劳动，成为社会劳动的组成部分。

私人劳动和社会劳动的矛盾，是以个体私有制为基础的简单商品经济的基本矛盾。这是因为：（1）私人劳动和社会劳动的矛盾是私有制商品经济中存在的各种内在矛盾的根源。使用价值和价值的矛盾、具体劳动和抽象劳动的矛盾、个别劳动时间和社会必要劳动时间的矛盾，归根到底都来源于私人劳动和社会劳动的矛盾。（2）私人劳动和社会劳动的矛盾决定着私有制商品经济产生和发展的全过程。私人劳动和社会劳动这一矛盾的存在，决定了商品交换的必然性，导致了简单商品经济的产生。随着社会分工和私有制的发展，私人劳动和社会劳动的矛盾进一步发展为生产社会化与生产资料资本主义私人占有之间的矛盾，简单商品经济也就逐步发展为资本主义商品经济。(3) 私人劳动和社会劳动的矛盾直接决定着商品生产者的命运。商品生产者的私人劳动能否转化为社会劳动，或者私人劳动在多大程度上转化为社会劳动，决定着商品生产者在竞争中的地位，以及盈亏的程度，从而决定着商品生产者在贫富两极分化中的命运。

2.2 货币

商品有使用价值和价值两个因素，因此相应有两种表现形式。商品使用价值的表现形式就是商品自身，即商品的自然形式，它可以被直观地感觉到。商品价值的表现形式，即交换价值，只有通过商品与商品的交换才能表现出来。研究价值形式的目的在于正确地揭示货币的起源和本质。

2.2.1 货币的形成和本质

从商品交换的发展历史看，价值形式的发展经历了四个阶段。

(1) 简单的或偶然的价值形式。简单的或偶然的价值形式是指一种商品的价值偶然地、个别地表现在另一种商品上。用公式表示为：

1 只绵羊＝2 把石斧

在这个公式中，两种商品处于不同的地位，起着不同的作用。其中，等式左端的绵羊处于相对价值形式的地位，等式右端的石斧处于等价形式的地位。处于相对价值形式的商品，实际上是价值被表现的商品，它的价值只能通过另一种商品相对地表现出来。处于等价形式的商品，实际上是被当作价值表现材料，它是用自身的使用价值去表现与自己相交换的商品的价值的。在简单的或偶然的价值形式中，商品内部的使用价值和价值的矛盾，开始表现为两个商品之间的外部对立。

（2）总和的或扩大的价值形式。总和的或扩大的价值形式是指一种商品的价值表现在与它相交换的一系列的商品上。用公式表示为：

$$1\text{ 只绵羊}\begin{cases}=20\text{ 尺布}\\=80\text{ 斤谷子}\\=2\text{ 把石斧}\\=6\text{ 分黄金}\\=\text{若干其他商品}\end{cases}$$

交换中，有绵羊的人希望用绵羊去换布，但有布的人却需要谷子，而有谷子的人却需要石斧。如果有石斧的人正好需要绵羊，则有绵羊的人要经过用绵羊换石斧，再用石斧换谷子，最后才能用谷子换到布。如果有石斧的人不需要绵羊，那么交换还会遇到困难，以至于绵羊交换不出去，绵羊的价值就得不到实现。

在这个公式中，由于处于相对价值形式一端的商品的价值，已经表现在一系列商品上，因而商品价值的质的规定即它是无差别的一般人类劳动的凝结，已经开始真正地得到表现；商品价值的量的规定即取决于社会必要劳动时间，已消除了偶然性。扩大的价值形式使价值的表现范围扩大了，促进了社会交换活动的开展。但它也存在着明显的缺陷，即商品价值没有一个被社会公认的统一表现形式，等价物是经常变换的，从而给商品交换带来一定的困难。

（3）一般价值形式。一般价值形式是指一切商品的价值，都统一地表现在从商品世界中分离出来充当一般等价物的某一种商品上。用公式表示为：

$$\left.\begin{array}{ll}20\text{ 尺布} & =\\80\text{ 斤谷子} & =\\2\text{ 把石斧} & =\\6\text{ 分黄金} & =\\\text{若干其他商品} & =\end{array}\right\}1\text{ 只绵羊}$$

一般价值形式与扩大的价值形式相比，有了根本性的变化。在这里，一切商品的价值都获得了简单的、统一的表现形式。价值是无差别的一般人类劳动的凝结这一本质，在一般价值形式中得到了完全的表现，生产商品的社会必要劳动时间决定商品价值量也得到了准确的反映。一般价值形式解决了物物直接交换所不能解决的问题，但它仍存在着局限性，在不同的时期和不同的地方，用作一般等价物的商品是不相同和不固定的，仍然不利于商品交换的发展。

(4) 货币形式。价值形式发展的完成形式是货币。当一般等价物最终固定在一种商品上时，这种商品就成为货币，这种价值形式就是货币形式。用公式表示为：

$$\left.\begin{array}{ll}\text{20 尺布} & = \\ \text{80 斤谷子} & = \\ \text{2 把石斧} & = \\ \text{1 只绵羊} & = \\ \text{若干其他商品} & = \end{array}\right\}\text{6 分黄金}$$

货币形式与一般价值形式没有本质区别，因为在这两种价值形式中，处于等价形式上的商品都是一般等价物。但是，在一般价值形式中，充当一般等价物的商品是不固定的，会因时因地有所不同；而在货币形式中，充当一般等价物的商品已经固定地由某种商品如金银来承担。之所以贵金属金银能固定地充当一般等价物，一方面是因为金银也具有价值，它们的价值量也是由生产黄金或白银的社会必要劳动时间决定的；另一方面是因为金银本身所具有的天然特性使它们最适合充当货币的材料。正如马克思所说："金银天然不是

多种多样的一般等价物

在不同历史时期，在不同国家和地区，充当一般等价物的商品是各种各样的。在历史上充当过一般等价物的商品有贝壳、布帛、牛、羊、兽皮、盐等。

近 2 000 年来，人口稀少的南太平洋小岛上密克罗尼西亚的雅普人用巨大的石轮（石灰石）当货币。石轮大多数直径为 2.5～5 英尺，有些大到 12 英尺，中间有个洞，以便搬动。全岛共有 6 600 个石轮，货币供给十分稳定。石轮货币的优点有二：一是很难有黑市交易，即无假钞；二是不怕被盗。石轮有时还具有国际意义。1984 年，密克罗尼西亚总统访美时，计划用空军的喷气式飞机运送一个石轮给美国人，以表示对减少美国巨额的财政预算赤字做点贡献。

资料来源：曼昆．经济学原理．北京：生活·读书·新知三联书店，2001：229－230.

货币，但货币天然是金银。”①

讨论

为什么说“商品价值从商品体跳到金体上……是商品的惊险的跳跃。这个跳跃如果不成功，摔坏的不是商品，但一定是商品所有者”？

从价值形式的发展过程可以看出，货币是商品交换发展到一定阶段的自发产物，是商品内在矛盾发展的必然结果。货币的出现，使整个商品世界分成了两极：一极是商品，它们都有特殊的、各不相同的使用价值；另一极是货币，它是一切商品价值的代表。这样，商品内部的使用价值和价值的矛盾、具体劳动和抽象劳动的矛盾、私人劳动和社会劳动的矛盾，就发展为商品与货币的外部对立。一切商品，只有换成货币，商品生产者的私人劳动才会转化为社会劳动，具体劳动才会还原为抽象劳动，商品的使用价值和价值的矛盾才能得到解决。

价值形式的发展过程，揭示了货币的本质是固定地充当一般等价物的商品，体现着商品生产者之间的社会经济关系。

2.2.2 货币的职能

货币的职能是指货币在社会经济生活中的作用。它是由货币的本质决定的，是货币本质的具体体现。在发达的商品经济中，货币具有价值尺度、流通手段、贮藏手段、支付手段、世界货币五种职能。其中价值尺度和流通手段是货币的基本职能。

（1）价值尺度。价值尺度是指货币充当表现和衡量一切商品价值量大小的尺度。货币之所以能够执行价值尺度的职能，是因为货币本身也是一种商品，也具有价值，可以把一切商品的价值表现为本质上相同的东西，使各种商品在价值量方面能够得到比较。货币充当衡量商品价值量的尺度是外在的，衡量商品价值量的内在尺度是社会必要劳动时间。货币执行价值尺度的职能时，可以只是观念上的货币。

① 马克思，恩格斯．马克思恩格斯文集：第5卷．北京：人民出版社，2009：108.

商品价值的货币表现就是商品的价格。货币执行价值尺度的职能，就是把商品的价值表现为一定的价格。商品价值和商品价格之间的关系表现为：价值是价格的基础，价格是价值的货币表现。在价格与价值一致的条件下，商品的价格主要取决于商品价值和金属货币价值两个因素。商品价格的变化与商品价值的变化成正比，与货币价值的变化成反比。

货币执行价值尺度的职能，是通过价格标准来实现的。价格标准是指包含一定重量贵金属的货币单位及其等份。它是由习惯或国家机关来规定的，在各个国家可以有所不同；它是用来表现和计量金属货币本身数量的，但它和金属货币的价值量无关。

在我国历史上，以白银作为货币时，是以“两”作为货币单位的，又分为“钱”“分”等。1 块银元含纯银 0.640 8 两，是银元的价格标准。

(2) 流通手段。流通手段是指货币充当商品交换媒介的职能。作为流通手段的货币，必须是现实的货币，但不一定是足值的货币。

货币执行流通手段的职能，使直接的物物交换发展成为以货币为媒介的商品流通。商品流通一方面打破了物物交换所受到的限制，扩大了商品交换的范围，促进了商品经济的发展；另一方面也会产生买卖脱节，产生发生经济危机的可能性，从而加深商品经济的内在矛盾。

执行流通手段职能的货币，最初采用金属条块形式。随着商品交换的发展，货币的金属条块形式发展为铸币形式。由于不足值的铸币仍和足值的铸币一样流通，由价值符号来代替金属铸币是可行的，所以产生了纸币。纸币是由国家发行并强制流通的价值符号。在商品经济进一步发展的过程中，还产生了信用货币。信用货币是代替金属货币充当流通手段和支付手段的信用证券，包括银行券、商业期票、银行支票等，这些都可以在市场交易中起流通媒介的作用。20 世纪 70 年代以后，又出现了借助电子计算机进行电子自动转账业务的

“电子货币”。

（1）北宋交子

（2）人民币

（3）英镑

纸币

（1）牡丹灵通卡

（2）VISA 卡

银行卡

（3）贮藏手段。贮藏手段是指货币退出流通领域，被当作独立的价值形式和社会财富的一般代表而保存起来的职能。充当贮藏手段职能的货币，必须是足值的货币。在金属货币流通的条件下，货币执行贮藏手段的职能可以自发地调节流通中的货币量。

（4）支付手段。支付手段是指货币被用于商品赊买赊卖过程中的延期支付，以及用来支付债务、租金、利息、工资等的职能。货币执行支付手段的职能，一方面，暂时解决了由于缺乏现金而不能及时购买商品的矛盾，减少了流通中所需要的货币量，促进了商品生产和商品交换的发展；另一方面，又在商

在历史上，贮藏金属货币或金属条块曾经是货币贮藏的主要形式。但如今，银行储蓄存款是更为普遍的货币贮藏方式。纸币充当贮藏手段是有条件的，只有纸币币值长期保持稳定，人们才会储蓄存款。如果货币贬值，物价总水平持续上涨，人们就会去购买能够保值的物品了。

品生产者和消费者之间形成了错综复杂的债权债务关系，进一步扩大了商品经济的矛盾，增大了经济危机的可能性。

（5）世界货币。世界货币是指货币越出国内流通领域，在世界市场上执行一般等价物的职能。执行世界货币职能的货币，一般是贵金属的自然形式。但在现实生活中，少数发达国家的纸币，也在一定程度上起着世界货币的作用。世界货币的职能，一是作为国际购买手段，购买外国商品；二是作为国际支付手段，平衡国际贸易的差额；三是作为社会财富的代表，由一国转移到另一国。

> 第二次世界大战后，各国货币同美元挂钩，美元同黄金挂钩，形成了以美元为中心的国际货币体系，即布雷顿森林体系。20 世纪 70 年代以后，由于美元难以承受持续的黄金流失，宣布美元与黄金脱钩，西方各国货币则纷纷与美元脱钩，布雷顿森林体系随之瓦解。当前世界各国主要采取自由、浮动的汇率制度，从而形成了以牙买加体系为基础的，以美元、欧元、日元为主的多元世界货币体系。

2.2.3 货币流通规律

货币流通规律是指一定时期内商品流通中所需要的货币量的规律，它的基本内容是：商品流通中需要的货币量由流通中的商品价格总额和货币流通的平均速度来决定。按照这个规律，商品流通中需要的货币量取决于三个因素：（1）待流通的商品数量；（2）商品的价格水平；（3）货币流通速度。其中，商品价格总额是待流通的商品数量与商品的价格水平的乘积。货币流通规律用公式表示为：

$$\text{一定时期内商品流通中所需要的货币量}=\frac{\text{商品价格总额}}{\text{同一单位货币的流通速度（次数）}}$$

随着货币支付手段职能的出现，货币流通规律的公式表示为：

$$\text{一定时期内商品流通中所需要的货币量}=\frac{\text{商品价格总额}-\text{赊卖商品价格总额}+\text{到期支付总额}-\text{相互抵消的支付总额}}{\text{同一单位货币的流通速度（次数）}}$$

关于通货紧缩

一般认为，通货紧缩与货币流通量的下降有关，会引致物价的下降，还通常伴有经济衰退的出现。英国、瑞典、美国、阿根廷、日本、德国、法国、新加坡、中国等都发生过程度不同的通货紧缩。

纸币作为价值符号，代替金属货币执行流通手段与支付手段的职能，纸币流通是以金属货币的流通规律为基础的。因此，纸币流通规律的内容是：纸币的发行量以流通中需要的金属货币量为限。如果纸币发行量超过流通中所需的金属货币量，就会出现纸币贬值，物价上涨，这就是通货膨胀。反之，如果货币供应量少于流通中所需的货币量，会引起货币价值含量上升，物价普遍下降，这就是通货紧缩。

2.3 价值规律

价值规律是商品经济的基本规律。只要存在商品生产和商品交换，价值规律就必然存在并支配着商品生产和流通的全过程。

2.3.1 价值规律的内容和表现形式

价值规律的基本内容是：(1) 商品的价值量由生产商品的社会必要劳动时间来决定。各个生产者生产同一种商品的个别劳动时间是各不相同的，这种不同的个别劳动时间形成的只是商品的个别价值。但是，决定单位商品价值量的是社会必要劳动时间，社会承认的只是由社会必要劳动时间决定的商品的社会价值。由于商品价值量是由社会必要劳动时间决定的，因而在客观上要求每一个商品生产者都必须使自己的个别劳动时间符合或低于社会必要劳动时间。这也就是每个商品生产者千方百计地提高劳动生产率、缩短个别劳动时间、降低个别价值的根本原因。(2) 商品交换以价值量为基础，实行等价交换。商品交换若不能按照等价交换的原则进行，生产某种商品的生产者的劳动耗费就得不到补偿，从而导致生产缩减；同时，其他的商品生产者也就不能通过交换得到这种商品满足自己的需要，商品生产也就难以为继。商品交换实行等价交换原则是不以人的意志为转移的客观要求。

商品是天生的平等派。

——马克思

资料来源：马克思，恩格斯.马克思恩格斯文集：第 5 卷.北京：人民出版社，2009：104.

在现实生活中，价值规律对生产和交换活动的支配作用是通过价格运动表现出来的。按照价值规律的要求，商品价格的确定是以商品价值为基础的。但是，这并不意味着每一次具体的商品交换都是等价交换。这是因为，商品价格固然要以商品价值为基础，但价格还要受到其他一些因素的影响，其中主要是受市场供求关系的影响。当某种商品供过于求时，商品销售者就会竞相求售，价格就会低于价值；当某种商品供不应求时，商品购买者为获得所需商品，就会竞相购买，价格就会高于价值。商品供求关系的不平衡，使得商品的价格与价值经常不相一致。

尽管存在着商品价格与价值的不相一致，但这并不违背价值规律，相反正是价值规律发生作用的表现形式。这是因为：（1）从商品交换的总体和较长时期来看，价格的上涨部分和下落部分可以相互抵消，因而一定时期之内商品的平均价格与价值是趋于一致的；（2）从不同商品各自的价格变动来看，商品的市场价格无论怎样变动，都是以各自的价值为基础而变动的，各种商品之间总有一定的比价。因此，在商品交换中，受供求关系的影响，商品价格围绕价值自发地上下波动既不是无限地上涨，也不是无限地下跌，商品价格归根到底是要受价值制约的，只有通过商品价格的波动，商品按照由社会必要劳动时间决定的价值量进行交换，才成为现实。

2.3.2 价值规律的作用

在商品经济中，价值规律的作用主要表现在以下三个方面：

（1）调节资源配置和经济活动。在任何社会，社会再生产的正常进行，客观上都要求将生产要素等资源按一定比例分配于国民经济各个部门。在商品经济条件下，这种资源配置是通过价值规律的作用实现的。作为价值规律作用实现形式的价格机制，向商品生产者提供了市场供求变动的信息，指导着商品生产者配置资源的方向。当某种商品供过于求而使价格下跌时，生产这种商品的生产者就会把资源投向其他有利可图的生产部门；当某种商品供不应求而使价格上涨时，一些商品生产者就会把资源投向该种商品的生产部门。可见，价值规律通过供求关系和市场竞争的强制力量，使商品生产者在利益驱动下进行资源配置、开展经济活动，以实现社会生产和社会需要之间的大体平衡。在商品经济中，价格的涨落既是商品生产者了解市场供求变化的“晴雨表”，也是商品生产者调整生产的“指示器”。

但是，价值规律调节资源配置和经济活动的作用也有一定的局限性。因为商品价格的涨落是在市场上已经形成了商品供求失衡的状况下发生的，所以价值规律通过价格涨落来调节资源配置和经济活动，只能是一种事后调节，它往往会伴随资源的浪费。

（2）刺激商品生产者改进技术，提高劳动生产率，促进社会生产力的发展。在商品经济条件下，商品按照由社会必要劳动时间决定的社会价值进行交换是价值规律的客观要求。由于各个商品生产者的劳动生产率不同，生产同样商品所耗费的劳动时间各不相同，都按照由社会必要劳动时间决定的社会价值出售商品，就会产生收入上的差别。这样，率先改进生产技术和提高劳动生产率的商品生产者，生产商品的个别劳动时间就会低于社会必要劳动时间，商品的个别价值就会低于社会价值，从而会在竞争中处于优势；反之，生产技术落后的商品生产者，生产商品的个别劳动时间高于社会必要劳动时间，商品的个别价值高于社会价值，就会在竞争中处于劣势，甚至会走向破产。为了追求更多的利益并在竞争中取胜，商品生产者必然纷纷改进生产技术，提高劳动生产率，力求使个别劳动时间低于社会必要劳动时间，这就会促进社会生产力的发展。

（3）促使商品生产者在市场竞争中实现优胜劣汰。在市场竞争中，由于各个商品生产者之间存在着生产条件和劳动技能上的差别，因而劳动生产率的高低不同。那些资金雄厚、生产设备精良、生产技术熟练的商品生产者，其商品的个别价值低于社会价值，能够获得较高收益，进而可以采用更先进的技术设备，进一步提高劳动生产率，获取更大的收益。而那些资金缺乏、生产设备差、劳动熟练程度低的商品生产者，其商品的个别价值高于社会价值，只能获得较少收益，因而没有能力改进技术、扩大生产规模。长此以往，就会出现具有较高劳动生产率的生产者在市场竞争中逐渐确立了优势地位，而在生产中处于劣势的商品生产者最终不可避免地被市场淘汰。优胜劣汰机制的作用，有利于社会劳动生产率的提高，对社会生产力和经济发展具有巨大的促进作用，但也不可避免地会产生公平与效率的矛盾。

2.4 深化对劳动和劳动价值论的认识

一百多年来，科技进步日新月异，社会生产力飞速发展，市场经济运行范围不断扩大，世界经济发生了很大变化，出现了许多新情况和新问题。在新的历史条件下，我们必须结合新的实际，深化对马克思劳动价值论的研究和认识，丰富和发展马克思的劳动价值论。

2.4.1 马克思劳动价值论的时代性

马克思主义政治经济学在本质上是不断发展的科学，作为马克思主义政治经济学重要组成部分的劳动价值论，同样必须随着时代的变化和实践的发展而不断发展。这种时代的变化和实践的发展主要体现在以下三个方面：

（1）研究和认识劳动价值论的出发点发生了变化。马克思当时运用劳动价值论专注于资本主义经济制度的研究，他试图通过对剩余价值源泉的分析，为创立剩余价值理论奠定基础，最终揭示资本对劳动剥削的秘密，深刻认识资本主义生产关系的本质及历史局限性，从而为无产阶级推翻资本主义制度提供强大的思想武器。我们现在运用劳动价值论不仅要关注已经发生了深刻变化的当代资本主义经济关系，还要研究现实的社会主义经济关系，在科学地认识社会经济制度各种变化的基础上，科学地认识社会主义市场经济的各种经济关系，为制定各项改革政策提供理论依据，并在深化认识的基础上更好地处理各种经济问题。

（2）研究和认识劳动价值论所处的经济环境发生了变化。马克思是在资本主义发展过程中来研究劳动价值论的，是在劳动与资本相对立的环境中来分析价值问题的。我们今天是在社会主义市场经济条件下来研究劳动价值论的，总的来说，人与人之间不再是对立的经济关系。我们是在公有制为主体，但同时又存在着各种经济成分的环境下来研究价值问题的。对价值问题进行研究是为了使我们的改革和各项措施更好地符合生产力发展的要求。

（3）研究和认识劳动价值论所具有的生产力基础发生了变化。马克思当时研究劳动价值论，生产的社会化和劳动分工还处在比较低的水平。在这一生产力水平下，对许多问题的认识还不可能是非常充分的。我们今天是在生产高度社会化、劳动分工有了深刻变化的条件下进一步深化对劳动价值论的研究和认识的。在这样的生产力水平下，对许多问题的认识要深刻得多。我们应该以更宽广的视野来进行研究。

2.4.2 深化对创造价值的劳动的认识

随着生产社会化水平的不断提高，社会的劳动分工也越来越多样化。生产日益突破单个工人的局限，由许多的劳动者分工合作来共同完成生产过程，已成为当今生产发展的基本状况。这样，在生产过程中价值的创造也突破了单个劳动者的局限，由“总体工人”共同创造价值。并且，随着社会分工的发展，这种“总体工人”的范围呈现不断扩大的趋势。与直接生产劳动相分离的管理劳动者和科技人员的劳动，都属于总体劳动的一部分。管理劳动、科技劳动等所创造的知识产品，没有确定的物质形态，却有其特殊的使用价值和价值，作为生产要素在现实的生产过程中也会发生价值转移。

总体工人

“总体工人”的概念是马克思在《资本论》中分析资本主义生产劳动时提出的。所谓“总体工人”，是指在同一生产过程中发挥不同劳动职能的劳动者。“总体工人”是科学技术和分工协作发展的产物。

从“总体工人”的角度来认识价值创造的问题，实际上就是要我们把创造价值的劳动由企业内部扩展到企业外部，拓展对创造价值的劳动种类的认识。在今天，创造价值的劳动无论从形式上看，还是从内容上看，无疑要比以前丰富得多。

2.4.3 正确认识价值创造与财富生产的关系

价值创造的意义在于说明活劳动是价值的本源，物化劳动不创造价值；社会物质财富形成的意义则表明各种生产要素的综合作用生产了财富。马克思劳动二重性学说揭示了两者的区别：价值创造与抽象劳动相联系，财富生产与具体劳动相关联；前者反映的是经济活动中的社会关系，后者反映的是经济活动中人与自然的关系。当我们把马克思劳动价值论的研究由制度层面推向体制层面，特别是推向社会主义社会生产力的发展和财富创造问题的研究时，应注意，劳动的社会关系和自然关系是统一的，绝不是相互排斥的，但也不是可以相互取代的。

在今天，不仅财富的数量迅速增长，而且财富的存在形式也越来越多样化。在物质财富迅速增加的同时，精神财富也以更快的速度增长。特别是科技劳动创造的非物质形态财富，对于人类社会的发展和全面进步起着日益重要的作用。这部分创造精神财富的劳动也同创造物质财富的劳动一样，都是创造价值的劳动。因此，不能再把创造价值的劳动仅仅局限于物质生产领域，必须把非物质生产领域中创造精神财富的劳动也视为创造价值的劳动。这实际上是要我们根据社会发展的变化，把创造价值的劳动从物质生产领域向一些非物质生产领域拓展。

本章小结

商品是用来交换的劳动产品，具有使用价值和价值两个因素。劳动二重性是商品二因素的决定条件，商品的内在矛盾只有通过交换才能解决。商品价值量由社会必要劳动时间决定，商品价值量与劳动生产率成反比。

货币是商品内在矛盾发展的必然结果，货币的本质是商品交换的一般等价物。货币的职能是货币本质的具体表现，价值尺度和流通手段是货币的基本职能，通货膨胀和通货紧缩是纸币等货币符号充当流通手段条件下出现的经济现象。

价值规律是商品经济的基本规律，其基本内容是由社会必要劳动时间决定商品的价值量，商品交换按等价原则进行，其表现形式是价格随供求关系变化而围绕价值上下波动，其作用是在市场竞争中通过市场机制来实现的。在市场经济条件下，人们必须正确认识价值规律的作用及其局限性，尊重和利用价值规律。

在新的历史条件下，深化对劳动和劳动价值论的认识，丰富和发展马克思的劳动价值论，必须考察马克思劳动价值论的时代性，拓展对创造价值的劳动种类的认识，区分价值创造与财富生产。

阅读书目

1. 马克思，恩格斯．马克思恩格斯文集：第 5 卷．北京：人民出版社，2009.

2. 马克思，恩格斯．马克思恩格斯文集：第 8 卷．北京：人民出版社，2009.

3. 习近平．在纪念马克思诞辰200周年大会上的讲话．北京：人民出版社，2018.

分析与思考

1. 一些西方学者认为，不同商品之所以能够按照一定比例相互交换，是因为它们具有同等的效用。商品的效用越大，交换价值也就越大；效用越小，交换价值也就越小。这一观点对吗？

2. “价值是凝结在商品中的一般人类劳动，一切劳动产品都具有价值”，这一论断能成立吗？

3. 有人认为，“之所以各种商品的价值能相互比较，是因为货币执行了价值尺度的职能”，谈谈你对这一观点的看法。

4. 市场上商品供不应求，价格上涨；供大于求，价格下降。能不能由此认为价格是由供求关系决定的？

5. 尽管劳动生产率与单位商品的价值量成反比，但是，无论劳动生产率发生怎样的变化，同一社会必要劳动时间内创造的价值总量是不变的。这一论断能成立吗？

6. 试用马克思主义政治经济学中的货币流通规律原理阐述社会主义自觉调节货币流通的意义。

7. 结合时代的变化，谈谈如何深化对创造价值的劳动的研究和认识。

8. 分析材料并回答问题：

材料 处于流动状态的人类劳动力或人类劳动形成价值，但本身不是价值。它在凝固的状态中，在对象化的形式上才成为价值。

劳动并不是它所生产的使用价值即物质财富的唯一源泉。正像威廉·配第所说，劳动是财富之父，土地是财富之母。

铁会生锈，木会腐朽。纱不用来织或编，会成为废棉。活劳动必须抓住这些东西，使它们由死复生，使它们从仅仅是可能的使用价值转化为现实的和起作用的使用价值。它们被劳动的火焰笼罩着，被劳动当做自己的躯体加以同化，被赋予活力以在劳动过程中执行与它们的概念和使命相适合的职能。

资料来源：马克思，恩格斯．马克思恩格斯文集：第5卷．北京：人民出版社，2009：65，56－57，214.

结合以上论述分析土地、原材料等生产要素在商品生产中的作用及其与劳动创造价值的关系。

9. 分析材料并回答问题：

材料1　海尔集团是在引进德国利勃海尔电冰箱生产技术成立的青岛电冰箱总厂的基础上发展起来的大型企业。海尔集团在张瑞敏提出的“名牌战略”思想指导下，通过技术开发、精细化管理、资本运营、兼并、控股及国际化，从一个亏空147万元的集体小厂迅速成长为全球大型家电第一品牌。海尔从创业初期只有一个产品，全厂职工不到800人，发展为拥有69大门类10 800个规格品种的产品群，职工数万人。海尔从引进冰箱技术起步，依靠成熟的技术和雄厚的实力在东南亚、欧美等地设厂，并实现了成套家电技术向欧洲发达国家出口的历史性突破。海尔电脑对产品研发、生产、检验等方面的要求一直十分严格。随着我国加入WTO，海尔电脑的这一优势逐步显现出来。如今，海尔电脑的大多数标准正在向着国际标准靠拢，有些地方甚至已经超过了国际标准。海尔在家电产品的功能和技术的开发上具有很强的实力，正是这种技术实力形成了海尔的企业核心竞争力，使其在技术上能够得到不断更新，在产品功能上能够得到不断加强。海尔电脑把家电的优势与IT结合以来，从服务和应用开发入手走出了一条家电产品与IT产品融合的道路，并以此形成了自己独具特色的企业核心竞争力——走应用技术的开发之路。正是这种核心竞争力确保了海尔电脑在未来的国际竞争中能够保持自己的特色和优势。

材料2　1996年底，海尔在印度尼西亚的公司成立。这是海尔跨国经营迈出的第一步。当时，距WTO成立才不到两年。紧接着，在其后的两年时间内，海尔快马加鞭，从东南亚跨到西亚，一直登陆北美大陆。到2020年底，海尔已在全球拥有10大研发基地、25个工业园、122个制造中心、108个营销中心。海尔在全球范围内实现了设计、制造、营销“三位一体”的网络布局。

材料3　2018年1月，世界权威市场调查机构欧睿（Euromonitor）发布2017年全球大型家用电器品牌零售量数据，中国海尔以10.5%的市场份额，位列全球第一，这也是海尔第九次蝉联全球第一。

运用商品经济的基本原理，结合上述材料说明海尔主要改革举措的科学依据及其经营的成功所在。

10. 分析材料并回答问题：

材料 1 假设一年社会所需实现的商品价格总额为 14 000 亿元，单位货币每年平均流通次数为 8 次。

材料 2 假设一年内实现的商品价格总额为 14 000 亿元，赊销商品价格总额为 3 500 亿元，到期支付商品价格总额为 4 000 亿元，互相抵消商品价格总额为 2 500 亿元，单位货币每年平均流通次数为 8 次，当年发行纸币 2 000 亿元。

请回答：

(1) 根据材料 1，一年内商品流通中所需要的货币量是多少？

(2) 根据材料 2，一年内商品流通中所需要的货币量是多少？如果货币发行过多，贬值多少？贬值后每元货币值多少？

第3章 剩余价值的生产与分割

要论提示

● 资本总公式的矛盾是价值增殖与价值规律的矛盾，解决这一矛盾的关键是货币转化为资本，而劳动力成为商品则是这一转化的前提。

● 资本主义生产过程是劳动过程与价值增殖过程的统一。资本在价值增殖过程中可分为不变资本和可变资本。工资的本质是劳动力的价值或价格。绝对剩余价值生产和相对剩余价值生产是剩余价值生产的两种基本方法。

● 随着不变资本与可变资本之和转化为成本价格，剩余价值转化为利润，利润转化为平均利润，商品价值转化为生产价格，资本主义经济关系的实质被掩盖。

● 社会资本在运动中采取了产业资本、商业资本、借贷资本、银行资本和农业资本等多种具体形式，与此相适应，剩余价值也分别采取了产业利润、商业利润、利息、银行利润和资本主义地租等形式。

关键词　资本　剩余价值　资本主义生产过程　生产价格　利润　平均利润

资本主义生产的动机和目的是获取剩余价值，剩余价值的生产过程就是价值增殖过程。剩余价值生产出来以后，还必须在整个社会范围内进行分割。这既揭示了剩余价值生产的奥秘，也描绘了资本主义社会阶级关系、经济关系的全貌。

3.1 货币转化为资本

从形式上看，资本流通公式与价值规律是矛盾的。要解决这一矛盾，关键在于说明货币如何转化为资本，而劳动力成为商品就是货币转化为资本的前提。

3.1.1 资本总公式的矛盾

货币是资本的最初表现形式，资本家必须掌握一定数量的货币才能进行资本主义的生产经营活动。但是，货币本身并不是资本。作为货币的货币和作为资本的货币具有根本不同的性质和内容，这种差别通过简单商品流通（W—G—W）和资本流通（G—W—G）的对比表现出来。

从流通形式来看，二者的区别在于：(1) 买卖的顺序不同。简单商品流通是先卖后买，资本流通则是先买后卖。(2) 流通的起点和终点不同。简单商品流通的起点和终点都是商品，而资本流通的起点和终点都是货币。(3) 流通中的媒介物不同。简单商品流通的媒介是货币，而资本流通的媒介是商品。

从流通的目的、内容和限度来看，二者也有着根本的不同。(1) 两种流通的目的不同。简单商品流通是为了消费，是为了取得一定数量的使用价值。资本流通的目的则是交换价值本身，是为了获取更多的货币。

（2）两种流通的内容不同。简单商品流通的两极是价值量相等而使用价值不同的商品，不同使用价值之间的交换是这一运动的实际内容。资本流通的两极是同质的货币，流通终点的货币数量必须要大于起点的货币，即价值增殖是这一运动的实际内容。因此，资本流通的完整形式应该为 G—W—G′。其中，$G'=G+\Delta G$，ΔG 是资本在运动过程中的价值增殖额，称为剩余价值（m）。

（3）两种流通的运动限度不同。简单商品流通是为了获取某种使用价值，一旦商品生产者交换到自己所需要的商品，这一流通过程也就结束了。资本流通的目的是获取剩余价值，资本就是能够带来剩余价值的价值。由于资本只有在不断更新的运动中才能不断增殖自己的价值，因此，资本的运动是没有限度的。

通过对两种流通形式的分析可以看到，在简单商品流通中，货币只是作为购买手段，充当商品流通的媒介。而在资本流通中，货币在运动中发生了价值的增殖。这时的货币已不是普通的货币，已转化为资本，成为资本的存在形式。

货币与资本的区别

	简单商品流通	资本流通
流通形式	商品—货币—商品（W—G—W）	货币—商品—货币（G—W—G）
流通媒介	货币（G）	商品（W）
流通目的	为买而卖，为了使用价值	为卖而买，为了更大的价值
流通内容	不同使用价值之间的交换	价值的增殖
流通的运动限度	有限	无限

由于资本流通的公式 G—W—G′表明了资本运动的最根本特点，即货币在运动中发生价值增殖，因而对产业资本、商业资本、借贷资本等资本运动的各种具体形式都是适用的，表现为资本的总公式。

从形式上来看，资本总公式中的价值增殖同价值规律是矛盾的。按照价值规律的要求，在流通过程中，无论是 G—W，还是 W—G，商品的价值量都不发生变化。但是，资本总公式呈现出来的现象是，经过流通过程，资本的价值发生了增殖。这就是资本总公式的矛盾。

> 产业资本的运动形式：G — W … P … W′— G′；
>
> 商业资本的运动形式：G — W — G′；
>
> 借贷资本的运动形式：G — G′。

要解决资本总公式的矛盾，就要说明剩余价值是怎样产生的。

首先，剩余价值不能从流通领域产生。在商品流通中，无论是等价交换，还是不等价交换，都不会产生剩余价值。在等价交换的条件下，只存在价值形式的转换，不会有价值量的变化。在不等价交换的条件下，无论是贱买还是贵卖，也只能是对原来既定价值量的一次重新分配，不会产生剩余价值。

其次，离开流通领域，剩余价值也不能产生。在流通领域之外，商品所有者只同他自己的商品发生关系，这种关系表明，商品生产者只能由自己的劳动形成商品的价值，而不能在形成价值时又形成剩余价值。

> 美国经济学家纽曼认为，贸易使产品增添价值，因为同一产品在消费者手里比在生产者手里具有更大的价值，因此，严格来说，贸易应被看作是一种生产活动。这种观点混淆了使用价值和交换价值。因为在商品交换中，在实现商品价值的同时也就让渡了商品的使用价值。人们购买商品，一次是为了它的使用价值，一次是为了它的价值。

剩余价值不能从流通领域产生，但又离不开流通领域，这就是解决资本总公式矛盾的条件。按照这个条件，剩余价值不能发生在 G—W 阶段的货币上，因为这里的货币只是作为购买手段或支付手段，不会发生价值的增殖。剩余价值也不能发生在 W—G 阶段上，因为这一阶段只是使商品从自然形式转化为货币形式，而没有发生价值量的变化。因此，剩余价值只能发生在第一阶段所购买的商品上，但又不是发生在这种商品的价值上，根据等价交换的原则，商品是按价值购买的，因而剩余价值只能发生在这种商品的使用价值上。这种商品的使用价值在创造自身价值的同时，能够创造比自身价值更大的价值。这种特殊的商品就是劳动力，劳动力成为商品是货币转化为资本的前提。

3.1.2 劳动力成为商品

劳动力是指人的劳动能力，是存在于人的身体中的、进行劳动时运用的体力和脑力的总和。劳动力成为商品，必须具备两个条件：第一，劳动者必须有人身自由，可以自由地支配自己的劳动力。第二，劳动者丧失了一切生产资料和生活资料，只能靠出卖劳动力为生。

劳动力作为商品，也同其他商品一样具有价值和使用价值两个因素。劳动力商品的价值，是由生产和再生产劳动力商品的社会必要劳动时间决定的。由于劳动力存在于人的身体内部，维持人的生存必须消费一定数量的生活资料，因此，生产劳动力所必需的劳动时间可以归结为生产生活资料所必需的劳动时间。主要包括以下三个部分：（1）劳动者本人所必需的生活资料的价值，用于维持他的劳动力的再生产；（2）劳动者养育子女所必需的生活资料的价值，用于延续劳动力的供给；（3）劳动者接受教育和训练的费用，用于培训适合资本主义再生产所需要的劳动力。此外，决定劳动力价值的因素还包括历史和道德的因素。

>>>

我们的剧中人的面貌已经起了某些变化。原来的货币占有者作为资本家，昂首前行；劳动力占有者作为他的工人，尾随于后。一个笑容满面，雄心勃勃；一个战战兢兢，畏缩不前，像在市场上出卖了自己的皮一样，只有一个前途——让人家来鞣。

——马克思

资料来源：马克思，恩格斯．马克思恩格斯文集：第5卷．北京：人民出版社，2009：205.

<<<

在不同国家，或同一国家的不同历史时期，由于社会经济文化条件的不同，劳动者所需要的生活资料的数量、质量和范围也是不同的。

劳动力商品最主要的特点表现在它的使用价值上。一般商品在消费或使用后，它的使用价值就会消失，其价值也随之消失或转移到新的产品中去。劳动力的使用价值是劳动者进行生产劳动的能力，它的使用或消费过程就是工人的劳动过程。工人的劳动作为具体劳动创造使用价值，作为抽象劳动形成价值，因此，劳动力商品的使用价值就是一般商品价值的源泉。劳动力的使用不仅能创造新价值，而且能创造出比自身价值更大的价值。资本家购买劳动力商品，看中的正是劳动力商品的这种特殊使用价值。

3.2 剩余价值的生产

资本主义生产过程是劳动过程与价值增殖过程的统一。区分不变资本和可变资本有着重要意义。绝对剩余价值生产和相对剩余价值生产是剩余价值生产的基本方法。

3.2.1 劳动过程与价值增殖过程

资本主义生产过程具有两重性：一方面是生产使用价值的劳动过程，另一方面是生产剩余价值的价值增殖过程。因此，资本主义生产过程是劳动过程与价值增殖过程的统一。

资本主义生产过程首先表现为生产各种物质资料的劳动过程。在一切社会形态中，劳动过程都是指劳动者通过有目的的活动，运用劳动资料作用于劳动对象，生产出能够满足人们某种需要的使用价值的过程。但在不同的社会中，由于劳动资料和劳动对象被掌握在不同社会集团、不同阶级的手里，因而劳动过程又具有不同的特点。资本主义劳动过程具有两个特点：

（1）工人在资本家的监督下劳动，工人的劳动要服从资本家的安排。（2）工人的劳动产品全部归资本家所有。

资本主义生产过程又是生产剩余价值的价值增殖过程，这是资本主义生产的根本目的。由于价值增殖是以价值形成为基础的，因此，要揭示剩余价值的来源，首先要把资本主义商品生产作为单纯的价值形成过程来考察。

假定纺纱厂工人生产棉纱 10 公斤，需要消耗 10 公斤棉花，价值为 100 元，消耗纱锭等劳动资料的价值为 20 元。再假定工人生产 10 公斤棉纱需要 6 个小时，资本家每天支付给工人的价值是 10 元。当工人在 6 小时内将 10 公斤棉花纺成棉纱时，棉花和纱锭等生产资料被消耗了，但它们的价值并没有消失，而是转移到新产品棉纱中去了。为了说明这一问题，我们可以把生产棉花、制造纱锭和生产棉纱等几个生产过程，看作同一生产过程中的不同阶段。那么，生产棉花和制造纱锭所需要的必要劳动时间，都是生产棉纱所需必要劳动时间的一部分。这样，纺纱工人在通过具体劳动创造出新的使用价值的同时，也把生产资料的价值转移到了产品中。

抛开纺纱劳动的具体形式，工人在生产过程中消耗了一定的体力和脑力，支出了他的抽象劳动。抽象劳动凝结在新产品棉纱中形成价值，这是新创造的价值。假定工人 6 小时劳动创造的新价值是 10 元，那么，按照上面的假定，工人生产出来的 10 公斤棉纱的价值就等于生产资料转移过来的价值 120 元（棉花 100 元，纱锭等劳动资料 20 元）和纺纱工人新创造的价值 10 元，共计 130 元。

资本家预付生产资料和劳动力的价值是 130 元，新产品棉纱的价值也是 130 元。产品的价值等于预付资本的价值，预付的价值没有增殖，没有产生剩余价值，货币没有转化为资本。这就是价值形成过程，它既是具体劳动转移生产资料旧价值的过程，又是抽象劳动创造新价值的过程。但是，这种生产过程对资本家来说是毫无意义的，他必须把这种价值形成过程变成价值增殖过程。

讨 论

英国有个皮尔先生购置了 5 万英镑生活资料和生产资料，打算到澳大利亚的斯旺河一带去创办工厂。他还非常有远见地带去了 300 名男工、女工和童工。可是，他没有料到，英国工人一到地广人稀、物产丰富、极易生存的澳大利亚，就跑得无影无踪，结果连一个替他铺床或到河边打水的仆人都没有了。马克思因此打趣地写道："不幸的皮尔先生，他什么都预见到了，就是忘了把英国的生产关系输出到斯旺河去！"（马克思，恩格斯．马克思恩格斯文集：第 5 卷．北京：人民出版社，2009：878.）

请问：这一案例说明了什么问题？

为了实现由价值形成过程向价值增殖过程的转变，资本家必须把工人的劳动时间延长到 6 小时以上。对资本家来说，他购买了工人一天的劳动力，也就获得了一天劳动力的使用权。虽然工人 6 小时就可以把劳动力价值生产出来，但这并不阻碍资本家迫使工人继续劳动。假定工人一天劳动 12 小时，生产棉纱 20 公斤，消耗棉花 20 公斤，价值 200 元，消耗纱锭等劳动资料的价值 40 元，创造新价值 20 元，那么，20 公斤棉纱的价值为生产资料转移的价值 240 元和新价值 20 元之和，共 260 元。资本家为生产棉纱而预付的资本是 250 元，两者之差是 10 元。这 10 元就是剩余价值，这样，价值形成过程就转变为价值增殖过程。

由此可见，价值增殖过程不外是超过一定点而延长了的价值形成过程，这个一定点就是工人补偿劳动力价值所需要的劳动时间。在这里，工人的劳动时间分成两部分：一部分是再生产劳动力价值的时间，叫作必要劳动时间；另一部分是无偿为资本家生产剩余价值的时间，叫作剩余劳动时间。剩余价值就是由雇佣工人在剩余劳动时间内创造的、被资本家所占有的超过劳动力价值的那部分新价值。

对资本主义生产过程的分析，揭示了资本带来剩余价值的原因，即资本家利用它剥削了雇佣工人的剩余劳动。从表面上来看，资本总是表现为一定数量的货币和物品，如机器、厂房、原材料、制成品等，但是，这些物品本身并不是资本，只有在资本家手里被用来作为剥削雇佣工人剩余劳动的手段时，才成为资本。所以，资本在本质上反映了资本和雇佣劳动之间的关系。

3.2.2 不变资本与可变资本

在资本主义生产过程中，资本家的预付资本一部分以生产资料的形式存在，一部分以劳动力的形式存在。这两部分资本在剩余价值生产过程中所起的作用是不同的，因此，可以区分为不变资本和可变资本。

以机器、厂房等生产资料形式存在的资本，在生产过程中发生了使用价值形态的变化，价值也转移到新产品中去了。虽然生产资料的不同部分有着不同的价值转移方式，但是，它们都只能把自己原有的价值转移到新产品中去，而不会发生价值增殖。因此，以生产资料形式存在的资本，在生产过程中不改变自己的价值量，就叫作不变资本。

以劳动力形式存在的资本，其价值在生产过程中不是转移到新产品中去，而是由工人的劳动再生产出来。但是，劳动力在生产过程中发挥作用的结果，不仅再生产出劳动力的价值，而且生产出剩余价值。这样，以劳动力形式存在的资本，在生产过程中发生了价值量的变化，即发生了价值增殖，就叫作可变资本。

资本区分为不变资本和可变资本的意义在于：(1) 进一步揭露了剩余价值的来源和资本主义经济关系的实质，说明了剩余价值只是由可变资本产生的。(2) 为考察资本家对雇佣工人的剥削程度提供了科学依据。正确反映劳动力剥削程度的是剩余价值率，即剩余价值和可变资本的比率，用公式表示为：$m'=m/v$。

不变资本和可变资本的区分，在进一步揭露资本主义剥削关系时揭示了工资的本质。在现实生活中，工人每劳动一天，资本家就付给工人一天的工资，似乎并不存在剥削关系，但是，一旦区分了劳动与劳动力，问题就清楚了。劳动力是存在于人的身体中的劳动能力，劳动则是劳动力的使用，它的实现必须以生产资料和劳动力的结合为条件。劳动不能成为商品，但劳动力在一定历史条件下却可以成为商品。因为当雇佣工人和资本家在市场上发生交换关系时，他的活劳动并不存在，并且工人的劳动是在被雇用以后才开始的，这时的劳动已属于资本家而不属于工人，工人不能出卖不属于自己的东西。这样，资本家在市场上购买到的只能是工人的劳动力，资本家支付给工人的也只能是劳动力的价值或价格，而不是劳动的价值或价格。因此，工资的本质就是劳动力的价值或价格。

剩余价值率的另一公式

由于雇佣工人的全部劳动时间分为必要劳动时间和剩余劳动时间，因而，剩余价值率也可用以下公式表示：

m'＝剩余劳动/必要劳动＝剩余劳动时间/必要劳动时间

这一公式以活劳动的形式表示剥削程度，它表明在一个工作日中，有多少时间是用来补偿劳动力价值的，有多少时间是替资本家生产剩余价值的。

资本在价值形式上区分为不变资本与可变资本，二者的比例称作资本的价值构成。资本在物质形态上区分为生产资料和劳动力，二者的比例是由生产技术水平决定的，因此，这种反映生产技术水平的生产资料和劳动力之间的比例，就叫作资本的技术构成。资本的技术构成和资本的价值构成之间存在着密切联系，资本的价值构成以资本的技术构成为基础，资本的技术构成决定资本的价值构成。这种由资本的技术构成决定并反映资本技术构成变化的资本价值构成，就叫作资本有机构成。

3.2.3 剩余价值的生产方法

资本家获取剩余价值的基本方法是绝对剩余价值生产和相对剩余价值生产。

在雇佣工人必要劳动时间不变的条件下，由于工作日的绝对延长而进行的剩余价值生产，叫作绝对剩余价值生产。在资本主义制度下，工人的工作日包括必要劳动时间和剩余劳动时间两部分。在必要劳动时间一定的条件下，工作日越长，剩余劳动时间也就越长，资本家从工人身上获取的剩余价值也就越多。因此，资本家为了获取更多的剩余价值，总是尽可能强迫工人延长劳动时间。此外，资本家还用提高工人劳动强度的方法来获取更多的剩余价值。从表面上看，这种方法并没有延长工作日，但是工人在一个工作日中却支出了更多的劳动量，这是变相地延长了工作日，因而也属于绝对剩余价值生产。

相对剩余价值生产是指在工作日长度不变时，由于缩短必要劳动时间，相应延长剩余劳动时间而进行的剩余价值生产。生产相对剩余价值，必须缩短必要劳动时间。而要缩短必要劳动时间，就必须降低劳动力的价值。劳动力的价值是由维持工人及其家属生活所必需的生活资料价值构成的，这些生活资料的价值与生产它的劳动生产率成反比，所以，为降低生活资料的价值就必须采取措施提高生活资料生产部门的劳动生产率。由于与生活资料生产有关的生产资料的价值也影响生活资料的价值，因此提高这些生产资料生产部门的劳动生产率，

“五一”的由来

为了争取8小时工作制这个生存的基本权利，工人们曾做了长期艰苦的斗争，献出了鲜血和生命。19世纪80年代，美国工人每天工作12～15个小时的现象很普遍，很多工厂白班倒夜班时，工人连续工作24小时。1884年，美国劳工联合会等组织决定，在1886年5月1日发起一个争取8小时工作制的运动。这一天，美国近50万工人参加了全国性罢工。罢工工人中流行的《八小时之歌》是：“我们要把世界变个样，我们厌倦了白白的辛劳，光得到仅能糊口的工饷，从没有时间让我们去思考。我们要闻闻花香，我们要晒晒太阳，我们相信：上帝只允许八小时工作日。我们从船坞、车间和工场，召集了我们的队伍，争取八小时工作，八小时休息，八小时归自己！”但是罢工遭到芝加哥政府当局的暴力镇压，多人死伤。5月4日晚，3 000多名工人聚集芝加哥秣市广场，悼念死难工友，又遭到武装警察的镇压。芝加哥工人的鲜血，燃起了全美工人斗争的烈火，并迅速蔓延到世界各地。在世界进步舆论的支持下，1个月后，美国政府终于宣布实施8小时工作制。后来，就把1886年5月1日美国工人争取8小时工作制的斗争日，定为国际无产阶级的共同节日。从此，劳动者有了自己的节日。

也会降低生活资料的价值。当这些生产部门的劳动生产率普遍提高时，生活资料的价值便会下降，劳动力的价值也随之下降，再生产劳动力价值的必要劳动时间便会缩短，剩余劳动时间则相应延长，从而生产出剩余价值。由此可见，相对剩余价值生产是以社会劳动生产率提高为条件的。

在现实的资本主义经济运行中，劳动生产率的提高总是从个别企业开始的。个别资本家提高企业劳动生产率的直接动机，并不是降低劳动力的价值，而是追求超额剩余价值。超额剩余价值就是个别资本家由于提高企业的劳动生产率，使自己商品的个别价值低于社会价值而多得的那部分剩余价值。个别资本家获得超额剩余价值，只是一种暂时现象。当新技术被普遍采用时，原来先进的生产条件就转化为一般的生产条件，商品的社会价值与个别价值差额将不存在，超额剩余价值也就消失了。为了追逐超额剩余价值，资本家又会采用新的技术，提高劳动生产率。当整个社会的劳动生产率都提高后，工人的剩余劳动时间就会相应延长，生产出相对剩余价值。可见，相对剩余价值的形成，是资本主义各企业竞相追逐超额剩余价值的结果。

生产剩余价值的两种方法既有联系又有区别。其联系表现在：（1）从资本对雇佣劳动的关系来看，绝对剩余价值生产与相对剩余价值生产在本质上是一致的。不论是延长工作日，还是提高劳动生产率，结果都延长了工人的剩余劳动时间，提高了对工人的剥削程度，增加了剩余价值量。（2）绝对剩余价值生产是资本主义剥削的一般基础，也是相对剩余价值生产的起点。因为任何资本主义生产，都必须把工作日绝对地延长到必要劳动时间之上，否则就不能产生绝对剩余价值；同时，只有以将工作日分割为必要劳动时间和剩余劳动时间两部分为出发点，才能缩短必要劳动时间，延长剩余劳动时间，进行相对剩余价值生产。其区别表现在：（1）它们的物质技术基础不同。绝对剩余价值生产是与生产技术不变，或生产技术发展缓慢相适应的；而相对剩余价值生产是以生产技术的不断变革为条件的。(2) 它们在资本主义发展的各个历史阶段上所起的作用不同。在资本主义生产所经历的简单协作阶段，资本家主要采用绝对剩余价值生产的方法提高对工人的剥削程度；在资本主义工场手工业阶段，劳动生产率的提高为相对剩余价值生产创造了条件；机器大工业出现以后，资本主义生产的物质技术基础发生了根本性的变化，相对剩余价值生产的意义越来越大。由于资本主义生产的目的是最大限度地获取剩余价值，因而这两种方法在现实中尽可能被同时使用。

剩余价值规律是资本主义的基本经济规律。它的内容是：资本主义的生产目的和动机是最大限度地追求剩余价值，达到这一目的的手段是不断扩大和加强对雇佣劳动的剥削。作为资本主义生产方式的绝对规律，剩余价值规律决定着资本主义生产的实质，决定着资本主义生产发展的一切主要方面和主要过程，决定着资本主义生产方式产生、发展和衰亡的全部过程。剩余价值学说揭露了资本主义剥削的秘密，是正确认识资本主义制度的本质及其发展规律的理论依据，成为无产阶级争取解放和进行革命斗争的强大思想武器。

3.3 再生产与资本积累

资本主义生产是一个连续不断的过程。资本主义再生产的特点是扩大再生产，资本积累是资本主义扩大再生产的重要源泉。资本主义资本积累的发展，不仅为资本主义灭亡准备了客观物质条件，而且准备了社会力量。

3.3.1 资本主义简单再生产

任何社会都不能停止消费，因而也都不能停止生产，社会生产总是连续不断、周而复始进行的。这种连续不断、周而复始进行的生产，就叫作再生产。就其内容来讲，社会再生产既是物质资料的再生产，又是生产关系的再生产，是物质资料再生产和生产关系再生产的统一。就其规模来讲，社会再生产可以分为简单再生产和扩大再生产。资本主义再生产的特点是扩大再生产。但是，由于简单再生产是扩大再生产的基础和出发点，因此，对资本主义再生产的分析，要从简单再生产开始。

资本主义简单再生产是指资本家把剩余价值全部用于个人消费，生产只是在原有规模上重复进行的资本主义再生产。分析资本主义简单再生产，可以清楚认识把资本主义生产过程作为一个孤立生产过程所看不到的一些重要特点。

首先，可变资本是由工人自己创造出来的。从再生产过程看，资本家付给工人的工资，不过是工人前一个生产过程所创造的价值的一部分。不仅工人的工资是自己创造的，而且工人为资本家创造了剩余价值。工人不仅养活了自己，而且养活了资本家。

其次，不仅可变资本，而且其他全部资本都是工人创造的。不管资本家的最初资本从何而来，经过若干次再生产过程以后，资本家的个人消费都会把他原有的资本耗尽。资本家的资本之所以还存在，是因为其是靠工人创造的剩余价值累积而来的。

最后，工人的个人消费从属于资产阶级，为资本家再生产出可供剥削的劳动力。从再生产过程看，工人的个人消费是为了恢复被消耗了的劳动力以及养育出下一代新的劳动力，以便连续不断地出卖给资本家。因此，工人的个人消费本质上也是资本主义再生产的一个必要条件。

总之，从再生产过程看，工人不仅创造了剩余价值，而且再生产出资本家的全部资本和劳动者本身，是物质资料再生产和资本主义生产关系再生产的统一。

3.3.2　资本积累和资本主义扩大再生产

资本主义再生产的特征是扩大再生产。资本主义扩大再生产，是指资本家不把剩余价值全部用于个人消费，而是把其中的一部分转化为资本，用来购买追加的生产资料和劳动力，使生产在扩大的规模上重复进行。把剩余价值作为资本来使用，或者说剩余价值的资本化，就是资本积累。如果剩余价值中资本家个人消费部分和积累部分的比例不变，资本家获取的剩余价值越多，资本积累的规模就越大。而资本积累的规模越大，在其他条件不变的情况下，资本家就可以获得更多剩余价值。因此，资本积累的实质就是：资本家用无偿占有的剩余价值进行资本积累，扩大生产规模，从而进一步占有更多剩余价值。

由于剩余价值是资本积累的源泉，资本积累的规模取决于剩余价值的数量，因而一切能够影响剩余价值量的因素，也都会影响资本积累的规模。这些因素主要有：一是对劳动力的剥削程度，即剩余价值率的高低。二是社会劳动生产率的水平。随着社会劳动生产率的提高，商品价值量相应降低，影响相对剩余价值量，而且资本家在他所享用的消费品不减少甚至增加的情况下，只需将剩余价值中较少的部分用于自己的个人消费，就可以相应扩大积累。三是所用资本和所费资本之间的差额。所用资本是指在生产过程中全部发挥作用的资本。所费资本是指转移到新产品中去的那部分资本价值。它们之间的差额越大，提供无偿服务的劳动资料就越多，有利于资本积累。四是预付资本量的大小。在剩余价值率一定的条件下，预付资本量越大，获取的剩余价值量也就越大，资本积累的规模也就越大。

3.3.3 资本有机构成

资本积累不仅指资本在量上增大，而且指资本在构成上发生变化。资本的构成可以从两个方面来考察。从物质形态上看，资本是由一定数量的生产资料和劳动力构成的，它们之间的比例是由生产技术水平决定的，这种反映生产技术水平的生产资料和劳动力之间的比例，叫作资本的技术构成。从价值形式上看，资本又是由一定数量的不变资本和可变资本构成的，不变资本与可变资本之间的比例就叫作资本的价值构成。资本的价值构成以资本的技术构成为基础，资本的技术构成决定资本的价值构成。这种由资本的技术构成决定并反映资本技术构成变化的资本价值构成，叫作资本有机构成。一般用 c：v 表示。

在资本积累过程中，资本有机构成具有不断提高的趋势。资本家为了攫取更多的剩余价值和在竞争中取得优势，必须不断提高本企业的劳动生产率，不断提高技术装备水平，结果在全部资本中，不变资本所占比重增大，可变资本的相对量则日益减少，从而导致资本有机构成的提高。

资本有机构成的提高，一般是以个别资本的增大为前提的。个别资本的增大有两种基本形式，即资本积聚和资本集中。资本积聚就是个别资本通过资本积累增大自己的资本总额。资本集中就是把原来分散的中小资本合并成少数大资本。资本积聚和资本集中之间存在着密切的联系。资本积聚加速资本集中，资本集中反过来加速资本积聚。同时，资本积聚和资本集中又是有区别的。第一，资本积聚是单个资本的自我积累，而资本集中是若干单个资本的合并或联合。第二，资本积聚是单个资本家依靠剩余价值资本化实现的，它会增大社会资本总额；资本集中是通过对原有资本在资本家之间进行重新分配实现的，它不会增大社会资本总额。第三，资本积聚要受积累的限制，它的增长速度较缓慢；而资本集中不受积累的限制，它的增长速度比较快。

在资本积累过程中，伴随资本有机构成的提高，资本对劳动力的需求日益相对减少，有时还会绝对减少。但同时，劳动力的供给却迅速增加。这两个相反方面发展的结果，就是相对过剩人口的形成。这种相对过剩人口，不是社会财富和生产能力已经容纳不了的“过剩人口”，而仅仅是因为劳动力的供给超过了资本主义积累对劳动力的需求。

相对过剩人口不仅是资本主义积累的必然产物，而且是资本主义生产方式存在和发展的必要条件。第一，资本主义生产具有周期性，产业后备军就像一个储存劳动力的“蓄水池”，可以随时调节资本对劳动力的需求。第二，大量过剩人口使资本家不仅可以从市场上购买到更廉价的劳动力，而且可以压低在业工人的工资，迫使他们提高劳动强度或接受其他种种苛刻条件等。

3.3.4 资本主义积累的一般规律

> 社会的财富即执行职能的资本越大，它的增长的规模和能力越大，从而无产阶级的绝对数量和他们的劳动生产力越大，产业后备军也就越大。……工人阶级中贫苦阶层和产业后备军越大，官方认为需要救济的贫民也就越多。**这就是资本主义积累的绝对的、一般的规律。**
>
> ——马克思
>
> 资料来源：马克思，恩格斯．马克思恩格斯选集：第2卷．3版．北京：人民出版社，2012：288-289.

随着资本积累的增长，社会财富日益集中到资产阶级手中，而社会财富的直接创造者——无产阶级则日益贫困化。这种随着资本积累而产生的社会两极分化，即一极是财富的积累，另一极是贫困的积累，就是资本主义积累的一般规律。

资本主义积累的一般规律深刻揭示了资本主义生产关系的对抗性。资本积累增进的过程，也是资本主义生产关系同生产力之间矛盾加深的过程。在当代资本主义国家，尽管资产阶级采取种种措施缓和这一矛盾，但不可能从根本上解决这一矛盾。资本主义制度必然被社会主义制度所取代，是资本主义积累的历史趋势。

3.4 价值向生产价格的转化

生产出来的剩余价值在进行分割之前，必然要经历向利润、平均利润的转化过程，当利润转化为平均利润以后，商品的价值就转化为生产价格。这些转化过程的完成，揭示了在各种经济表象掩盖下的资本主义经济关系的实质。

3.4.1 剩余价值转化为利润

商品价值包括不变资本（c）、可变资本（v）和剩余价值（m）三部分。但对资本家而言，他在生产该商品时所支付的费用仅仅是不变资本和可变资本，因而不变资本和可变资本构成了资本家的生产成本，又称成本价格，一般用 k 来表示。这样，商品价值的构成就由原来的 $W=c+v+m$ 变成了 $W=k+m$。

随着不变资本和可变资本转化为生产成本，生产商品的劳动耗费被资本耗费掩盖了，不变资本和可变资本在价值增殖过程中的不同作用看不见了。剩余价值由可变资本的产物变为生产成本的增加额，并进一步成为资本家全部预付资本的增加额。在资本家看来，那些未曾耗费的资本虽然不形成生产成本，但作为物质要素同样参加了生产过程，因而也参加了剩余价值的形成。当资本家不再把剩余价值看成可变资本的产物，而是将其看成全部预付资本的增加额时，剩余价值就取得了利润的形式。利润和剩余价值本来是一个东西，但是二者又不是可以直接等同的，剩余价值相对于可变资本而言，利润相对于全部预付资本而言。剩余价值是利润的本质，利润是剩余价值的表现形态或转化形式。

剩余价值转化为利润，剩余价值率也就转化为利润率。但是，无论在量上还是在质上，利润率与剩余价值率都存在差别。剩余价值率是剩余价值与可变资本的比率，即$\frac{m}{v}$。利润率则是剩余价值与预付总资本的比率，即$\frac{m}{c+v}$。从量上来看，由于 $c+v$ 总是大于 v，因此利润率总是低于剩余价值率，从而掩盖了资本家对工人的剥削程度。从质上来看，剩余价值率表明了剩余价值的真正来源是可变资本，而在利润率的计算中，剩余价值似乎是由预付总资本产生的，这就掩盖了剩余价值的真正来源。

利润率的高低受多种因素的影响，主要有四个方面：

> 资本害怕没有利润或利润太少，就像自然界害怕真空一样。一旦有适当的利润，资本就胆大起来。如果有10％的利润，它就保证到处被使用；有20％的利润，它就活跃起来；有50％的利润，它就铤而走险；为了100％的利润，它就敢践踏一切人间法律；有300％的利润，它就敢犯任何罪行，甚至冒绞首的危险。
>
> ——英国评论家邓宁
>
> 资料来源：马克思，恩格斯．马克思恩格斯文集：第5卷．北京：人民出版社，2009：871.

（1）剩余价值率的高低。在其他条件不变的情况下，利润率的高低与剩余价值率的高低呈正比例关系。剩余价值率越高，利润率也越高；反之则相反。

（2）资本有机构成的高低。就某个部门来说，利润率和资本有机构成向相反方向变动，该部门平均资本有机构成越低，其利润率也就越高。就同一部门内部的各企业来说，资本有机构成高的企业利润率也相对较高，资本有机构成低的企业只能获得较低的利润率甚至亏本。

（3）不变资本的节约程度。节约不变资本，可以使资本家的预付资本量减少，从而提高利润率。节约不变资本，还可以使同量资本雇用更多的劳动力，以获取更多的剩余价值。同时，节约不变资本可以减少商品价值中生产资料价值转移的部分，从而降低生产成本，提高利润率。

（4）资本周转速度的快慢。在其他条件不变的情况下，资本周转速度越快，同量资本所带来的剩余价值也就越多，从而年利润率也就越高。反之，年利润率就越低。年利润率和资本周转速度呈正比例关系。

3.4.2 利润转化为平均利润

各生产部门资本有机构成的不同，决定了各生产部门具有不同的利润率。假定各生产部门的剩余价值率一致，那些资本有机构成高的生产部门，利润率比较低；而资本有机构成低的生产部门，利润率则比较高。等量资本由于投在不同的生产部门而有不同的利润率，从而获得数量不等的利润。然而，资本主义生产的现实是，等量资本尽管有机构成不同，但仍然获得了等量利润。价值理论与现实运动产生了矛盾，利润转化为平均利润成为解决这一矛盾的关键。

> 假定A、B、C三部门的资本构成分别为70c＋30v、80c＋20v和90c＋10v，剩余价值率都是100％，则各部门的剩余价值量为30、20和10，各部门的利润率为30％、20％和10％。然而随着资本在各部门间的转移，形成了平均利润率，即（30＋20＋10）/300＝20％。各部门获得的平均利润分别为A：100×20％＝20，B：100×20％＝20，C：100×20％＝20。各部门获得的平均利润与各自生产的剩余价值的差额为A：20－30＝－10，B：20－20＝0，C：20－10＝10。

平均利润的形成是部门之间竞争的结果，是以平均利润率的形成为前提的。资本家为了获得更多利润，就会把资本从利润率低的生产部门撤出，转移到利润率高的生产部门。通过资本转移，那些利润率高的生产部门，资本数量增加，生产规模扩大；那些利润率低的生产部门，资本数量减少，生产规模缩小。这种资本的转移和投入，会引起各生产部门供求关系及商品价格的变动。在市场需求不变的情况下，利润率高的生产部门商品供给增加，导致供过于求，商品价格下降，利润率也随之下降；而利润率低的生产部门由于资本向外转移，商品供给减少，导致供不应求，商品价格上涨，利润率也随之上升。资本的这种转移以及由此引起的利润率的变动，一直要持续到各生产部门的利润率大致相等时才会停止。

平均利润率是社会各个生产部门不同利润率的平均数，即剩余价值总量与社会总资本的比率。用公式表示为：

$$\text{平均利润率}=\frac{\text{剩余价值总量}}{\text{社会总资本}}$$

应该注意的是，平均利润率的形成不是各部门利润率的简单平均，它只是一种利润率平均化的发展趋势。

各个生产部门的资本家按照平均利润率所获得的利润，就是平均利润。利润转化为平均利润后，更加掩盖了资本主义经济关系的实质。利润作为剩余价值的转化形式，就已经掩盖了剩余价值的真正来源，但利润和剩余价值在量上仍旧是相等的。而利润转化为平均利润后，资本家所获得的利润与他所雇用的工人创造的剩余价值在量上也有了差异。等量资本获得等量利润，仿佛利润的多少只与资本数量相关，从而完全掩盖了利润的来源和本质，资本主义经济关系的实质被进一步掩盖了。

3.4.3 生产价格的形成

随着利润转化为平均利润，商品价值也就转化为生产价格。生产价格是由商品的生产成本（k）加平均利润（$\overline{p}$）构成的，用公式表示：生产价格 $= k + \overline{p}$。生产价格的形成，实际上是商品价值中的剩余价值部分在不同生产部门进行平均分配的结果。

生产价格是由价值转化来的，是商品价值的转化形式。但是，二者在量上却经常是不一致的。资本有机构成高的生产部门，平均利润大于剩余价值，因而生产价格高于价值；资本有机构成低的生产部门，平均利润小于剩余价值，因而生产价格低于价值；只有资本有机构成中等的生产部门，平均利润和剩余价值才大体相等。

生产价格形成后，价值规律的表现形式发生了变化。生产价格形成前，商品价格围绕价值上下波动。生产价格形成后，商品价格就围绕生产价格上下波动。

陈葡萄酒为什么比新葡萄酒贵？

市场上的陈葡萄酒要比新葡萄酒贵得多，但是葡萄酒只是放在酒窖中，并没有经过工人的劳动，这是不是违背了价值规律？既然葡萄酒放在那里可以增值，那么机器、原材料等生产资料是不是也能创造价值呢？理解这一问题的关键就在于弄清楚价值与生产价格的关系。两种葡萄酒生产时所耗费的劳动时间是相等的，因而价值也一样。但陈葡萄酒在地窖中存放的时间长，因而其生产时间也长，尽管这段时间不创造价值，但由于需要预付的不变资本和保管费用也增加了，即生产成本增加了，其生产价格自然也就高于新葡萄酒的生产价格，陈葡萄酒比新葡萄酒贵也就不足为奇了。

这一差别的存在，使生产价格与价值产生了一定程度的背离。但是，这种背离并不意味对价值规律的否定，相反，它是以价值规律为基础的，因为：（1）从个别部门看，资本家获得的平均利润可能与工人创造的剩余价值有量的差异；但从全社会来看，被资本家所占有的全部平均利润的总和等于全部工人所创造的剩余价值总额。（2）从个别部门看，价值与生产价格在量上有差异；但从全社会来看，生产价格总额等于价值总量。（3）生产价格的变动，最终取决于生产商品的社会必要劳动时间的变化。生产商品的社会必要劳动时间减少，商品价值量就降低，从而生产价格也会下降。由此可见，生产价格只不过是价值的转化形式，生产价格与价值的背离，并不是对价值规律的否定，而只是价值规律的表现形式发生了改变。

3.5 剩余价值的分割

在资本主义经济运行中，除了存在产业资本外，还存在多种具体的资本形式，如商业资本、借贷资本、银行资本、农业资本等，与不同的资本形式相对应，剩余价值也就进一步被分割为商业利润、利息、银行利润、资本主义地租等多种具体形式。剩余价值的分割，清晰地反映出资本主义社会剥削阶级对剩余价值的共同瓜分，从而进一步揭示出资本主义经济关系的实质。

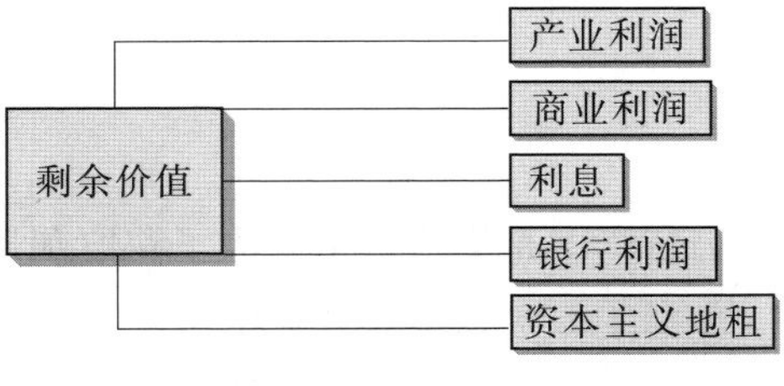

剩余价值分割图

3.5.1 商业利润

商业资本是在流通领域专门从事商品买卖，以获取剩余价值为目的的职能资本。它从产业资本中分离出来，独立地在流通领域发挥作用，执行着职能，即通过商品的销售，实现商品的价值和剩余价值。

商业利润是商业资本家投资于商业经营活动所获得的利润。从表面上来看，商业利润是商品销售价格高于商品购买价格的差额，这只是表明商业资本家获得商业利润的途径。商业资本是在流通领域运行的，商品买卖中的包装、保管、运输等活动是生产过程在流通领域的继续，因而能创造价值和剩余价值，但是，单纯的商品买卖活动属于流通领域，只会使价值形式发生变化，既不创造价值，又不创造剩余价值。

由于商业资本家承担了产业资本家的部分职能，因此产业资本家不能占有全部剩余价值，必须把剩余价值的一部分让渡给商业资本家。同时，商业资本家专门从事商业活动，可以使产业资本家节省流通费用，增加生产资本，带来更多的剩余价值，这比产业资本家自己经营商业更有利。因此，产业资本家也愿意让渡一部分剩余价值给商业资本家作为商业利润。产业资本家让渡利润的方法就是将商品按低于生产价格的价格出售给商业资本家。由此可见，商业利润的本质就是产业工人所创造的剩余价值的转化形式，体现了商业资本家和产业资本家共同剥削雇佣工人。

3.5.2 利息

借贷资本是借贷资本家为了获取利息而暂时借给职能资本家（包括工业资本家、农业资本家、商业资本家）使用的闲置货币资本。借贷资本是生息资本的一种具体形式，是由从职能资本运动中游离出来的货币资本转化而来的特殊资本形式。

货币资本所有者将其闲置的货币资本贷放出去是有条件的，要规定偿还期限，还要获取报酬。利息就是借贷资本家由于让渡资本使用权而取得的报酬，是由职能资本家支付的。但是，利息在本质上是产业工人所创造的剩余价值，是剩余价值的转化形式。

闲置的货币资本转变为职能资本后会产生平均利润，借贷资本家作为资本所有者对平均利润享有占有权，贷入资本进行经营的职能资本家也同样对这些平均利润享有占有权，这就决定了借贷资本家不能以利息的形式将平均利润全部占有，否则职能资本家就会因无利可图而不贷入资本经营企业；同样，职能资本家也不能独自占有全部平均利润，否则借贷资本家就不会把货币资本贷放给他。因此，职能资本家必须与借贷资本家共同瓜分借贷资本所带来的平均利润，将其中的一部分以利息的形式付给借贷资本家，余下部分作为企业利润归自己占有。由此可见，虽然借贷资本家不直接剥削雇佣工人，但由于他获得了利息，因而也参与了对剩余价值的瓜分。

如果借贷资本的数额为 10 000 元，在一年内可获得利息 600 元，那么，年利息率就是 600/10 000＝6%。在一般情况下，利息率不能超过或等于平均利润率，否则，职能资本家就会因无利可图而不去借款。利息率也不能等于零，如果利息率为零，借贷资本家也会因得不到好处而不把资本贷出。

借贷资本家获取利息的多少，是按照预先确定的利息率进行计算的。利息率就是以百分数表示的一定时期的利息量与借贷资本总量之间的比例，用公式表示为：

$$利息率=\frac{一定时期的利息量}{借贷资本总量}$$

3.5.3　银行利润

资本主义银行是专门经营货币资本的企业。银行的主要职能有两个：一方面专门从事货币资本经营业务，在货币借贷关系中充当借贷双方的中介；另一方面经营与货币流通有关的技术性业务，如货币保管与兑换、结算与支付等。银行资本由银行资本家的自有资本和通过各种途径筹集到的货币资本构成。

银行资本家投资于银行业，目的也是获取利润。资本家经营银行所获得的利润叫银行利润。银行利润是存款利息和贷款利息的差额，再扣除经营银行的业务费用后形成的。从量上来看，银行利润相当于银行资本家自有资本所获得的平均利润。

银行利润的本质是产业工人在生产过程中创造的剩余价值的转化形式。职能资本家把银行贷款作为资本从事生产或商业活动，他把获得的一部分平均利润以利息的形式付给银行资本家，形成了银行利润。由此可以看出，银行资本家也参与了剩余价值的分割。

3.5.4 资本主义地租

资本主义地租是租地的农业资本家将使用土地的报酬支付给土地所有者的、超过平均利润以上的那部分剩余价值，它体现了大土地所有者和农业资本家共同剥削农业工人的经济关系。

资本主义地租主要有两种形式：级差地租和绝对地租。

级差地租是与土地等级相联系的地租形式，是租种较优土地的农业资本家获得的、归土地所有者占有的农业超额利润，是农产品的个别生产价格低于社会生产价格的差额。土地自然条件的差别是级差地租产生的条件。土地肥沃程度和地理位置的差别，使农业资本家的等量资本在不同等级土地上有着不同的劳动生产率和产量收益。生产条件好的土地劳动生产率高、产量多，其农产品的个别生产价格就会低于社会生产价格，产生超额利润，形成不同等级的地租。

土地的资本主义经营垄断是级差地租产生的原因。土地的资本主义经营垄断使农产品的社会生产价格必须由劣等地的生产价格决定，否则会造成劣等地的荒废。劣等地的荒废使农产品供给减少，价格上升，一直到经营劣等地也能得到平均利润为止。这样，占有优等地的资本家就获得了超额利润。这部分超额利润归土地所有者占有，形成级差地租。

绝对地租则是由于土地私有权的垄断，租种任何土地的农业资本家都要向土地所有者缴纳的地租，它是农产品价值超过生产价格的余额。农业部门资本有机构成低于工业部门，是绝对地租形成的条件。由于农业部门资本有机构成相对较低，在剩余价值率相同的情况下，同量资本在农业中可以获得更多的剩余价值，使农产品的价值高于生产价格，其差额构成绝对地租。

土地私有权的垄断是绝对地租形成的原因。在工业中，部门间的竞争形成了平均利润，资本家只能按生产价格出售商品。而农业则不同，由于土地私有权的垄断，阻碍了利润的平均化过程，使农产品可以按照高于生产价格的价值出售，从而使农业部门中长期稳定地存在超额利润，形成为土地所有者所占有的绝对地租。

绝对地租与级差地租在本质上是一致的，都是由农业工人创造的、被土地所有者占有的超过平均利润的那部分剩余价值。

本章小结

资本流通公式（G—W—G′）表明，经过流通可以得到更多的剩余价值。货币只有在作为带来剩余价值的价值时才成为资本。货币转化为资本的前提是劳动力成为商品，而劳动力成为商品必须具备两个条件：一是劳动者具有人身自由，二是劳动者丧失了一切生产资料和生活资料。劳动力商品的特点就是它的使用价值在创造自身价值的同时，能够创造出比自身价值更大的价值。

资本主义生产过程的实质就是价值增殖过程，也即剩余价值的生产过程。根据资本在价值增殖过程中所起的不同作用，可分为不变资本和可变资本。剩余价值来源于可变资本，不变资本只发生价值转移而不发生价值增殖。区分不变资本与可变资本，不仅说明了剩余价值的来源，为考察资本家对雇佣工人的剥削程度提供了科学依据，而且在揭露资本主义剥削关系中揭示了工资的本质。在剩余价值生产中，绝对剩余价值生产与相对剩余价值生产是同时并存、互相补充的两种方法，但是随着资本主义生产的发展，更多的是采用相对剩余价值生产的方法。

剩余价值生产出来后，在分割前要经历一个向利润、平均利润转化的过程。在这一过程中，不变资本与可变资本之和转化为生产成本，剩余价值就成了生产成本的增加额，由此而取得了利润的形式。剩余价值是利润的本质，利润是剩余价值的转化形式，剩余价值率也就转化为利润率。由于各生产部门资本有机构成的不同，等量资本会获得不同的利润率，从而获得数量不等的利润，通过资本转移，必然形成平均利润率。各生产部门的资本家按照平均利润率所获得的利润，就是平均利润。随着利润转化为平均利润，商品价值也转化为生产价格。生产价格的形成并不是对价值规律的否定，而只是价值规律的表现形式发生了改变。

商业资本是在流通领域专门从事商品买卖，以获取剩余价值为目的的职能资本。商业利润的本质就是产业工人创造的剩余价值的转化形式。借贷资本是借贷资本家为了获取利息而暂时借给职能资本家使用的闲置货币资本。利息就是借贷资本家由于让渡资本使用权而取得的报酬，是由职能资本家支付的。但是，利息的本质是产业工人所创造的剩余价值的转化形式。银行资本是由银行资本家的自有资本和通过各种途径筹集到的货币资本构成的。银行利润的本质是产业工人在生产过程中创造的剩余价值的转化形式。资本主义地租是租地的农业资本家将使用土地的报酬支付给土地所有者的、超过平均利润以上的那部分剩余价值，它体现了土地所有者和农业资本家共同剥削农业工人的经济关系。

阅读书目

1. 马克思，恩格斯．马克思恩格斯文集：第5卷．北京：人民出版社，2009.

2. 曼德尔．论马克思主义经济学：上卷．北京：商务印书馆，1964.

3. 杜普莱西斯．早期欧洲现代资本主义的形成过程．沈阳：辽宁教育出版社，2001.

4. 福克斯．数字劳动与卡尔·马克思．北京：人民出版社，2020.

分析与思考

1. 资本总公式的矛盾是价值增殖与价值规律的矛盾。解决这一矛盾的关键和前提是什么？

2. 怎样理解马克思所说的“黑人就是黑人。只有在一定的关系下，他才成为奴隶。纺纱机是纺棉花的机器。只有在一定的关系下，它才成为资本”?

3. 如何认识资本主义生产过程是劳动过程和价值增殖过程的统一?

4. 辨析“由于生产价格经常与价值相背离，因此，生产价格是对价值和价值规律的否定”这一观点的正误。

5. “利息是借贷资本家凭借资本所有权获得的收入，是资本自身的产物，因此，利息与雇佣工人的劳动无关”，这一看法正确吗?

6. 资本的本质是什么? 资本的存在形式有哪些?

7. 资本积累的基本规律是什么?

第4章 剩余价值的流通过程

要论提示

● 剩余价值的流通过程就是资本的运动过程。个别资本的运动过程表现为资本循环和资本周转。

● 产业资本在运动中依次经过三个阶段，相应采取三种职能形式。资本循环表现为生产过程与流通过程的统一，表现为货币资本循环、生产资本循环和商品资本循环的统一。

● 资本周转即资本运动的速度，它的快慢直接影响着剩余价值生产。

● 社会资本再生产理论揭示了社会资本运动的内在规律，即在社会化大生产条件下，社会生产的各个部门必须按比例协调地发展。

● 资本主义经济危机是生产相对过剩的危机，是资本主义基本矛盾激化的产物。经济危机的周期性爆发，在保持资本主义经济平衡发展的同时，也暴露了资本主义制度的历史局限性和过渡性。

关键词　资本循环　资本周转　社会资本　经济危机
资本主义基本矛盾

资本的运动过程是生产过程和流通过程的统一。研究资本主义生产关系，必须从生产过程和流通过程的统一中考察剩余价值的流通过程，揭示社会资本再生产的一般规律及资本主义再生产的困难和危机。

4.1 资本循环

资本的本质在于运动，只有在不断运动中，资本才能得到增殖。产业资本的循环是揭示资本运动本质的典型形式。产业资本是指投在工业、农业、建筑业、交通运输业等物质资料生产部门的资本。

4.1.1 产业资本循环的三个阶段

产业资本的循环必须依次经过购买、生产和销售三个阶段，并相应地采取货币资本、生产资本和商品资本三种职能形式。

第一阶段是购买阶段。资本家用货币资本购买一定数量的生产资料和劳动力，为剩余价值生产准备条件。这一过程可以表示为：

$$G—W\left\langle\begin{matrix}P_m\\A\end{matrix}\right.$$

其中，G 代表货币，W 代表商品，P_m 代表生产资料，A 代表劳动力。

这一阶段，从表面上看，只是普通的商品流通过程，这里的货币只是执行着一般的购买手段职能。但是，由于货币购买的不是普通商品，而是能为资本家创造剩余价值的劳动力和生产剩余价值所必需的生产资料，特别是购买劳动力这一特殊商品，因而这一阶段的货币已不是普通的货币，而是货币资本，即以货币形式存在的资本。货币资本的职能就是购买生产资料和劳动力，为剩余价值生产准备条件。

第二阶段是生产阶段。资本家把购买到的生产资料和劳动力投入生产过程，劳动力对生产资料进行加工，结果生产出一定数量的、包含着剩余价值的新商品。这一过程可以表示为：

$$W<\begin{matrix}P_m\\A\end{matrix}\cdots P\cdots W'$$

其中，P代表生产过程，… 代表流通过程的中断和生产过程的进行，W′代表包含着剩余价值的商品。

在这一阶段，资本家购买来的生产资料和劳动力不仅发挥着一般生产要素的作用，而且发挥着资本的作用，成为资本家获取剩余价值的手段，因而取得了生产资本的形式，即以生产要素形式存在的资本。生产资本的职能就是生产出剩余价值。

第三阶段是销售阶段。资本家把生产出来的包含着剩余价值的商品销售出去，换回一定数量的货币。但这时的货币量要大于最初资本家预付的货币数量，等于预付资本的价值和剩余价值之和。这一过程可以表示为：

$$W'—G'$$

其中，G′代表包含着剩余价值的货币。

在这一阶段，通过出售包含着剩余价值的商品，资本家的预付资本以货币形式回到原来的出发点，并且使生产过程中所创造的剩余价值呈现为货币。因此，这里的商品也不是一般的商品，而是商品资本，即以商品形式存在的资本。商品资本的职能就是实现剩余价值。

资本循环就是指资本经过三个阶段，即购买阶段、生产阶段和销售阶段，并相应地采取三种职能形式，即货币资本、生产资本和商品资本，使价值得到增殖，最后回到原来出发点的运动过程。资本循环的完整公式是：

$$G—W<\begin{matrix}P_m\\A\end{matrix}\cdots P\cdots W'—G'$$

4.1.2　三种循环形式的统一

产业资本的循环是一个连续不断的运动过程，不仅货币资本要依次经过三个阶段不断地循环下去，而且生产资本、商品资本也必须依次经过三个阶段不断地循环下去。因此，产业资本有三种循环形式，即货币资本循环、生产资本循环、商品资本循环。产业资本的循环实际上是这三种循环形式的统一。

可以用如下公式表示：

生产资本循环

$$G-W\cdots P\cdots W'-G'.\ G-W\cdots P\cdots W'-G'\cdots$$

货币资本循环　　商品资本循环

其中，$G—W\cdots P\cdots W'—G'$为货币资本循环，$P\cdots W'—G'.G—W\cdots P$为生产资本循环，$W'—G'.G—W\cdots P\cdots W'$为商品资本循环。

就货币资本循环而言，其起点和终点都是货币，但作为终点的货币（G'）是包含着剩余价值的货币量，因此该循环将资本主义生产的目的是获取剩余价值这一特征表现得最为明显。但是，由于这种循环的起点和终点都是货币，生产过程只表现为两个流通过程的中间环节，因而容易造成一种假象，好像货币自身具有增殖能力，剩余价值是从流通中产生的。就生产资本循环而言，其起点和终点都是生产资本，流通过程仅表现为生产资本循环过程的媒介，它揭示了剩余价值的真正来源，消除了货币自行增殖的错觉。但是，生产资本循环却造成一种新的假象，即仿佛资本主义生产的目的不是追求剩余价值，而是生产本身，这就掩盖了资本主义生产的目的。就商品资本循环而言，占首要地位的是流通过程，是商品的售卖和消费，生产过程成为商品流通的条件，这就造成了资本主义生产是为了满足社会需要的假象。由于资本的三种职能形式的循环都有着各自的不足，因而只有把它们统一起来进行分析，才能对资本的运动及实质做出完整科学的说明。

4.1.3 产业资本正常循环的条件

产业资本的循环要连续不断，就必须使货币资本循环、生产资本循环、商品资本循环连续地、并列地进行。因此，必须具备两个条件：

第一，产业资本三种职能形式在空间上具有并存性。就是说，产业资本家必须根据生产中的实际要求，按比例地把预付资本分成三部分，同时并存在货币资本、生产资本和商品资本三种职能形式及三种循环形式上。只有这样，才能使产业资本家的第一部分资本离开购买阶段、进入生产阶段时，第二部分资本则离开生产阶段以商品形式进入销售阶段，第三部分资本以货币形式购买生产要素。生产过程与流通过程的交替进行，才使资本循环得以不间断地进行。

第二，产业资本三种职能形式在时间上具有继起性。就是说，产业资本的三种职能形式和三种循环形式，都必须顺序地经过三个阶段，依次变换它们的形式，最后又回到原来的出发点，不停顿地循环下去。如果任何一种职能形式或循环形式在任何一个阶段发生停顿，都会使整个产业资本循环发生中断或停顿，使价值增殖不能正常实现。如果在购买阶段发生停顿，货币就会成为贮藏货币，不能发挥资本的作用去购买劳动力和生产资料；如果在生产阶段发生停顿，劳动力和生产资料就被闲置起来，不能相互结合进行生产，剩余价值的生产也就不能进行；如果在销售阶段发生停顿，也就意味着商品

> 产业资本的连续进行的现实循环，不仅是流通过程和生产过程的统一，而且是它的所有三个循环的统一。
>
> ——马克思
>
> 资料来源：马克思，恩格斯．马克思恩格斯文集：第6卷．北京：人民出版社，2009：119.

卖不出去，资本家预付的资本就不能收回，剩余价值也不能得到实现。

4.2 资本周转

产业资本的周而复始的循环运动就是资本周转。虽然资本循环和资本周转都是考察个别资本的运动，但资本循环主要分析的是资本运动的连续性，资本周转则主要分析资本的周转速度。

4.2.1 资本周转速度

资本周转速度可以用周转时间和周转次数两个方面来表示。周转时间是影响资本周转速度快慢的一个重要因素。

资本周转时间是指资本周转一次所需要的时间，也就是资本循环一次所需要的时间。由于资本循环需要经过生产过程和流通过程，所以资本周转时间由生产时间和流通时间构成。生产时间是指资本停留在生产领域的时间。它由四个部分组成：(1) 劳动时间，即劳动者为生产某种产品对劳动对象进行加工的全部时间。劳动时间的长短取决于产品的性质、生产技术水平、企业管理水平、分工协作的程度等多种因素。(2) 自然力独立作用于劳动对象的时间。在这个时间里，劳动过程全部或者局部地中断，而生产过程继续进行，如农作物的自然生产时间、酒类的发酵时间、木材的干燥时间以及化工产品的化学反应时间等。(3) 生产资料的储备时间，即生产资料已进入生产领域，但还没进入劳动过程的时间。(4) 正常的停工时间，即因机器设备检修、工人休息而造成生产过程中断的时间。在这四个部分中，劳动时间创造价值和剩余价值，因而起决定作用。要加快资本周转速度，必须减少那些非劳动时间。流通时间是指资本处于流通领域的时间。它包括购买时间和销售时间。流通时间的长短主要取决于市场的供求状况，产地距离市场的远近，交通、通信和运输条件的方便程度，等等。

资本周转次数是指在一定时间（通常为一年）内资本周转的次数。如果以 U 表示“年”（12 个月），用 u 表示资本周转一次所需时间，用 n 表示资本的周转次数，则一年内资本周转次数的公式为：

$$n=\frac{U}{u}$$

资本周转速度与资本周转次数成正比，而与资本周转时间成反比。资本周转次数越多，资本周转速度越快；资本周转时间越长，资本周转速度越慢。

4.2.2 固定资本与流动资本

生产资本是以生产要素形式存在的资本形态。生产资本的构成，根据其价值周转方式的不同，可分为固定资本和流动资本两个部分。

固定资本是指以厂房、机器设备等形式存在的那部分生产资本。它在物质形态上是一次全部投入生产过程，并在多次生产过程中发挥作用；它的价值则按照在生产过程中的磨损程度，一部分一部分地逐渐转移到新产品中去，并随着产品的出售一部分一部分地收回。

流动资本是指以原料、燃料、辅助材料等形式存在的，以及购买劳动力的那部分生产资本。以原料等形式存在的那部分资本，在物质形态上是只在一次生产过程中发挥作用，随着实物的完全消耗，其价值也随之一次性全部地转移到新的商品中，并随着产品的出售一次全部收回。用于购买劳动力的那部分资本，它的价值不是转移到新产品中去，而是由工人在生产过程中新创造出来。但是，从价值周转方式看，它也是一次全部投入生产过程，在商品出售后，一次全部收回，所以也称为流动资本。

固定资本与流动资本在价值周转方式上的不同特点，说明固定资本的周转速度要比流动资本慢得多。因此，加快资本周转速度必须要加快固定资本的周转速度。而资本周转速度与固定资本的磨损密切相关。

固定资本的磨损包括有形磨损和无形磨损。有形磨损又称物质磨损，是指固定资本由于在生产过程中的使用以及自然力的作用而造成的磨损。无形磨损又称精神磨损，是指固定资本在其使用期内，由于科学技术进步而引起的价值上的损失。造成无形磨损的原因主要有两个：一是由于劳动生产率的提高，生产同样的固定资本所需要的社会必要劳动时间减少，从而使原有的价值相应降低；二是由于科学技术的进步，制造出效率更高和更加先进的机器设备，从而使原有的机器设备提前报废。

资本家根据固定资本有形磨损的程度，把逐步转移到新产品中去的固定资本价值，从出售商品的收入中提取并积累起来，以便将来进行设备更新。这就是固定资本折旧。因此，折旧是指固定资本在使用过程中因磨损而转移到新产品中的那部分价值的补偿方式。以货币形式提取的补偿金，叫作折旧费。折旧费与固定资本原始价值的比率叫作折旧率。

> 一台价值 10 万元的机器，使用期限为 5 年，每年应提取转移到新产品中去的价值为 2 万元，在商品出售后，每年应提取的折旧费为 2 万元，每年的折旧率为 20%。5 年以后就可把积累起来的折旧费 10 万元用来购买新设备。

而无形磨损所造成的固定资本价值上的损失，是不能转移到新产品中去的。为了避免固定资本贬值，资本家尽可能地通过加速使用，如采取轮班制来提高机器设备的利用率，还通过加速折旧，如提高折旧率来缩短使用期等尽快收回固定资本的价值。因此，在科学技术发展迅速的时代，固定资本的折旧会加快，而固定资本加速折旧又推动了社会生产中的技术进步。

摩尔定律和新摩尔定律

摩尔定律形容半导体科技的快速变革，其基本内容是：平均每过18个月，半导体芯片的容量就会增长一倍，成本却减少一半。新摩尔定律即光纤定律，形容网络科技和信息产业的发展速度，即互联网的带宽每9个月会增加一倍的容量，但成本也同时降低一半，比半导体芯片在18个月中的变革幅度还大一倍。摩尔定律和新摩尔定律，揭示了同样一个道理：科学技术的快速发展使固定资本的无形磨损逐渐呈上升趋势。为了避免承担固定资本无形磨损带来的损失，企业普遍采用提高折旧率的办法。第二次世界大战后，各主要资本主义国家政府利用加速折旧法，从20世纪60年代到80年代，多次补充、修订和重新规定，使折旧率逐步提高。如美国在1942年规定设备折旧年限为20年，即折旧率为5%，1962年规定的折旧年限比1942年缩短30%～40%，1971年又规定比1962年缩短20%；日本在1950年以前，设备平均折旧年限为21年，80年代初机器设备的折旧年限为7～14年；法国在1951年前规定的折旧年限为15～20年，到80年代已缩短到7年。加速折旧是科学技术发展的必然结果，而固定资本的加速折旧反过来又推动了生产中的技术进步。

固定资本和流动资本的划分，与不变资本和可变资本的划分是有区别的。主要区别在于：第一，划分的依据不同。不变资本和可变资本是依据它们在剩余价值生产中的作用不同来划分的，而固定资本和流动资本是按照资本价值周转方式的不同来划分的。第二，划分的内容不同。不变资本中的厂房、机器设备等属于固定资本，而不变资本中的原料、燃料、辅助材料等以及用于购买劳动力的可变资本则属于流动资本。第三，划分的目的不同。不变资本与可变资本的划分，是为了揭示剩余价值的真正来源，说明剩余价值是由可变资本带来的；而固定资本与流动资本的划分，则是为了研究资本的周转速度及其对剩余价值生产的影响。

4.2.3 预付资本的总周转

固定资本与流动资本的周转速度是各不相同的。在固定资本中，各个构成部分如厂房、机器设备等，由于使用期限不同，它们的周转速度也有很大差别。因此，预付资本的总周转速度，就是指预付资本各个组成部分的平均周转速度。其公式表示为：

$$\text{预付资本的总周转次数}=\frac{(\text{固定资本年周转价值总额}+\text{流动资本年周转价值总额})}{\text{预付资本总额}}$$

可见，生产资本的构成对预付资本总周转的影响有两个方面：一是固定资本和流动资本在生产资本总额中所占的比重。在固定资本和流动资本各自的周转速度一定时，生产资本中固定资本所占的比重越大，预付资本的总周转速度就越慢；反之，流动资本所占比重越大，预付资本的总周转速度就越快。二是固定资本和流动资本各自的周转速度。在固定资本和流动资本比重一定时，固定资本和流动资本的周转速度越快，预付资本总周转速度也就越快；反之则越慢。

4.2.4 资本周转速度对剩余价值生产的影响

资本周转速度的快慢对剩余价值生产产生着重要影响。其主要表现是：

第一，加快资本周转，可以节约预付资本。加快资本周转，除了可以减少固定资本的无形磨损外，还可以节约预付资本中的流动资本。因为资本周转加快，意味着维持同等规模的生产所需要的流动资本量越少，也就越能提高流动资本的使用效率，获得更多的剩余价值。

第二，加快资本周转，可以增加年剩余价值量，提高年剩余价值率。所谓年剩余价值量，就是预付可变资本在一年中带来的剩余价值总量。一般来说，资本周转速度加快，预付资本

资本周转速度与节约预付流动资本

甲、乙两个企业，生产规模相同，每个月都需要10万元的流动资本才能运转。甲企业的资本周转快，1个月周转1次，月初投入、月底收回，如此下去，一年只要10万元的预付资本就可以应付流动资本的需要。而乙企业资本周转慢，一年才周转1次，年初第一个月投入10万元，到年底才能收回，因此，它在这一年里每个月都需要10万元的流动资本，否则，从第二个月就会出现生产中断。这样一年下来，预付流动资本总计需要120万元。可见，甲企业由于资本周转速度快而所需要的预付流动资本只是乙企业的1/12，大大节省了预付资本量。因此在生产规模一定的条件下，资本周转快，所需要的预付资本特别是预付流动资本量就越少；反之就越多。

中可变资本的周转速度也加快，由于可变资本是剩余价值的源泉，因而可变资本周转快就意味着一定量的可变资本可以雇用更多的劳动力，生产出更多的剩余价值，从而使年剩余价值量增大。所以，可变资本周转速度的快慢与年剩余价值量的多少呈正比例关系。如果用 M 表示年剩余价值量，m' 表示剩余价值率，v 表示可变资本，n 表示可变资本的周转次数，那么，年剩余价值量的计算公式就是：

发展现代物流产业

1999年，我国独立核算工业企业流动资本占用为31 042亿元，资本年周转速度为1.2次，而发达国家的周转速度为15～18次。2004年末我国国有企业及规模以上非国有工业企业流动资本占用达到86 884.71亿元，如果流动资本年平均周转速度从2004年末的2.16次提高到3次，则周转时间可缩短48天，同等经济规模下可节省流动资本11 280亿元。我国2008年全社会物流总费用与GDP的比率，由2000年的19.4%下降到18.3%，但2012年全社会物流总费用仍高达9.4万亿元，占GDP比率约为18%，而发达国家物流总费用占GDP比重仅为8%～10%，我国经济运行中的物流成本依然较高。同流动资本周转速度对应的另一种指标是库存率，20世纪90年代以来，美国、德国、日本制造业库存总额平均只占销售总额的1.3%～1.5%，批发零售业库存总额平均只占销售总额的1.14%～1.29%。在市场竞争越来越激烈的今天，减少商品库存量是企业获得新的竞争优势的一项可行性战略。

$$M=m' \cdot v \cdot n$$

由于加速资本周转会使年剩余价值量增加，所以年剩余价值率也必然相应提高。年剩余价值率是年剩余价值量与预付可变资本的比率，通常用 M' 来表示。其公式为：

$$M'=m' \cdot v \cdot n/v=m' \cdot n$$

应该指出，M' 与 m' 是不同的。M' 不反映资本家对工人的剥削程度，而只是表明一年内预付可变资本的增殖程度。

由于加速资本周转，可以节约预付资本，能给资本家带来更多的剩余价值，所以资本家总是想方设法地缩短生产时间和流通时间，以加快资本的周转速度。

4.3 社会资本再生产

每一个社会的生产过程，从经常联系和不断更新的角度看，就是再生产过程。社会资本再生产就是整个社会范围内的总的资本再生产。社会资本再生产的顺利进行，要求社会生产各部门之间保持适当的比例关系。

4.3.1 社会资本再生产的核心问题

在资本主义社会，独立发挥职能的资本是个别资本，或称单个资本。但是，社会化大生产又把这些个别资本联结成一个有机整体。这种相互联系、相互依存的个别资本的总和就是社会资本，也称社会总资本。互相交错、互为条件的个别资本运动的总和，形成了社会资本的运动。

个别资本运动和社会资本运动的区别在于：前者只包括生产消费以及与此相联系的资本流通，不包括工人和资本家的个人生活消费以及与此相联系的一般商品流通。因为个人生活消费是在单个资本运动以外进行的。后者既包括生产消费，又包括个人生活消费；既包括与生产消费相适应的资本流通，又包括与个人生活消费相适应的一般商品流通。因为从整个社会资本的运动来看，资本家和工人用货币购买个人生活消费品的过程，也就是经营消费品生产的资本家销售生活消费品的过程。既然社会资本的运动包括生产消费和个人生活消费两个方面，那么考察社会资本的运动就应以社会总产品为出发点。

社会总产品是指社会各个物质生产部门在一定时期（通常为一年）内所生产出的全部物质资料的总和。从价值形式上看，社会总产品是由不变资本、可变资本和剩余价值组成的；从实物形式上看，它是由生产资料和消费资料构成的。

以社会总产品为出发点来研究社会资本再生产，核心问题是社会总产品的实现问题，即社会总产品的各个部分如何在价值上得到补偿，在实物上得到替换。社会总产品在价值上的补偿，是指社会总产品各个组成部分的价值，如何通过商品出售以货币形式回流，用于补偿在生产中预付的不变资本和可变资本，并取得剩余价值；社会总产品在实物上的替换，是指社会总产品各个组成部分转化为货币以后，如何再进一步转化为再生产所需要的物质产品，即资本家如何在社会总产品中购买到所需要的生产资料，以及资本家和工人如何在社会总产品中购买到所需要的消费资料。只有解决了社会总产品的实现问题，使社会所生产的总产品的供给与社会对产品的需求趋于平衡，社会资本的再生产才能顺利进行。

由于社会总产品在实物形式上按其最终用途分为生产资料和消费资料，与此相适应，整个社会生产划分为两大部类：生产生产资料的第一部类，用“Ⅰ”表示；生产消费资料的第二部类，用“Ⅱ”表示。社会总产品的价值构成和实物构成，以及社会生产划分为两大部类，是研究社会资本再生产的两个理论前提。它为科学地揭示社会资本再生产和流通规律奠定了理论基础。

4.3.2 社会资本简单再生产

为了分析上的方便，假定整个社会只有资本家和工人两大阶级，没有对外贸易，生产周期为一年，不变资本在一年内全部消耗掉，剩余价值率为 100%。先分析社会资本简单再生产。社会资本简单再生产指剩余价值全部用于资本家个人消费，生产在原有的规模上重复进行。其实现图式可表示如下：

$$\text{Ⅰ}\quad 4\,000c+1\,000v+1\,000m=6\,000$$

$$\text{Ⅱ}\quad 2\,000c+500v+500m=3\,000$$

为了使第二年能够维持简单再生产，第一部类生产的价值为 6 000 的生产资料和第二部类生产的价值为 3 000 的消费资料必须全部卖出去，在价值上得到补偿；两大部类为维持简单再生产所需要的生产资料，以及两大部类的工人和资本家所需要的消费资料又必须全部买回来，实现实物上的替换。这是通过三个方面的交换关系实现的。(1) 第一部类内部的交换。第一部类 $4\,000c$ 可以通过本部类内部各生产部门之间的相互交换来实现。(2) 第二部类内部的交换。第二部类 $500v+500m$，在实物形式上全部是消费资料，可以通过本部类内部各生产部门之间的相互交换来实现。(3) 两大部类之间的交换。第一部类 $1\,000v+1\,000m$ 与第二部类 $2\,000c$ 通过两大部类之间的相互交换来实现。第一部类 $1\,000v+1\,000m$ 是第一部类的工人和资本家用于个人消费的，但在实物形式上却表现为生产资料，第二部类的 $2\,000c$ 是第二部类的资本家用于替换消耗掉的生产资料，但在实物形式上表现为消费资料。通过交换，第一部类的 $1\,000v+1\,000m$ 和第二部类的 $2\,000c$ 都得到了实现。

通过以上三个方面的交换，社会总产品的各个组成部分在价值上都得到了补偿，在实物上都得到了替换，社会资本简单再生产得以顺利进行。因此，社会资本简单再生产的基本实现条件是：$\text{Ⅰ}(v+m)=\text{Ⅱ}c$，即第一部类的可变资本与剩余价值之和，必须等于第二部类的不变资本。它表明了社会生产两大部类之间存在着基本的比例关系：第一部类所能提供给第二部类的生产资料同第二部类对生产资料的需求之间，以及第二部类为第一部类提供的消费资料同第一部类对消费资料的需求之间必须保持一定的比例关系。只有这样，社会资本简单再生产才能正常进行。

从这一基本条件可以引申出两个条件：(1) $\text{I}(c+v+m)=\text{I}c+\text{II}c$；(2) $\text{II}(c+v+m)=\text{I}(v+m)+\text{II}(v+m)$。这两个条件表明，第一部类所生产的生产资料同两大部类对生产资料的需求之间，以及第二部类所生产的消费资料同两大部类对消费资料的需求之间必须保持一定的比例关系。这也就是我们今天所说的总供给与总需求要保持基本平衡。

在理论研究和实际工作中，当人们谈及总供给、总需求概念时，很容易联想到西方宏观经济学的总供给-总需求模型，似乎总供求分析就是西方经济学的专利。实际上，马克思的社会资本再生产理论包含着总量分析的重要思想：一是总供给量和总需求量的平衡，二是供求总量内部构成比例的平衡。这就是通常所说的总量平衡和结构平衡问题。这两大平衡是社会资本再生产实现的根本前提，也是市场经济国家进行宏观调控的根本出发点。因此，马克思的社会资本再生产理论不仅是社会主义国家宏观经济理论的基石，也是西方宏观经济模型的雏形。

4.3.3 社会资本扩大再生产

进行社会资本的扩大再生产就必须有资本积累，必须将剩余价值的一部分作为追加资本投入生产过程。这部分追加的资本分为追加的不变资本和追加的可变资本。因此，社会资本扩大再生产必须具备两个前提条件：一是要有追加的生产资料。第一部类所生产的生产资料，除了满足两大部类为了维持简单再生产对生产资料的需求外，还必须有一定的余额，以满足两大部类扩大再生产对追加生产资料的需求，用公式表示：$\text{I}(c+v+m)>\text{I}c+\text{II}c$，简化为 $\text{I}(v+m)>\text{II}c$。二是要有追加的消费资料。第二部类生产的消费资料，除了满足两大部类原有工人和资本家对消费资料的需求外，也必须有一定的余额，以满足两大部类扩大再生产对追加消费资料的需求，用公式表示：$\text{II}(c+v+m)>\text{I}\left(v+\frac{m}{x}\right)+\text{II}\left(v+\frac{m}{x}\right)$，简化为

$\text{Ⅱ}\left(c+m-\frac{m}{x}\right)>\text{Ⅰ}\left(v+\frac{m}{x}\right)$。公式中$\frac{m}{x}$表示资本家用于个人消费的剩余价值，$m-\frac{m}{x}$表示资本家用于积累的剩余价值。

社会资本扩大再生产的两个前提条件要变为现实条件，还必须使社会生产的两大部类之间保持适当的比例关系。假定社会总产品的构成是：

$$\text{Ⅰ}\quad 4\,000c+1\,000v+1\,000m=6\,000$$

$$\text{Ⅱ}\quad 1\,500c+750v+750m=3\,000$$

如果第一部类的资本家为了扩大再生产，从剩余价值 1 000 中拿出 500 用于个人消费，即$\frac{m}{x}=500$；另外 500 作为追加资本，即$\left(m-\frac{m}{x}\right)=500$。按照原有的资本有机构成 4∶1，那么转化成追加的不变资本是 $400\Delta c$，追加的可变资本是 $100\Delta v$。这样，第一部类的产品根据扩大再生产的需要，在价值上重新组合为：

$$\text{Ⅰ}\quad (4\,000c+400\Delta c)+(1\,000v+100\Delta v)+500\frac{m}{x}=6\,000$$

第一部类的 $4\,400c$，可以通过本部类内部各生产部门之间的交换来实现。余下的 $1\,100v+500\frac{m}{x}$，在实物形式上是生产资料，而工人和资本家需要的是消费资料。因此，第一部类要用 1 600 的生产资料同第二部类换取等价的消费资料。这样，第二部类的资本家就可以购买到 1 600 的生产资料。他们除了补偿已消耗的生产资料 1 500 外，还可以多得到 100 的生产资料用于扩大再生产。所以，第二部类的资本家就应从剩余价值 750 中取出 100 作为追加的不变资本，即 $100\Delta c$。按照原有的资本有机构成 2∶1，还必须再从剩余价值中取出 50 作为追加的可变资本，即 $50\Delta v$。这样，资本家用于个人消费的剩余价值还剩下 600，即$\frac{m}{x}=600$。于是，第二部类的产品根据扩大再生产的需要，在价值上重新组合为：

$$\text{Ⅱ}\quad (1\,500c+100\Delta c)+(750v+50\Delta v)+600\frac{m}{x}=3\,000$$

在扩大再生产条件下，社会总产品的实现过程同样是通过三个方面的交换关系完成的：第一部类的 $4\,000c+400\Delta c$ 在本部类内部通过交换实现，第二部类的 $750v+50\Delta v+600\frac{m}{x}$ 在本部类内部通过交换实现，第一部类的 $1\,000v+100\Delta v+500\frac{m}{x}$ 与第二部类的 $1\,500c+100\Delta c$ 交换得到实现。社会总产品的各个组成部分全部得到实现，两大部类的再生产都可在扩大规模上进行。如果剩余价值率仍为 100%，那么，到第二年年终，社会总产品的价值可增加为 9 800。它的构成可以用图式表示：

$$\text{Ⅰ}\quad 4\,400c+1\,100v+1\,100m=6\,600$$

$$\text{Ⅱ}\quad 1\,600c+800v+800m=3\,200$$

从以上分析可见，社会资本扩大再生产的基本实现条件是：$\text{Ⅰ}\left(v+\Delta v+\frac{m}{x}\right)=\text{Ⅱ}\,(c+\Delta c)$，即第一部类的可变资本加上追加的可变资本，再加上资本家用于个人消费的剩余价值，这三者之和必须等于第二部类的不变资本与追加的不变资本之和。

从这一基本实现条件，可以引申出另外两个实现条件：

$$\text{Ⅰ}\,(c+v+m)=\text{Ⅰ}\,(c+\Delta c)+\text{Ⅱ}\,(c+\Delta c)$$

$$\text{Ⅱ}\,(c+v+m)=\text{Ⅰ}\left(v+\Delta v+\frac{m}{x}\right)+\text{Ⅱ}\left(v+\Delta v+\frac{m}{x}\right)$$

以上三个实现条件，从不同侧面说明了在社会资本扩大再生产过程中，两大部类之间、社会生产和社会消费之间只有保持一定的比例关系，社会资本扩大再生产才能顺利进行。

社会资本再生产的实现条件所反映出的比例关系，是社会化大生产的客观要求，揭示了社会资本运动的内在规律。但是，资本主义社会的基本矛盾使社会资本再生产的各种比例关系经常遭到破坏，社会总产品的实现发生困难，从而生产相对过剩的资本主义经济危机就会爆发。

4.4 资本主义经济危机

资本主义基本矛盾在社会经济生活中的集中爆发形成周期性的经济危机。经济危机既是资本主义基本矛盾激化的集中表现，又是资本主义基本矛盾在资本主义范围内的解决形式。

4.4.1 资本主义经济危机产生的根源

资本主义经济危机的主要表现是：在危机期间，大量商品卖不出去或被人为地毁弃；企业破产、倒闭，生产急剧下降；大批工人失业；信用关系遭到破坏；整个社会经济陷于一片混乱之中。这种危机的状况往往要持续数月乃至一年或更长时间才能得到缓解。然而过不了多久，这种周期性的经济危机又会重演。

资本主义经济危机的实质是生产相对过剩。尽管经济危机在不同时期、不同国家的具体表现形式不尽相同，但生产过剩是最基本的、共同的现象，其他经济上的混乱现象都是由生产过剩引起的。但是，这种生产过剩，不是绝对过剩，而是相对过剩，是相对于劳动人民有支付能力或实际购买力的需求而显得过剩。所以，一方面，商品大量积压，卖不出去，甚至被销毁；另一方面，大批劳动者找不到工作，缺衣少食。

经济危机产生的可能性在简单商品经济的条件下就已存在。在物物交换发展到以货币为媒介的商品流通，货币成为流通手段之后，商品的买和卖在时间上、空间上就成为两个独立的行为，这样就有可能出现买和卖的脱节，从而包含着危机的可能性。当货币执行支付手段后，危机的可能性就更大了。当商品生产者不能按期支付货币、偿还债务时，就会引起连锁反应，引发支付危机，影响整个信用关系和社会再生产的正常进行，造成严重的买卖脱节现象。但是，在简单商品经济中，危机的可能性并没有转化为现实性。不仅如此，就是在资本主义社会初期也没有立即爆发经济危机，只有资本主义社会的基本矛盾激化到一定程度，才在 1825 年的英国爆发了第一次经济危机。因此，经济危机产生的根源是资本主义基本矛盾，即生产社会化和生产资料资本主义私人占有之间的矛盾。

在资本主义条件下，生产是社会化的大生产。生产的社会化表现为生产资料使用的社会化、生产过程的社会化、产品的社会化。随着社会分工和专业化的发展，生产社会化的程度越来越高，客观上要求生产资料和劳动产品归劳动者共同所有，社会生产有计划按比例地发展。但在资本主义制度下，社会化的生产却由少数资本家占有，社会生产无法协调地进行。于是，生产社会化与生产资料资本主义私人占有之间的冲突就不可避免。资本主义基本矛盾具体表现在两个方面：一是各个企业生产的有组织性和整个社会生产的无政府状态之间的矛盾，导致社会资本再生产所需要的比例关系遭到破坏，社会的供给和需求结构失调，从而引起大量商品过剩，经济危机爆发；二是资本主义生产无限扩大的趋势和劳动人民有支付能力的需求相对狭小之间的矛盾，造成第二部类的消费资料生产过剩，而第二部类的生产过剩又必然会影响到第一部类的生产，造成产品生产过剩，从而出现大量社会产品卖不出去。因此，经济危机是资本主义基本矛盾激化的必然结果。

4.4.2 资本主义经济危机的周期性

资本主义基本矛盾始终存在于资本主义社会，但经济危机并非始终存在。资本主义经济危机是每隔若干年才爆发一次，因而被称为周期性的经济危机。

经济危机周期性地爆发，使资本主义社会再生产也呈现出明显的周期性。从这次危机开始到下一次危机开始，构成资本主义再生产的一个周期。资本主义再生产周期一般包括危机、萧条、复苏和高涨四个阶段。危机是再生产周期的决定性阶段，主要表现就是生产相对过剩，社会经济陷入混乱状态。当这种现象持续一段时间后，由于生产已经缩减，一些商品甚至被销毁，商品的供给超过有支付能力需求的矛盾得到缓解，生产不再继续下降，危机阶段就转入了萧条阶段。萧条阶段的主要特征是生产处于停滞状态。一旦少数企业开始改进技术、更新设备，引起了对生产资料和劳动力的需求，从而带动了消费资料的生产，萧条阶段就逐渐转入复苏阶段。复苏阶段的主要标志是资本家逐渐开始增加投资，扩大生产，更新固定资本。当社会生产恢复到危机前的水平时，就进入了高涨阶段。这时生产迅速扩张，工人就业机会增加，社会购买力提高，整个资本主义经济呈现一片繁荣。但是，在一片繁荣的背后，新的危机因素又逐渐积累起来，当生产和消费的矛盾发展到尖锐程度时，危机就又不可避免地爆发了，资本主义再生产进入下一个周期。

步伐逐渐加快，慢步转成快步，工业快步转成跑步，跑步又转成工业、商业、信用和投机事业的真正障碍赛马中的狂奔，最后，经过几次拼命的跳跃重新陷入崩溃的深渊。如此反复不已。

——恩格斯

资料来源：马克思，恩格斯．马克思恩格斯文集：第 9 卷．北京：人民出版社，2009：292－293.

资本主义再生产周期的物质基础是固定资本更新。在萧条阶段，特别是中后期，资本家为了尽快摆脱困境，往往通过更新固定资本，投资于新的有更高效率的机器设备，提高企业的劳动生产率。正是大规模的固定资本更新，推动了社会生产的恢复和发展，但生产的无限扩大，又会在新的更高水平上引起生产和消费脱节，加剧资本主义基本矛盾，为下一次经济危机的到来准备条件。

美国经济学家萨缪尔森和诺德豪斯在《经济学》（第 18 版）教科书中提道，经济发展的历史表明：经济的增长方式从来都不是按部就班、一成不变的。一个国家可以享受好几年令人兴奋的经济扩张和繁荣，就像 20 世纪 90 年代的美国。而接下来的也许就是一场经济衰退，甚至是一场金融危机。或者，在极少数情况下还可能会出现长期的经济萧条。

资料来源：萨缪尔森，诺德豪斯．经济学：第 18 版．北京：人民邮电出版社，2008：405.

由于当代资本主义国家的反危机政策和措施的作用，近几十年来，资本主义国家的经济周期已不像以上描述那样明显了，经济危机出现了一些新变化。主要有：经济危机的间隔时间呈不规则状态，再生产周期的各个阶段也不是很分明，经济危机的严重程度有所减轻，危机期间出现了经济停滞与物价上涨并存的局面，等等。

4.4.3 资本主义经济危机的作用

经济危机的周期性爆发，既是资本主义基本矛盾激化的集中表现，又是资本主义基本矛盾在资本主义范围内的解决形式。它对资本主义经济的发展具有双重作用。

一方面，经济危机造成了对社会生产力的极大破坏和社会财富的巨大浪费。这充分表明资本主义生产关系与生产力之间的矛盾，已经尖锐到只能通过爆发周期性经济危机的方式，强制性地破坏一部分生产力来实现社会再生产所需要的比例关系。经济危机所造成的对社会生产力的极大破坏，使资本主义社会的各种矛盾以更高的形式、在更大的程度上得到发展。

1929—1933 年的资本主义经济危机

在 1929—1933 年资本主义世界性大危机期间，整个资本主义世界的工业产量下降了 44%，社会生产大约后退到 1908—1909 年的水平，还毁坏了大量的社会财富。美国毁坏了 92 座、英国毁坏了 72 座、德国毁坏了 28 座、法国毁坏了 10 座炼钢炉；1933 年，美国有 1 040 万亩棉田中的棉花被铲倒毁掉，有 640 万头猪被抛进密西西比河；英国有大批鲜橘子、巴西有 2 200 万袋咖啡被倒进了大海。危机还使劳动者大批失业。据 1932 年 9 月《幸福》杂志估计，美国有 3 400 万成年男女和儿童，约占全国总人口的 28%，无法维持生计，200 万人到处流浪，平均每 3 个可以工作的人中，就有 1 个人失业。

另一方面，经济危机对经济发展具有强制的暂时的调节作用。这种调节作用表现为对社会生产力的破坏和浪费，把社会生产力调节到与相对狭小的有支付能力的需求大体相适应的状态，暂时缓解了生产和消费之间的对立关系，从而使社会生产各个部门之间的比例关系得到重构，使资本主义生产在倒退之后还能得以继续进行。因此，经济危机又是资本主义经济保持平衡运行的一种特殊的调节机制和手段。只不过，这种调节作用是以对社会生产力的巨大破坏为代价的。

因此，经济危机集中体现和暴露了资本主义制度的历史局限性和过渡性，是资本主义生产方式无力驾驭社会化大生产的有力明证。社会生产力的发展必然要求一种新的、更加先进的社会生产关系来适应它。

国际金融危机

2008年9月15日，美国第四大投资银行雷曼兄弟宣告破产，标志着由美国次级住房信贷危机引发的国际金融商品市场的剧烈动荡，最终演变成了全面的金融危机。金融危机爆发后迅速从局部发展到全球，从发达国家传导到发展中国家，从金融领域扩散到实体经济领域，世界经济增长明显减速，美国、欧盟和日本三大经济体在第二次世界大战后首次同时陷入衰退，新兴国家和发展中国家经济增长放缓。美国、欧盟、日本等主要经济体推出大规模金融救援和刺激经济计划，以稳定金融市场和防止发生全球性经济衰退。此次国际金融危机是20世纪30年代资本主义大萧条以来最严重的国际金融危机。国际金融危机表面上是由于自由市场竞争失败和对金融创新产品的监管严重缺失，使投资者开始对按揭证券的价值失去信心，进而引发流动性危机，实质上是资本主义基本矛盾在经济全球化条件下的总爆发。

本章小结

资本的运动过程是一个从起点开始又回到起点的循环过程。资本循环就是资本经过购买阶段、生产阶段和销售阶段，并相应地采取货币资本、生产资本和商品资本的职能形式，使价值得到增殖，最后回到原来出发点的运动过程。资本循环是生产过程与流通过程的统一，也是货币资本、生产资本和商品资本三种循环形式的统一。资本连续循环的条件就是三种职能形式和三种循环形式在空间上的并存、在时间上的继起。

影响资本周转速度的因素主要是生产时间、流通时间及固定资本与流动资本的构成。资本周转速度快慢对剩余价值生产的影响是：资本周转速度越快，所需要的预付资本量越小，年剩余价值率就越高，年剩余价值量就越大。

社会总产品的实现问题是考察社会资本再生产的核心问题。社会总产品的价值构成是$c+v+m$，物质构成是生产资料和消费资料，与此相适应，社会生产分为生产生产资料和生产消费资料的两大部类。社会资本简单再生产的基本实现条件是：Ⅰ$(v+m)=$Ⅱc，社会资本扩大再生产的基本实现条件是：Ⅰ$(v+\Delta v+\frac{m}{x})=$Ⅱ$(c+\Delta c)$。实现条件说明了无论是在社会资本简单再生产中还是在扩大再生产中，两大部类之间、社会生产和社会消费之间都必须保持一定的比例关系，这是社会经济运行的一般规律。

在资本主义社会，社会资本再生产的比例关系是通过周期性的经济危机实现的。资本主义经济危机的实质是生产相对过剩。经济危机爆发的根源是资本主义基本矛盾。资本主义经济危机的周期性在不同历史时期有不同的表现特点。经济危机的爆发暴露了资本主义制度的历史局限性和过渡性。

阅读书目

1. 马克思，恩格斯．马克思恩格斯文集：第 6 卷．北京：人民出版社，2009.
2. 马克思，恩格斯．马克思恩格斯文集：第 5 卷．北京：人民出版社，2009.
3. 曼德尔．论马克思主义经济学：上卷．北京：商务印书馆，1964.
4. 别尔丘克．现代资本主义经济危机．北京：东方出版社，1987.
5. 斯尔尼塞克．平台资本主义．广州：广东人民出版社，2018.

分析与思考

1. 马克思指出，“连续性是资本主义生产的特征”。为了保持生产的连续性，产业资本循环需要具备什么样的条件？

2. 俗话说，“时间就是金钱”。试分析怎样通过缩短生产时间和流通时间，加快资本周转速度。

3. 按照资本在剩余价值生产中的不同作用，将其划分为固定资本与流动资本。这一说法对不对？为什么？

4. 社会资本简单再生产和扩大再生产的实现条件是什么？进一步说明其含义及实践意义。

5. 在 1929—1933 年和 1973—1975 年资本主义经济危机期间，发生过这样一些奇怪的现象：1933 年，美国有 1 040 万亩棉田中的棉花被铲倒毁掉，有 640 万头猪被抛进密西西比河；英国有大批鲜橘子、巴西有 2 200 万袋咖啡被倒进了大海。1974 年，美国加利福尼亚州的阿特西亚牛奶公司，把 38 000 多加仑的新鲜牛奶倒进了大海。请问：资本家为什么要把牛奶倒进海里，毁掉棉花、粮食等，而不把它们便宜一点卖出去呢？

6. 如何理解资本主义经济危机的实质及根源？

7. 资本流通的基本规律是什么？

第5章 资本主义发展的历史阶段

要论提示

● 资本主义由自由竞争阶段发展到垄断阶段。自由竞争促进了社会生产力的巨大发展，也导致了垄断的产生。

● 垄断是资本主义发展到新阶段的最深厚的经济基础，金融资本获得了全面统治的地位。垄断资本趋于国际化。

● 国家垄断资本主义的基本特征是国家对社会经济生活进行全面干预和调节，实质则是垄断资本利用国家政权的力量，以维护其垄断统治并保证获得稳定的高额垄断利润。

● 当代资本主义的新变化没有改变资本主义生产关系的实质。资本主义的发展可以为社会主义准备充分的物质条件。但是，社会主义取代资本主义必将经历一个长期复杂的过程。

关键词　自由竞争　垄断　金融资本　国家垄断资本主义

19 世纪末 20 世纪初，自由竞争资本主义发展到垄断资本主义，垄断在经济生活中占据了统治地位。第二次世界大战以后，国家垄断资本主义得到了迅速发展。国家垄断资本主义的产生和发展，虽然使当代资本主义发生了许多新的变化，但是并没有改变资本主义生产关系的实质，社会主义取代资本主义是人类社会发展的必然趋势。

5.1 资本主义由自由竞争向垄断的过渡

资本主义的发展经历了两个历史阶段：自由竞争资本主义阶段和垄断资本主义阶段。19 世纪末 20 世纪初，资本主义从自由竞争阶段过渡到垄断阶段。

5.1.1 资本主义的历史发展过程

封建社会后期，经济关系的深刻变化奠定了资本主义制度确立的基础。14 世纪至 15 世纪，在地中海沿岸稀疏地出现了新的生产关系，之后西欧诸国普遍发展起了工场手工业。从 16 世纪开始，一直持续到 18 世纪是资本的原始积累时期，新兴的资产阶级借助暴力，在国内通过“羊吃人”的圈地运动迫使农民与土地相分离，在国外开展血腥的殖民掠夺、贩卖黑奴活动和不平等的海外贸易，为资本主义的迅速发展积累了物质基础。资本主义在经历了 17 世纪至 18 世纪的资产阶级大革命、18 世纪中后期以机器大工业为标志的产业革命后，在生产力和生产关系两个方面，终于战胜封建制度，最终确立起资本主义制度。

资产阶级革命尤其是产业革命以后，随着产业资产阶级的崛起，资本主义开始得到迅速发展。自由竞争资本主义阶段的特点是自由竞争、自由经营，企业的经济活动由市场机制来调节，国家不干预经济。资本主义的自由竞争，促进了社会生产力的空前发展。“资产阶级在它的不到一百年的阶级统治中所创造的生产力，比过去一切世代创造的全部生产力还要多，还要大。”①

1860 年 1 月 17 日的伦敦《每日电讯》报道说：“9 岁到 10 岁的孩子，在大清早 2、3、4 点钟就从肮脏的床上被拉起来，为了勉强糊口，不得不一直干到夜里 10、11、12 点钟。他们四肢瘦弱，身躯萎缩，神态呆痴，麻木得像石头人一样，使人看一眼都感到不寒而栗。……如果一个城市竟举行公众集会，请求把男子每天的劳动时间限制为 18 小时，那我们将作何感想呢！”汉特医生说：“即使把伦敦和纽卡斯尔的许多地区的生活说成是地狱生活，也不算过分。”“我所指的床铺是连一卷肮脏的破布或一小堆刨花也都算在内的，每个床铺平均睡 3.3 人，有些甚至睡 5—6 个人。很多人没有床，穿着衣服睡在光秃秃的地上，青年男女，已婚的和未婚的，都混睡在一起。这些房子大都是些阴暗、潮湿、污秽、发臭的洞穴，根本不适合人住，这还用得着说吗？这里是引起疾病和死亡的中心。”

资料来源：马克思，恩格斯．马克思恩格斯文集：第 5 卷．北京：人民出版社，2009：282，759，764.

自由竞争资本主义在促进生产力发展的同时，也给社会带来了普遍的灾难。由于推行经济自由主义，资本无限制地追逐利润最大化，资本对劳动具有了绝对的支配权，劳动者成为机器的附属物，并由此产生了无产阶级与资产阶级两大阶级不可调和的对抗和斗争。

自由竞争的资本主义在 19 世纪 50 年代至 60 年代发展到鼎盛时期，大致从 70 年代开始，自由竞争向垄断过渡，到 19 世纪末 20 世纪初，资本主义的发展进入了垄断资本主义阶段，这是资本主义发展的一个新阶段。其主要特征是垄断取代自由竞争成为经济生活的基础。垄断又称独占，是指少数大企业或

① 马克思，恩格斯．马克思恩格斯文集：第 2 卷．北京：人民出版社，2009：36.

若干企业联合起来，独占生产和市场以获取高额垄断利润。垄断资本主义的发展又分为私人垄断资本主义时期和国家垄断资本主义时期。这两个时期的区别就在于国家是否对社会经济生活进行全面的干预和调节。

5.1.2　私人垄断资本主义的形成

垄断的形成是自由竞争发展的必然结果。自由竞争的资本主义生产方式，在追求资本增殖的基础上，使竞争更加激烈。激烈竞争的结果，往往是大企业战胜中小企业，大资本吞并中小资本，生产和资本越来越集中到少数大企业手中。因此，自由竞争必然引起生产集中。而生产高度集中，必然会产生垄断。这是因为：第一，当一个或几个部门的生产集中于少数大企业手中时，生产和市场就很容易控制，这些大企业之间也就容易达成协议形成垄断；第二，为了避免激烈竞争所带来的两败俱伤的后果，少数大企业不得不谋求暂时的妥协而联合起来形成垄断。因此，概括地说："自由竞争产生生产集中，而生产集中发展到一定阶段就导致垄断。"①

垄断来自竞争，但垄断的产生又不仅仅是竞争的自然结果，还具有其他方面的深刻原因。首先，它是第二次产业革命发展的必然要求。第二次产业革命出现在 19 世纪后半期，使主要资本主义国家的产业结构发生了变化，重工业取代轻工业开始处于主导地位。重工业的发展需要巨额资本，这就加速了资本的合并和股份公司的发展，促进了生产的集中和垄断的形成。其次，股份公司的发展加快了生产集中的速度。在竞争和信用的作用下，股份公司得到了巨大发展，为企业能够有效地组织管理规模巨大的工业化大生产提供了保证，从而大大加快了生产集中的速度。最后，经济危机的频繁爆发促进了生产集中和垄断的形成。1873 年的经济危机在资本主义经济发展史

---

①　列宁．列宁专题文集：论资本主义．北京：人民出版社，2009：111.

上，标志着自由竞争资本主义的结束和垄断资本主义的开始。从1873年到第一次世界大战开始的时间里，各主要资本主义国家连续发生了5次经济危机，这表明自由竞争导致的生产无序化，已经给资本主义的发展造成了越来越大的危害。经济危机造成了大批中小企业破产和被大企业吞并，推动了生产和资本迅速集中到大企业手中。

进入20世纪，垄断成为资本主义国家全部经济生活的基础。然而，在私人垄断组织逐渐控制了主要工业企业的同时，由于经济自由主义思想长期占据统治地位，各主要资本主义国家的政府仍然对经济生活主要采取了自由放任的态度，这种状况一直持续到20世纪30年代资本主义世界性经济危机的爆发才结束。

5.2 垄断资本主义的基本经济特征

列宁根据19世纪末20世纪初资本主义经济发展的现实，把垄断资本主义的基本经济特征概括为五个方面："（1）生产和资本的集中发展到这样高的程度，以致造成了在经济生活中起决定作用的垄断组织；（2）银行资本和工业资本已经融合起来，在这个'金融资本的'基础上形成了金融寡头；（3）和商品输出不同的资本输出具有特别重要的意义；（4）瓜分世界的资本家国际垄断同盟已经形成；（5）最大资本主义大国已把世界上的领土瓜分完毕。"① 这五个基本经济特征在第二次世界大战后发生了新的变化。

5.2.1 垄断资本的统治

垄断资本的统治是通过垄断组织实现的。垄断组织就是指

① 列宁．列宁专题文集：论资本主义．北京：人民出版社，2009：176.

在资本主义经济的一个部门或几个部门中，居于垄断地位的大企业或大企业联合。垄断组织拥有的资本叫作垄断资本。在不同时期、不同国家，垄断组织的形式不尽相同。比较典型的形式有卡特尔、辛迪加、托拉斯、康采恩等。卡特尔主要是生产同类商品的大企业在规定产量、价格等方面形成的垄断联合；辛迪加是生产同类商品的大企业在采购原材料和销售产品等方面形成的垄断组织；托拉斯是由许多生产同类商品的企业或产品有密切关系的企业在生产、购销和财务等方面的联合；康采恩则是以实力雄厚的大企业或大银行为核心，联合不同部门的许多企业而形成的企业集团。第二次世界大战后，垄断组织的经营向多样化和综合化方向发展，跨部门进行多元化经营的混合联合公司成为主要形式。混合联合公司的发展，意味着垄断程度进一步提高，巨大的垄断组织已经成为控制许多部门的生产和流通，乃至全部经济生活的无所不包的经济王国。

巨大的垄断组织

美国的通用电气公司，20 世纪 60 年代在合并了众多企业后，产品有3 000 多种，其中包括普通发电站、原子能发电站、电子仪器、飞机发动机、照相器材、冰箱、人造钻石、化学产品等；美国的通用汽车公司，除了经营汽车以外，还生产飞机发动机、柴油机、铁路机车、推土机、发电机、家用电器、军火以及宇航设备等。日本和西欧也是如此。日本的三菱公司，生产的产品包括狗食、鸡蛋、方便面、火箭、喷气飞机、原子弹等，日本人说，只有“人”不是它经营的对象，其他的从摇篮到坟墓都经营。总之，从航空母舰到蛋卷冰激凌，从方便面到原子弹，无所不包，难以计数。

垄断组织的建立，实质在于获取高额垄断利润。垄断利润是指垄断组织凭借垄断地位获得的大大超过平均利润的高额利润。它主要是通过垄断价格来实现的。而垄断价格是指垄断组织为获得垄断利润，凭借其垄断地位，在购买生产资料或销售产品时规定的一种市场价格。它又包括垄断高价和垄断低价两种形式。垄断组织在出售自己的产品时往往实行垄断高价，在收购非垄断组织的产品尤其是原材料或零部件时，则实行垄断低价。垄断价格形成后，一些商品价格高于价值或生产价格，但并没有违背价值规律。这是因为：第一，垄断价格的确定不能完全脱离价值，价值仍然是价格的基础，同时它还要受到市场竞争和供求关系等客观条件的制约；第二，垄断价格不能增加商品价值总量，从全社会看，整个社会的商品价格总额和价值总额仍然是一致的；第三，垄断价格的制定和变化，归根到底取决于生产该商品所耗费的社会必要劳动时间及其变化。

垄断组织通过垄断价格实现垄断利润，垄断利润的来源主要有：一是垄断组织内部工人创造的剩余价值，二是存在于垄断组织外部但通过价格等机制转移到垄断组织中的价值和剩余价值。后者具体地说包括：通过垄断高价出售商品，占有工人和其他劳动者一部分收入；通过垄断高价和垄断低价，占有非垄断组织的一部分剩余价值和小生产者创造的一部分价值；通过国家对国民收入的再分配，将社会已形成的一部分价值和剩余价值转为垄断利润；通过对外扩张、资本输出、不等价交换等形式，掠夺其他国家人民的一部分财富。

在垄断资本主义阶段，虽然垄断取代自由竞争成为资本主义经济生活的基础，但垄断并没有消除竞争。因为竞争是商品经济的产物，只要商品经济存在，竞争就必然存在。同时，即使是在垄断高度发达的情况下，垄断也不可能包揽所有的行业、部门和企业，进入完全垄断的状态。因此，竞争依然存在，垄断与竞争并存。但与自由竞争相比，垄断时期的竞争又具有以下新特点：一是垄断竞争与非垄断竞争并存，即存在着垄断组织内部、垄断组织之间的竞争，垄断组织与非垄断组织之间的竞争，非垄断组织之间的竞争等多种形式；二是经济竞争与政治、军事竞争并存；三是国内竞争与国际竞争并存。总之，竞争产生了垄断，而垄断又加剧了竞争，并使竞争更加激烈。“正是竞争和垄断这两个互相矛盾的‘原则’的结合才是帝国主义的本质”①。第二次世界大战后，尽管资本主义国家经济发生了很多变化，但垄断资本的统治依然是当代资本主义

① 列宁．列宁全集：第29卷．2版．北京：人民出版社，1985：480.

最基本最重要的经济特征。

垄断统治确立后，价值规律、剩余价值规律都发生了新的变化。在垄断资本主义条件下，大企业的垄断地位阻碍了部门内部及部门之间的自由竞争，从而出现了垄断价格，价值规律是通过垄断价格的变动来表现的。由垄断地位产生的垄断价格，不可能长期过分高于产品的价值或生产价格，它也会受到产品成本和商品供求的制约。因此，垄断资本主义条件下形成的垄断价格，只是价值规律运动的新的表现形式。由于剩余价值在垄断资本主义条件下转化为垄断利润的特殊形式，因而剩余价值规律也就表现为垄断利润规律。垄断利润规律成为垄断资本主义的基本经济规律。在垄断资本主义条件下，垄断企业可以凭借其在生产和流通中的垄断地位，长期获得大量的高额垄断利润。追逐高额垄断利润就成为垄断资本主义生产的直接目的和动机。它决定着垄断资本主义生产的主要方面和主要过程，决定着垄断资本主义再生产的各个环节，也决定着垄断资本主义各种矛盾的形成和发展的整个过程，决定着垄断资本主义的命运。

5.2.2　金融寡头的统治

在工业生产集中并形成垄断的同时，银行业也在集中并走向垄断。银行业的集中是以工业生产集中为基础的。一方面，工业生产集中使资本周转过程中暂时闲置的货币资本数量增大，银行存款因而大量增加；另一方面，大型工业企业也需要从银行获得数额巨大、期限较长的贷款以发展生产。这就要求把银行资本集中起来，满足工业生产发展的需要。而银行资本集中的必然结果就是形成银行业的垄断。

银行垄断形成后，银行的作用发生了根本的变化，银行由普通的中介人变成了万能的垄断者。银行的新作用集中表现为银行和工业企业间的相互关系发生了巨大变化：银行通过金融活动对工业企业实行全面监督，进而决定其命运。银行作用的新变化，使银行和工业之间的关系日益密切，进而形成了工业垄断资本和银行垄断资本的融合，即金融资本。金融资本形成的主要途径是：(1)“资本渗透”，即银行企业和工业企业相互购买对方的股票，成为对方的股东，或者银行投资办工业企业，工业企业投资办银行。于是，工业垄断资本和银行垄断资本就融为一体。(2)“人事结合”，双方互派人员进入对方的管理机构担任要职，从而相互控制。在金融资本形成的同时，也就产生了金融寡头。金融寡头是指掌握着庞大金融资本的少数最大的垄断资本家或资本家集团，又叫财团，是资本主义国家政治、经济和社会生活等各个方面的实际统治者。

美国财团

二战后，资本主义进入了国际金融垄断资本主义阶段，金融垄断资本、大财团的形态在当时也有了很大变化，垄断财团进一步向国际金融垄断资本转型，美国十大财团都拥有强大的金融实力，美国经济的各个部门无不受到各大财团的控制和支配。洛克菲勒财团以大通曼哈顿银行（该银行已于2000年和摩根公司合并，组成摩根大通）为核心，拥有纽约化学银行、大都会人寿保险公司等百余家金融机构。这些大财团通过金融机构又控制了许多企业，涵盖航空运输、化学、汽车、军工、冶金、电信等诸多领域，成为金融资本控制工业资本的典型形式。

在美国，大财团和政府掌控着众多的官方、半官方的大学、基金会、咨询研究机构、顾问团和顾问委员会等，知识分子上层的一部分是统治阶级的高级“智囊”、高级“脑库”，是资产阶级不可缺少的部分。金融资本的发展还造就了资本主义新的社会阶层，新的社会阶层被称为美国新的“统治阶级”，这个新的“统治阶级”主要由投资银行、养老基金、对冲基金和私人募股基金的主管和经理构成。高级管理人员、高级知识分子、高级官员之间也经常相互流动，存在“旋转门”现象。

资料来源：周淼．特朗普时代的美国国内阶级政治与国际局势//李慎明．世界社会主义跟踪研究报告（2017—2018）．北京：社会科学文献出版社，2018.

金融寡头在经济上的统治，主要是通过“参与制”来实现的。“参与制”是指金融寡头通过掌握股票控制额的办法来层层控制企业的制度。金融寡头充分利用股份公司制度提供的参股、控股办法。首先，它把所控制的大企业作为“母公司”，去购买其他公司的股票，掌握其股票控制额，把它变成“子公司”；其次，“子公司”再用同样的办法去控制“孙公司”。如此等等，从上到下，层层渗透，逐级参与，对众多企业进行控制，支配了比自有资本大几十倍、几百倍的其他资本，从而控制着整个国家经济。

金融寡头在政治上的统治，主要是通过同政府的“个人联合”来实现的。他们一方面通过收买政府官员和国会议员，对政府的内外政策施加影响；另一方面通过亲自或指派亲信到政府部门担任要职，或者通过资助操纵总统竞选和国会改选，来直接控制政府。“今天是部长，明天是银行家；今天是银行家，明天是部长”①，就是这种“个人联合”的生动写照。

同时，金融寡头还通过掌握的巨额财富，控制新闻、出版、广播和教育等上层建筑领域，成为垄断资本主义国家真正的统治者。

5.2.3 垄断资本的国际化

金融资本和金融寡头为了进一步扩大统治范围，势必要对外进行资本输出，并从经济上和领土上瓜分世界，进行国际垄断。资本的国际化是当代资本主义经济的重要特征。

资本输出主要是指资本主义国家的政府、资本家或资本家集团，为获取高额利润或利息，以及谋取其他经济利益，而对国外进行投资或贷款。资本输出是垄断资本对外扩张的重要手段。资本输出的形式主要有两种：一是借贷资本输出，即把货币资本贷给其他国家的政府或企业，又称间接投资；二是生产资本输出，即通过对外直接投资，在其他国家兴办企业，又称直接投资。第二次世界大战以前的资本输出主要是借贷资本输出，因而出现了“食利国”，而战后则以对外直接投资为主。

① 列宁．列宁全集：第 29 卷．2 版．北京：人民出版社，1985：224.

但是，不论采取哪种形式，资本输出的实质都是垄断资本掠夺、剥削和奴役其他国家和人民，以攫取高额垄断利润。

资本输出在自由竞争资本主义时期就已出现，但数量很有限，当时对外经济关系的主要内容是商品输出。到了垄断资本主义时期，资本输出有了特别重要的意义。第一，大量“过剩资本”的形成和国内有利的投资场所不足之间的矛盾使资本输出成为必要。随着垄断的形成，一方面，金融寡头攫取了大量的垄断利润，积累了大量的货币资本；另一方面，国内已经没有足够的投资场所，垄断组织必然要把巨额的“过剩资本”输出到国外，以取得高额利润。第二，世界资本主义经济的发展使资本输出成为可能。随着资本主义商品经济的发展，许多落后国家被卷入了资本主义世界市场，这些国家的自然经济逐渐瓦解，商品经济有了一定的发展，并具备了一些交通、通信等基础设施，特别是这些国家资金匮乏，土地、原材料、劳动力价格低廉，这就为发达国家“过剩资本”的输出提供了有利的场所和条件。第三，资本的本性使资本输出成为必然。资本的本性在于获取高额利润，为此它要夺取世界销售市场和原料来源。金融资本通过资本输出既可以带动商品输出，又可以越过对方的关税和非关税壁垒，进行直接投资。一方面就地生产，就地销售，垄断销售市场；另一方面直接开发当地资源，使垄断资本能够获得廉价而稳定的原料来源。

对输出国和输入国来说，资本输出的作用和后果是不同的。对输出国来说，可以从国外获取高额垄断利润或利息，可以带动商品输出，倾销剩余产品获取暴利，可以掠夺当地廉价原料和剥削廉价劳动力，还可以从经济、政治、军事等方面控制其他国家和人民，从而形成以金融资本为中心的世界资本主义经济体系，加强其对世界的统治。对输入国来说，在坚持独立自主、平等互利的条件下，吸收外资可以缓解经济建设资金短缺的困难，可以引进先进技术和管理经验，还有利于调整工业结构，提高本国工业水平，扩大对外贸易，增加就业机会等，可以促进本国经济发展，但也容易产生经济结构单一、对外依赖性强的弊端，从而又会延缓经济发展，甚至造成金融危机。

资本输出的发展，必然导致各国垄断组织在经济上瓜分世界，形成国际垄断同盟。国际垄断同盟是指垄断资本主义各国一些大的垄断组织，为了保证其国际垄断地位，通过订立协定划分世界市场而结成的国际性垄断经济联盟。第二次世界大战前，国际垄断同盟的形式有国际卡特尔、国际辛迪加和国际托拉斯等，其中国际卡特尔是主要形式。第二次世界大战后，国际垄断同盟的发展出现了两个重要特点：第一，跨国公司得到广泛而迅速的发展，并取代国际卡特尔成为私人国际垄断组织的主要形式。跨国公司是指垄断资本主义国家中那些通过对外直接投资、在国外设立子公司和分支机构，从事生产、销售或其他经营活动，以获得高额垄断利润的大型垄断公司。第二，出现了由国家出面组成的国际垄断同盟，如自由贸易区、共同市场。自由贸易区是只涉及商品交换领域，成员国之间取消了关税、限额及其他贸易限制，但对区域外的国家仍然保持各自的关税制度的一体化水平较低的组织形式。共同市场是一体化水平较高的组织形式，它除了在成员国之间进行商品自由流通、对外统一关税税率和外贸政策外，还在成员国之间取消限制生产要素自由流动和投资建厂等的规定。

国际垄断同盟在经济上瓜分世界的同时，垄断资本主义各国还加紧从领土上分割世界。到20世纪初，世界领土已基本上被分割完毕，形成了垄断资本主义的殖民体系，以后随着各国实力对比的变化，各国重新瓜分殖民地的斗争持续不断，并导致20世纪两次世界大战的爆发。第二次世界大战后，殖民地国家的民族解放运动风起云涌，旧殖民体系土崩瓦解，原来的殖民地国家纷纷走上民族独立的发展道路，垄断资本主义国家对发展中国家转而采取了新殖民主义的统治方式，即主要通过资本输出、经济渗透、促进跨国公司对外扩张等手段，继续对发展中国家进行经济控制和剥削掠夺。

垄断资本的国际化，必然会导致经济区域一体化和经济全球化趋势日益增强，对世界经济的发展产生重要影响。

5.3 国家垄断资本主义

国家垄断资本主义是指垄断资本和国家政权融合在一起的资本主义。其基本特征是国家对社会经济生活进行全面干预和调节，是资本主义生产关系适应生产力发展所做出的局部调整。

5.3.1 国家垄断资本主义的产生和发展

国家垄断资本主义是在私人垄断进一步发展的基础上产生的，是资本主义基本矛盾发展的必然结果。随着私人垄断的发展，生产社会化、资本社会化程度空前提高，而生产资料和社会财富却更加集中到少数大垄断资本家手中。同时，激烈竞争的无序性使资本主义在其新的发展过程中又遇到了前所未有的危机，不仅已经无法继续固守 19 世纪自由竞争的做法，而且单靠私人垄断的力量无法克服和缓解诸多矛盾。所以，当私人垄断资本已经不能适应社会化大生产的发展要求时，资产阶级国家便不得不出面对社会经济活动进行一定的干预和调节。于是，国家政权和私人垄断资本结合在一起，私人垄断资本主义就发展到国家垄断资本主义。

国家垄断资本主义的发展大体经历了五个阶段：第一阶段即第一次世界大战爆发前的国家垄断资本主义萌芽时期。当时一些资本主义国家在邮政、军工等部门建立了国营或半国营企业，兴建建筑工程等。第二阶段即第一次世界大战期间国家垄断资本主义的第一次发展高潮。为了满足战争的需要，各交战国动员一切力量支持战争，普遍建立各种经济管理机构和战时管理体制，用国家的强制力量和军事行政命令手段管理经济，以保证军火的供应以及生产资料、生活资料的基本供应。一旦战争结束，这些临时性的机构和体制便自行消失。第三阶段即 1929—1933 年的经济大萧条到第二次世界大战爆发前的国家垄断资本主义第二次发展高潮。1929—1933 年的经济大萧条，使资本主义世界陷入了几乎“全部毁灭”的境地。大萧条对传统的自由放任经济体制提出了严峻挑战，为了摆脱经济危机的困扰，各资本主义国家先后加强了国家对经济的干预和调节。美国总统罗斯福推行的“新政”就是当时国家干预经济的典型。大萧条也使西方传统经济理论走到了尽头，主张国家干预的凯恩斯主义成为主导思想，国家垄断资本主义获得迅速发展。但危机过后，国家干预又开始减弱。第四阶段即第二次世界大战期间国家垄断资本主义的第三次发展高潮。为了应付战争，各主要资本主义国家又设立了一系列对经济实行“战时管理”和“战时监督”的临时国家机构，国家调节几乎包括了所有的基本经济部门。然而，战争结束后，经济统制措施逐步被

罗斯福“新政”

美国第32届总统富兰克林·罗斯福在1933—1939年为应付和缓解 1929—1933年经济大萧条，在金融、工业、农业、公共工程和社会保障等方面采取了一系列干预经济的措施。“新政”的实施，把美国经济从几乎崩溃中挽救过来。

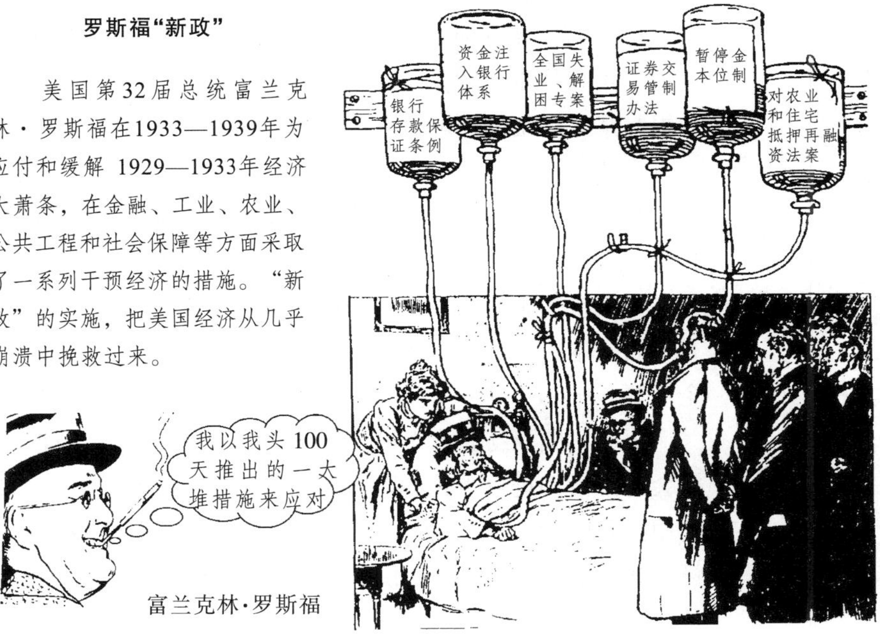

资料来源：皮尤，加勒特. 凯恩斯. 北京：外语教学与研究出版社，2000：99，100.

取消，国家垄断资本主义有所收缩。以上四个发展阶段表明，国家垄断资本主义在很大程度上是国家为了对付战争和摆脱危机而采取的应急措施，时起时落，具有特殊性和不稳定性的特点。第五阶段即20世纪50年代至今的国家垄断资本主义发展的鼎盛时期。这一时期与以前相比，具有普遍性、稳定性、规模大、程度高的特点。国家垄断资本主义作为社会资本再生产过程的一种经常性需要，在主要资本主义国家以多种形式广泛而迅速地发展起来，达到前所未有的规模，政府对经济的干预涉及社会经济生活的各个重要方面。

5.3.2 国家垄断资本主义的主要形式及实质

从资本主义国家和私人垄断资本相结合的方式来看，国家垄断资本主义有以下三种主要形式：

第一，国有企业，即国家直接掌握的国有垄断资本。国有企业产生的途径有两个：一是国家对私人企业采取“国有化”政策，用高价收购的办法，把那些技术落后、经营不善、长期亏损，甚至濒临破产的企业收归国有；二是国家直接投资兴建国有企业。

第二，国家与私人垄断资本在企业内部的结合，即国家与私人共有的垄断资本。这一形式产生的途径有三个：一是国家收购私人垄断企业的一部分股份，二是国有企业吸收一部分私人垄断资本投资，三是国家与私人垄断组织联合共同投资兴建企业等。

第三，国家与私人垄断资本在企业外部的结合，即国家对社会经济活动进行干预和调节的各种措施。它包括：(1) 国家利用财政政策对国民收入进行再分配，这主要是通过税收政策、政府采购、国家直接投资和政府转移支付等实现的。(2) 国家通过货币政策干预和调节经济，如通过公开市场业务、变更银行存款的法定准备金率以及中央银行的再贴现率等，增减货币供给量来影响经济发展。(3) 实行“经济计划化”，即通过制订中长期的经济计划对经济活动进行综合调节。

国家对经济活动的调节除了以上的经济措施外，还包括法律手段。例如，当资本主义国家进入垄断阶段后，私人垄断组织之间的激烈竞争，常常使垄断资产阶级的共同利益遭受破坏，从而损害整个资本主义经济的正常发展，因此，主要资本主义国家普遍实行反垄断法。

美国的反垄断法

反垄断法，又称为反托拉斯法。1890 年美国制定了《谢尔曼反托拉斯法》，当时是作为对强烈反对在石油、钢铁和铁路部门出现的行业垄断的平民运动的一种妥协而通过的。1911 年遵照此法，最高法院命令美国烟草公司和美孚石油公司各自肢解为若干独立的公司。为了进一步加大反垄断的力度，1914 年，又通过了《克莱顿反托拉斯法》和《联邦贸易委员会法》。这三部法律构成了美国反托拉斯法的基础，现代反托拉斯条例基本上都是对这些法的解释和阐述。近些年来，美国最重要的反托拉斯案例涉及两大产业即电信业和计算机业的三大巨头：美国电话电报公司（AT&T）、美国国际商业机器公司（IBM）和微软。反托拉斯法的主要目的在于，禁止不利于市场竞争的活动，以此提高经济效率。因而反垄断法已经成为现代资本主义国家调节经济的重要手段之一。

资料来源：萨缪尔森，诺德豪斯．经济学：第 18 版．北京：人民邮电出版社，2008：304 - 307.

资本主义国家对社会经济生活进行干预和调节，有其客观必然性。资本主义各国过去一直实行的是经济自由主义政策，单纯通过市场竞争、价格波动等市场机制自发地调节社会经济。但 1929—1933 年经济危机对资本主义世界造成的巨大破坏，使资产阶级意识到仅用市场机制调节社会经济的运行已远远不够，必须在利用市场机制的基础上，依靠国家的力量对社会经济生活进行干预和调节。因此，无论国家垄断资本主义采取哪种形式干预和调节经济，目的都在于缓和社会经济矛盾和阶级矛盾，维护垄断资本的利益和资本主义经济秩序，保证垄断资产阶级获得高额垄断利润，更好地为垄断资产阶级的整体利益服务，以维护资本主义制度。国家垄断资本主义的实质，就是垄断资本利用国家政权的力量，以维护其垄断统治并保证获得稳定的高额垄断利润。

5.4 资本主义发展的历史趋势

人类社会的发展和更替有其内在必然性。资本主义在经历了不同的发展阶段后，在当代出现了新变化，但这并不改变人类社会发展的历史趋势。

5.4.1 当代资本主义的新变化

半个多世纪以来，资本主义经济、政治、文化和社会生活等各个方面都发生了深刻的变化，这些变化主要表现在：

第一，社会生产力获得了巨大发展。如果说马克思所看到的资本主义在它不到一百年的阶级统治中所创造的生产力，比过去一切世代创造的全部生产力还要多，那么，在最近半个多世纪的时间里，资本主义所创造的生产力又大大超过了它以前所创造的生产力的总和，使社会生产力的发展进入了一个新阶段。具体表现有三个：（1）生产力诸要素发生了质的飞跃。生产工具的自动化、劳动力的智力化，以及劳动对象的不断扩展，都极大地提高了劳动生产率，促进了社会生产的发展。（2）经济高速、持续、稳定地增长。从 20 世纪 50 年代到 80 年代中期，西方发达国家国民生产总值年均增长高达 4.5%。到 90 年代末，全世界国民生产总值达 30 万亿美元，其中西方发达国家占 3/4 以上。随着整体经济实力的增强，发达国家进入了以高消费为主要特征的富裕社会。（3）产业结构发生重大变革。战后至今，主要发达资本主义国家的产业结构发生了两次重大变革：一是第三产业在国民生产总值中的比重已经迅速上升至 2/3 以上；二是高新技术产业，特别是以信息产业为标志的高新技术发展迅猛，在国民生产总值中的贡献率越来越高，已经成为发达国家国民经济的主导产业。

第二，资本主义生产关系在私有制范围内不断进行调整，出现了资本占有社会化的趋势。随着社会化大生产的发展，资本主义生产资料占有关系大体经历了从最初的单个资本到股份资本，到私人垄断资本，再到国家垄断资本，最后发展到国际垄断资本的过程，出现了单个资本、股份资本、私人垄断资本、国家垄断资本和国际垄断资本并存的资本占有格局。资本占有的社会化，是对单个资本的否定，它在一定程度上缓解了生产社会化与生产资料资本主义私人占有之间的矛盾。当代资本主义生产关系的调整，使资本主义普遍建立了宏观经济调节机制，建立了比较完善的社会福利制度，建立了国际和地区间的经济调控机制。生产关系方面的这些新变化，都对资本主义世界的经济发展和社会稳定发挥了重要作用。

第三，资产阶级政治统治形式趋于完善。主要表现在：选举制度的不断完善，使发达资本主义国家日益具有“全民国家”的表象；法制化程度的提高，使详尽的法律规定涉及资本主义国家的政治、经济、文化和社会生活的方方面面；大大加强了对国家权力机构的监督和制约；等等。上层建筑方面的这些新变化，在客观上缓和了无产阶级和资产阶级的阶级矛盾，协调了资产阶级内部关系，从而有效地巩固了资产阶级政治统治。

职工持股计划

职工持股计划（ESOP）最早出现于美国，由美国的经济学家兼投资银行家凯尔索于 20 世纪 50 年代提出，并在他担任董事长的公司内推行。最初的职工持股计划是一种企业的普通职工不必自己出资就可以拥有所在公司的一部分股份的职工利益计划，但通常十年后，职工才获得这些股票的支配权利。1981 年，美国政府制定了一项纳税优待法案，若雇员将其每年工资收入的 0.5%用于购买企业股票，则这部分收入可免缴所得税。1985 年又将上限额提高为 0.75%，在政府相关法律的鼓励下，职工持股计划得以快速发展。据美国全国职工持股中心估计，截至 2014 年，美国约有 28 万职工参与职工持股计划。平均而言，职工持股的份额大约占企业股份总额的 8%。职工持股计划的真正目的并不在于筹集资金，而是要通过调整资本与经营者、劳动者之间的关系，调动职工的积极性，缓解劳资矛盾，促进社会经济的稳定发展。

第四，当代资本主义国家在不损害资产阶级根本利益的情况下，推行了一系列社会改良的措施，使工人阶级和资产阶级之间的矛盾相对缓和。这些措施是：吸收工人参与企业的管理，更多地发挥工会的作用，缓和了企业内部的劳资矛盾；推行职工持股计划，使劳动者和资本家之间的阶级对立转变为利益相关；建立社会福利制度，在较大程度上改善劳动者的生活状况，从而使社会分配不公导致的社会矛盾和阶级矛盾有所缓解。这些改良措施的实施，都为当代资本主义经济的发展创造了良好环境，促进了经济的相对稳定和快速增长。

5.4.2 当代资本主义生产关系的实质

当代资本主义出现的新变化，不可否认是人类历史进步的表现。列宁曾经说过："任何一个马克思主义者都不会忘记，资本主义比封建主义进步，而帝国主义又比垄断前的资本主义进步。"① 同样，战后国家垄断资本主义的发展肯定比战前更好。然而，当代资本主义发生的新变化并没有也不可能改变资本主义生产关系的实质。

第一，没有改变资本主义私有制的经济基础。(1) 股份制经济没有改变企业私有的性质。虽然股份资本提高了资本社会化的程度，但相对于单个资本和个人企业，股份制不过是一种由多个私人资本共同所有的企业制度，它的性质主要取决于控股权掌握在谁的手中。更重要的是，随着股权的高度分散，股份制越来越扩大了资本对劳动的支配权。(2) 国有企业也没有改变资本主义私有制的基础。国有经济的性质取决于国家政权掌握在哪个阶级的手里，国有资本不过意味着一部分资本从私人手里转移到"总资本家"——国家的手中。而且，从根本上说，国有经济存在的真实意义在于作为国家调节经济的一种手段发挥作用。半个多世纪以来，国有化和非国有化在西方国家

① 列宁．列宁选集：第2卷．3版．北京：人民出版社，1995：770.

交替使用，恰恰表明了资本主义国家利用国有经济调节经济生活的政策是比较有效和灵活的。

第二，没有改变资本主义剥削的实质。（1）虽然战后发达资本主义国家工人阶级的生产和生活条件得到很大改善，但准确反映资本家剥削工人程度的剩余价值率却在不断上升。（2）劳动者所获得的福利，实际上都是劳动者自己在必要劳动时间内创造的相当于劳动力价值的那部分价值，又以各种福利的形式通过国民收入再分配支付给工人，因此，社会福利制度的实施，也没有触及资本主义按资分配的本质，没有从根本上消除资本主义生产方式所决定的两极分化状况。

第三，没有改变工人阶级受雇的阶级地位。当代资本主义国家国有经济和股份制经济的发展，不仅没有改变生产资料的私人占有关系，而且使资本对劳动的支配统治更加扩大；虽然当代资本主义国家民主政治统治形式趋于完善，但资产阶级民主政治是与资本主义私有制联系在一起的，工人阶级在经济上处于无权和受剥削的地位，在政治上就无法真正与资产阶级享有平等的政治权利。因此，从本质上说，工人阶级和资产阶级依然是两个对立的阶级。

第四，没有改变资本主义的基本矛盾。生产社会化与生产资料资本主义私人占有之间的矛盾是资本主义自身无法解决的。虽然资本主义为适应生产力的发展，一再进行生产关系的调整，但这种调整和变化总是在资本主义生产方式的范围内进行的，它可以在某种程度上缓和矛盾，但不可能从根本上消除这些矛盾。当一种矛盾得到缓解时，另一种矛盾又会尖锐起来。例如，20 世纪 50 年代至 60 年代，资本主义国家采

全球财富不公平

法国学者托马斯·皮凯蒂在《21 世纪资本论》中指出："自 2010 年以来全球财富不公平程度似乎与欧洲在 1900—1910 年的财富差距相似。最富的 0.1%的人大约拥有财富总额的 80%～90%。在全球财富分布图上处于下半段的一半人口所拥有的财富额在全球财富总额的 5%以下。"

资料来源：皮凯蒂 . 21 世纪资本论 . 北京：中信出版社，2014：451.

取的凯恩斯主义扩张政策推动了经济的快速发展，结果由于国家长期以扩大需求的方法反危机，随之而来的是 70 年代的“滞胀”，国家又不得不集中主要力量解决这一问题；80 年代“滞胀”有所缓解，但 80 年代末 90 年代初，资本主义经济又出现了新的衰退。这表明，资本主义基本矛盾及其种种表现仍然存在，要限制它，它就会以另一种形式进行反抗。

总之，资本主义制度正是在这种不断地对生产关系进行调整的过程中、在其经济体制的不断变革中求得生存和发展的。但是，资本主义生产关系的局部调整，资本社会化占有形式的变化，都是在资本主义私有制前提下进行的。它并没有根本改变资本主义占有的私人性质。它仍然是资本主义私有制，是更高程度的资本主义私有制。战后，国家垄断资本主义的产生和发展就是资本主义生产关系的一种局部调整，它适应了社会化大生产的要求，在一定程度上缓和了资本主义基本矛盾，使发达资本主义国家经济快速平稳增长。作为资本社会化的高级形式，国家垄断资本主义是生产资料资本主义私有制在形式上的自我扬弃，它部分地克服了私人垄断资本数量不足的问题，在一定程度上突破了私人垄断资本单纯追求眼前利益的局限性和私人生产的盲目性，为容纳新的社会生产力开辟了道路。同时，它也为建立新的社会制度创造了物质条件。因此，“国家垄断资本主义是社会主义的最充分的**物质**准备，是社会主义的**前阶**，是历史阶梯上的一级，在这一级和叫做社会主义的那一级之间，**没有任何中间级**”[①]。

5.4.3 人类社会发展的总趋势

资本主义在发展中对生产关系的调整，实际上为资本主义的质变进行着量的积累，为它走向灭亡并被社会主义所取代准备着更为充分的物质条件。资本主义越向前发展，它所推动的

① 列宁．列宁专题文集：论资本主义．北京：人民出版社，2009：235.

生产社会化、管理社会化、资本社会化越能得到发展，资本主义就越接近自己的历史终点，因而它不是离社会主义更远了，而是更近了。

首先，资本主义为社会主义制度的建立奠定着坚实的物质基础。这种坚实的物质基础就是高度发达的社会生产力和社会化大生产。社会化大生产是在资本主义市场经济条件下发展起来的，但其本质要求却是同资本主义私有制相矛盾的。社会化大生产客观上要求由社会来占有生产资料和劳动产品，按比例地分配社会劳动，对社会生产进行统一组织、协调和管理，而这正是社会主义经济制度得以建立的物质基础。因此，社会化大生产水平的进一步提高，使得人类社会更加接近社会主义社会，为进入社会主义社会做好充分的准备。

其次，资本主义为社会主义建设提供着可以借鉴的经营和管理方式。市场经济成熟的经济运行方式、股份制以及现代的管理机构和管理经验等，都是建设社会主义可以借鉴的形式。当今一些社会主义国家在进行现代化建设的过程中，大胆地吸收和借鉴了资本主义发达国家的一切反映生产社会化和市场经济一般规律的先进技术、科学的经营方式和管理方法。

资本家本身不得不部分地承认生产力的社会性质。大规模的生产机构和交通机构起初由**股份公司**占有，后来由托拉斯占有，然后又由**国家**占有。资产阶级表明自己已成为多余的阶级；它的全部社会职能现在由领工薪的职员来执行了。

——恩格斯

资料来源：马克思，恩格斯．马克思恩格斯文集：第 9 卷．北京：人民出版社，2009：397－398.

最后，资本主义生产关系的调整和变化显示着历史发展的总趋势。在资本主义制度内部，随着生产的社会化，资本的占有形式也经历了从单个资本到股份资本，到私人垄断资本，再到国家垄断资本，最后发展到国际垄断资本的过程。所有这些变化，虽然没有改变整个资本主义制度的基本性质，但确实在一定意义上显示了人类历史发展的总趋势，即资本主义终将向社会主义过渡。

但是，任何一种社会制度，它的灭亡和它被新的社会制度所取代，都必然要经历一个漫长而曲折的历史过程。资本主义被社会主义所取代也是如此，这是一个相当长的、充满着复杂的矛盾和斗争的历史过程。

第一，资本主义基本矛盾运动的复杂性和曲折性决定着社会主义取代资本主义的长期性。随着资本主义社会生产力的快速发展，资本主义基本矛盾将不断深化。但这种矛盾的发展并不是简单的、直线的，而是呈现出一种错综复杂、迂回曲折的态势，因为生产力的发展，客观上要求资本主义在不触动私有制的前提下，不断调整生产关系与之相适应，从而使资本主义基本矛盾得到暂时缓和，并表现出时而尖锐、时而缓和的特点，延缓了资本主义制度灭亡的进程。

第二，资本主义生产关系还能继续容纳社会生产力的发展决定着社会主义取代资本主义的长期性。资本主义发展的历史表明，虽然资本主义生产关系阻碍了生产力的发展，但它还是可以在一定范围内通过调整，在一定程度上适应社会化大生产的要求。最为重要的是，资本主义生产关系的这种调整尚未穷尽，它还在不断寻找新的途径，为生产力的加速发展提供可能。所以，资本主义向社会主义的过渡是一个漫长的历史过程。这个过程肯定要比马克思主义创始人所预想的复杂得多、曲折得多、长久得多。这也证明了马克思关于“两个决不会”理论，即“无论哪一个社会形态，在它所能容纳的全部生产力发挥出来以前，是决不会灭亡的；而新的更高的生产关系，在它的物质存在条件在旧社会的胎胞里成熟以前，是决不会出现的”①，是正确的。

第三，资本主义世界体系的形成和发展决定着资本主义向社会主义过渡的复杂性和长期性。在当今世界格局中，存在着以发达资本主义国家为主导的资本主义世界体系。但资本主义国家经济和政治发展是不平衡的。有的已经进入垄断

---

① 马克思，恩格斯．马克思恩格斯文集：第2卷．北京：人民出版社，2009：592.

资本主义阶段，有的正向垄断资本主义方向发展。即使是发达资本主义国家，它们的发展也是不平衡的，这就决定了资本主义的灭亡和社会主义的胜利不可能在短时间内发生，必将是一个长期的、复杂的历史过程。

第四，社会主义制度的发展和完善是长期的。在人类社会发展史上，任何一种新生的社会制度在取代原有的社会制度时，总是会遇到旧制度的顽强抵抗。社会主义制度确立以后，必然会遇到剥削阶级的反抗。从社会主义自身发展的实际来看，由于它首先是在经济文化落后的国家中产生的，而低下的生产力发展水平，使这些社会主义国家在经济实力上与发达国家存在相当大的差距，所以社会主义制度的优越性难以得到充分体现。同时，社会主义制度作为一种全新的社会制度，没有可供选择的现成模式，它需要通过自身的实践不断探索。这一切都带来了社会主义制度巩固、发展和完善的困难，甚至在某些条件下会发生倒退。所以，社会主义发展的特点也决定其取代资本主义的长期性、曲折性。

无论怎样，社会主义取代资本主义是不以人的意志为转移的客观规律。尽管目前资本主义还呈现出发展的态势，但就社会发展的最终走向而言，不管社会主义经过多么复杂和多么长期的过程，“世界上没有一种力量能够挽救资本主义免于崩溃”①。

本章小结

资本主义的发展经历了自由竞争资本主义和垄断资本主义两大阶段。垄断资本主义的发展分为私人垄断资本主义和国家垄断资本主义。资本主义发展进入垄断阶段以后，垄断取代自由竞争成为经济生活的基础。垄断的形成是自由竞争发展的必然结果，但更是科学技术革命和社会生产力发展的必然要求。

垄断是垄断资本主义的根本特征。垄断资本的统治是通过垄断组织实现的，垄断组织的实质在于获取高额垄断利润。在垄断条件下，价值规律、剩余价值规律的作用都发生了新的变化。金融资本和金融寡头成为垄断资本主义国家真正的

① 列宁．列宁全集：第 42 卷．2 版．北京：人民出版社，1987：77.

统治者。金融寡头主要是通过“参与制”和“个人联合”实现其统治的。为了进一步扩大统治范围，金融资本和金融寡头势必要对外进行资本输出，并从经济上和领土上瓜分世界，进行国际垄断。

第二次世界大战后，国家垄断资本主义获得了广泛发展，国家垄断资本主义有三种主要形式：国有企业、国家与私人垄断资本在企业内部的结合、国家与私人垄断资本在企业外部的结合。国家垄断资本主义的实质，就是垄断资本利用国家政权的力量，以维护其垄断统治并保证获得稳定的高额垄断利润。

国家垄断资本主义的发展，使资本主义经济、政治、文化和社会生活等各个方面都发生了新的变化，但是，这些新的变化并没有也不可能改变资本主义生产关系的实质。资本主义生产关系的实质仍然是以生产资料私有制为基础的雇佣劳动制度。国家垄断资本主义的发展对缓和资本主义基本矛盾、促进生产力的发展具有一定的积极作用，同时也为新的社会制度的建立创造了物质条件，社会主义取代资本主义将是不以人的意志为转移的历史总趋势。

阅读书目

1. 马克思，恩格斯．共产党宣言//马克思，恩格斯．马克思恩格斯文集：第2卷．北京：人民出版社，2009.

2. 列宁．帝国主义是资本主义的最高阶段//列宁．列宁专题文集：论资本主义．北京：人民出版社，2009.

3. 瑟罗．资本主义的未来．北京：中国社会科学出版社，1998.

4. 施韦卡特．反对资本主义．北京：中国人民大学出版社，2002.

5. 伊藤诚．幻想破灭的资本主义．北京：社会科学文献出版社，2008.

6. 皮凯蒂．21世纪资本论．北京：中信出版社，2014.

7. 弗雷．技术陷阱：从工业革命到AI时代，技术创新下的资本、劳动与权力．北京：民主与建设出版社，2021.

分析与思考

1. 垄断是作为自由竞争的对立物发展起来的，所以垄断的形成意味着竞争的结束。这个论点正确吗？简要说明理由。

2. 资本输出的形式以及作用是什么？

3. 我们应当如何正确地认识当代资本主义发生的新变化？

4. 国家垄断资本主义的形式有哪些？

5. 如何认识当代资本主义的新变化？

6. 分析材料并回答问题：

材料　洛克菲勒财团是以洛克菲勒家族的石油垄断为基础，通过不断控制金融机构，把势力范围伸向国民经济各部门的美国最大的垄断集团。它是以银行资本控制工业资本的典型。它通过庞大的金融机构，直接或间接控制了许多工矿企业，在冶金、化学、橡胶、汽车、食品、航空运输、电信事业等各个经济部门以及军火工业中占有重要地位。在它控制下的军火公司有：麦克唐纳·道格拉斯公司、马丁·玛丽埃塔公司（与梅隆财团共同控制）、斯佩里·兰德公司和威斯汀豪斯电气公司（与梅隆财团共同控制）等。洛克菲勒财团还单独或与其他财团共同控制着联合航空公司、泛美航空公司、美国航空公司、环球航空公司和东方航空公司 5 家美国航空公司。

1973 年能源危机以后，在石油输出国组织国家同美国垄断资本的斗争中，洛克菲勒财团受到沉重打击。但该财团采取各种措施挽回这种不利局面。首先参与美国国内石油的开发，争取国内沿海地区近海油田的租赁权，1976 年获得阿拉斯加州和大西洋沿岸中部的石油租赁地 130 万英亩。又与英荷壳牌石油公司共同开发英国北海油田。它还渗入能源工业的其他有关部门。此外，还大力向石油化学工业发展。洛克菲勒财团不但在经济领域占统治地位，而且在政府中安插了一大批代理人，左右着美国政府的内政外交政策。它还通过洛克菲勒基金会、洛克菲勒兄弟基金会等组织，向教育、科学、卫生以及艺术和社会生活各方面渗透，以扩大其影响。但是 20 世纪 80 年代以来，洛克菲勒财团经济实力日益衰退，主要是因为美国财团互相渗透，洛克菲勒财团所属的大企业如埃克森美孚公司等和大银行如大通曼哈顿银行等，都已受到别的财团的渗透而成为被共同控制的企业。

结合以上材料，说明在当代资本主义社会金融寡头是如何实现全面统治的。

7. 分析材料并回答问题：

材料　美国著名经济学家莱斯特·瑟罗在《资本主义的未来》一书中，用大量篇幅研究和抨击了当代资本主义的严重缺陷。他指出："商业周期之于资本主义犹如地震之于地球的地质，是内在的。资本主义向来就有商业周期现象，将来也会有。"他预言，资本主义"全球金融市场迟早会经历一场类似 90 年代日本股市崩溃或者相当于 30 年代美国股市崩溃的大崩溃"，认为资本主义衰退"是资本主义的一个部分，它们不可能被消除"。他在论述资本主义的诸多弊端时指出："这并不奇怪。资本主义一出世就有这些问题了。它们是该体制的一部分。它们导致了社会主义、共产主义和社会福利国家制度的问世。"

结合瑟罗的观点，谈谈你对资本主义发展趋势的认识。

第6章 社会主义初级阶段的所有制结构

要论提示

● 公有制为主体、多种所有制经济共同发展，是社会主义初级阶段的所有制结构，是社会主义基本经济制度的重要内容。公有制经济包括国有经济和集体经济。

● 在社会主义初级阶段的所有制结构中，公有制处于主体地位。非公有制经济包括个体经济、私营经济和外资经济。社会主义初级阶段所有制结构的确立，是由我国社会主义的性质和初级阶段的国情决定的。

● 混合所有制经济是在社会主义初级阶段所有制结构不断完善的过程中逐步形成和发展起来的。随着全面深化改革的不断推进，以及非公有制经济发展的政策措施更加完善，混合所有制经济从公有制经济进一步扩展到非公有制经济中，成为社会主义初级阶段所有制结构的重要实现形式。

● 必须根据解放和发展生产力的要求，坚持“两个毫不动摇”，完善公有制为主体、多种所有制经济共同发展的所有制结构。

关键词　公有制　非公有制　混合所有制经济
社会主义初级阶段所有制结构

社会主义制度是作为资本主义制度的对立物产生的，生产资料公有制是社会主义经济制度的基础。然而，社会主义从理论到实践的发展表明，社会主义初级阶段的生产资料所有制关系不可能是单一的，除了公有制经济外，还存在非公有制经济。公有制为主体、多种所有制经济共同发展的所有制结构，是社会主义基本经济制度的重要内容。

6.1 公有制为主体、多种所有制经济共同发展

公有制为主体、多种所有制经济共同发展是社会主义初级阶段的所有制结构。在社会主义初级阶段，必须坚持公有制的主体地位，同时还必须大力引导、鼓励和发展非公有制经济。公有制为主体、多种所有制经济共同发展，在我国社会主义初级阶段的实行有其客观必然性。

6.1.1 公有制的内涵

> 共产党人可以把自己的理论概括为一句话：消灭私有制。
>
> ——马克思、恩格斯
>
> 资料来源：马克思，恩格斯．马克思恩格斯选集：第1卷．2版．北京：人民出版社，1995：286.

生产资料公有制是社会主义经济制度的基础和基本特征。社会主义公有制是建立在高度发达的社会生产力基础上的。当资本主义私有制成为生产力发展的桎梏时，社会主义公有制就成为生产力不断加速发展的先决条件。

第一，社会主义公有制的产生是资本主义私有制发展对自身否定的结果。资本主义私有制

的运行创造出了否定自身的条件，表现在：(1) 生产社会化程度的提高和生产力的发展创造了否定资本主义私有制的物质条件。(2) 资本主义自身的发展创造了否定资本主义私有制的阶级条件，无产阶级作为与资产阶级对立的阶级，是资本主义制度的掘墓人。正因为如此，以“公有制为主体、多种所有制经济共同发展”为所有制结构的社会主义取代资本主义就成为社会发展的客观趋势。

第二，社会主义公有制是由全体劳动者组成的社会共同占有生产资料的经济制度。在社会主义社会，“事情必须这样来处理，使社会（即首先是国家）保持对生产资料的所有权，这样合作社的特殊利益就不可能压过全社会的整个利益”①。劳动者共同占有生产资料是社会主义公有制的基本内涵，也是其区别于私有制的一个主要标志。劳动者共同占有生产资料是以社会的名义来实现的。因此，劳动者共同占有生产资料的公有制，就是社会占有生产资料的公有制，劳动者个人只有作为社会整体中的一员才是生产资料的所有者。

第三，社会主义公有制是一种实现了劳动者与生产资料直接结合的经济制度。生产资料由劳动者共同占有，也就意味着劳动者和生产资料的所有者是统一的，不存在任何中介。劳动者用共同占有的生产资料共同进行劳动，并共同占有劳动的成果，这就是社会主义公有制的内涵。

> 我国是中国共产党领导的社会主义国家，公有制经济是长期以来在国家发展历程中形成的，为国家建设、国防安全、人民生活改善作出了突出贡献，是全体人民的宝贵财富，当然要让它发展好，继续为改革开放和现代化建设作出贡献。
>
> ——习近平
>
> 资料来源：习近平．习近平谈治国理政：第2卷．北京：外文出版社，2017：259.

我国的社会主义公有制建基于比较低的生产力水平，是无产阶级夺取政权以后，通过没收官僚资本，和平赎买民族资本，对个体农业、个体手工业和资本

① 马克思，恩格斯．马克思恩格斯文集：第10卷．北京：人民出版社，2009：547.

主义工商业进行社会主义改造建立起来的。我国现在处于并将长期处于社会主义初级阶段。因此，社会主义初级阶段公有制的内涵必然不同于建立在高度发达的社会生产力基础上的社会主义公有制的内涵，它包括了国有经济和集体经济。

全民所有制是与较高的生产力发展水平相适应的、由全社会范围内联合起来的劳动者共同占有生产资料的公有制形式。我国现阶段生产资料由国家代表全体人民所有，采取国家所有制形式。国家所有制形式是指由国家代表全体人民行使生产资料所有权，但这并不意味着由国家机构直接占有、支配和经营属于全民所有的生产资料。社会主义初级阶段的国有经济的生产资料所有权归国家，在运行机制上则遵守市场经济原则。在国有企业中，劳动者作为生产资料联合所有者与生产资料相结合，消除了利用生产资料私有的特权而形成的不平等的地位和权利，消灭了剥削；劳动者作为生产过程的主人，为自己的利益共同进行生产经营和劳动，可以充分调动其生产的积极性、主动性和创造性，促进劳动生产率的提高和生产力的发展；生产发展的全部成果归劳动者共同所有，可以满足劳动者日益增长的物质和文化需要，不断提高劳动者的生活质量和自身素质，使他们逐步朝着全面发展的目标前进。

集体所有制是与较低的生产力发展水平相适应的、由部分劳动群众共同占有生产资料的公有制形式。它的特点是生产资料只被属于集体范围内的劳动者共同占有，在这一范围内，人们在生产资料的占有关系上是平等的。但是，在不同的集体经济之间，劳动者在生产资料的占有关系上则是不平等的。在我国现阶段存在着多层次生产力水平的情况下，发展集体所有制经济对满足人民群众多方面的物质文化需要、促进社会生产力和整个国民经济的发展、实现共同富裕具有重要作用。农村中普遍实行的家庭承包经营是我国农村集体经济的主要经营方式。家庭承包经营是由农户承包集体经济组织的土地等生产资料，联系产量计算报酬的一种经营形式。城镇集体经济广泛存在于轻工业、手工业、建筑业、运输业、商业、服务业等领域。它的基本特点是生产资料为属于这一集体经济的劳动者共同所有，以集体经济为统一经营单位，自主经营、独立核算、自负盈亏，生产经营的成果除了缴纳税金以外，全部归集体所有。由于集体所有制经济一般规模较小，能够比较灵敏地根据市场需求的变化来调整生产经营方向，也能根据社会需要灵活地布点，又能把劳动者的经济利益与企业生产经营成果紧密挂钩，因此，现阶段要把发展集体所有制经济作为发展公有制经济的一个重要内容。

6.1.2 公有制的主体地位

在我国社会主义初级阶段的所有制结构中，公有制处于主体地位。其主要表现是：第一，公有资产在社会总资产中占优势。中华人民共和国成立以来，我国的社会主义公有制经济，特别是国有经济，已经积累了数额巨大的公有资产，这是坚持社会主义公有制经济主体地位的重要物质基础。第二，国有经济控制国民经济的命脉，对经济发展起主导作用。国有经济还引导、制约和影响着其他经济成分的存在和发展。国有经济在关系国计民生的重要领域占绝对优势。

在社会主义生产关系中，生产资料公有制决定着人们在直接生产过程中的关系，决定着人们在分配、交换和消费领域的关系。因此，在社会主义初级阶段，必须坚持公有制的主体地位。

第一，坚持公有制的主体地位是社会主义的一条根本原则。任何一个社会的性质，都是由占主体地位的所有制形式决定的，社会主义社会的性质是由占主体

>>>

2020 年，全国国有企业（不含金融企业）资产总额 268.5 万亿元、负债总额 171.5 万亿元、国有资本权益 76.0 万亿元；全国国有金融企业资产总额 323.2 万亿元、负债总额 288.6 万亿元，形成国有资产 22.7 万亿元；全国行政事业性国有资产总额 43.5 万亿元、负债总额 11.2 万亿元、净资产 32.3 万亿元。其中，行政单位资产总额 15.3 万亿元，事业单位资产总额 28.2 万亿元。

资料来源：国务院关于 2020 年度国有资产管理情况的综合报告．中国青年网，2021－10－21.

<<<

地位的公有制决定的。公有制是社会主义制度的经济基础，是劳动人民当家作主的前提，是决定劳动者地位和我国发展前途命运的根本性因素。生产资料公有制的建立和发展，对于区别新的社会制度与旧的社会制度有决定意义。

第二，坚持公有制的主体地位是社会生产力发展的客观要求。以公有制为基础的社会主义生产关系是适应社会化大生产的客观要求而产生的，它的建立从根本上解决了社会化大生产与生产资料私有制之间的矛盾，可以促进生产力的发展。社会主义公有制经济是社会主义现代化建设的主要物质基础，是国家财政收入的主要来源，是国家宏观调控和促进国民经济各地区、各部门协调发展、共同繁荣的物质条件。

第三，坚持公有制的主体地位是保证其他所有制经济为社会主义服务的重要条件。发展占主体地位的公有制经济，是引导、支持和规范非公有制经济按照社会主义建设的需要，健康发展并正确发挥作用的前提。我国社会主义公有制经济掌握了国民经济的命脉，因而可以依托政权力量、依靠经济手段去控制和引导个体经济、私营经济与外资经济等非公有制经济朝着正确的方向发展，从所有制方面体现社会主义的中国特色。

第四，坚持公有制的主体地位是贯彻按劳分配、实现共同富裕的根本保证。生产资料所有制性质决定分配性质，生产资料归劳动人民所有，决定了劳动产品分配有利于劳动人民。只有公有制占主体，才能实行以按劳分配为主体的多种分配方式，才可以避免两极分化，实现共同富裕。如果我们放弃公有制主体地位，势必会动摇按劳分配的主体地位，这样不仅会出现社会分配不公，而且会出现财富占有不公、贫富悬殊，甚至出现两极分化。

6.1.3　非公有制经济

在社会主义初级阶段，非公有制经济包括个体经济、私营经济和外资经济。

个体经济是指劳动者在个人占有生产资料的基础上，从事个体劳动和个体经营的一种私有制经济。个体经济是私有制经济，但它以自己的劳动为基础，因而不剥削他人劳动，不具有剥削性质。在个体经济中，劳动者与自己所有的生产资料直接结合，劳动产品归自己所有。

在任何社会经济形态中都存在个体经济。因为：(1) 个体经济以简单工具和手工劳动为基础，同社会化程度较低的生产力水平相适应，只要经济发展还不足以在整个社会范围内完全淘汰这样的生产力水平，个体经济的存在和发展就有其客观必要性。(2) 个体经济的生产经营活动具有分散、灵活、多样化的特点，这就决定了个体经济在满足社会和人们日常生活需要方面有着广泛的适应性和独特优势，而这些又是其他经济形式所不能替代的。大力发展个体经济对满足人民群众的各种需要、扩大就业、保持社会稳定、发展经济都具有重要作用。当然，政府要加强对个体经济的管理、监督和引导，使其走上规范化发展的轨道。

私营经济是指个人占有生产资料和以雇佣劳动为基础的私有制经济。在私营经济中存在着雇佣劳动关系，因而它是资本主义性质的经济。中华人民共和国成立初期，我国有着大量的私营经济。在 20 世纪 50 年代，在资本主义工商业的社会主义改造任务基本完成以后，私营经济在社会范围内已不再存在。改革开放以后，私营经济得到了迅速发展。在社会主义初级阶段生产力水平还不高、公有制经济还不完善的情况下，允许私营经济的存在和发展，对充分利用一切资源、调动各方面的积极性、发展社会生产和扩大就业、满足人们多方面的需要具有非常重要的作用。私营经济在社会主义初级阶段的存在和发展具有合法性，我国也明确了私营经济在法律上的合法地位，明确地把私营企业主看作中国特色社会主义事业的建设者。在坚持公有制主体地位的前提下发展私营经济，不会影响我国社会主义的性质。当然，在私营经济发展的过程中，政府要依法进行管理、监督和引导，使其在社会主义市场经济中健康地向前发展。

截至 2023 年 6 月底，全国登记在册个体工商户已达 1.19 亿户，占经营主体总量的 67.4%。2023 年上半年，全国个体工商户复苏趋势明显、总体发展平稳，共新增 1 136.5 万户，同比增长 11.3%。分产业看，第三产业占比近 9 成。截至 2023 年 6 月底，全国登记在册个体工商户三次产业占比分别为 5.1%、5.9%、89%。分行业看，新兴服务业新设个体工商户增速强劲。信息传输、软件和信息技术服务业，文化、体育和娱乐业，科学研究和技术服务业增幅位居前列。2023 年上半年新设“四新”经济个体工商户 493.3 万户，比上年增加 19.4%。分区域看，在 1.19 亿户个体工商户中，42.8%分布在东部地区，其中江苏省和广东省最多，均占全国 8%以上。

资料来源：国家市场监督管理总局。

外资经济是指通过引进境外资本在我国建立的中外合资、中外合作经营和外商独资经济。中外合资经济是由中外双方共同投资、共同经营、共担风险、共负盈亏的一种经济形式。中外合作经营经济是一种契约形式，这一形式的主要特点是由我方提供土地、厂房和其他的设施与劳动力，由外方提供资金、设备和原材料等，在平等互利的原则下合作兴办企业。合作双方的权利、责任、义务由中外双方通过签订协议、合同加以规定，按照合同规定分配收益。外商独资经济是完全由境外投资者单独投资兴建的一种经济形式。这种经济形式完全由外商投资者独立经营、自担风险、自负盈亏。

外资经济既不是单纯的社会主义性质经济，也不是单纯的资本主义性质经济。它是得到我国政府批准，在尊重我国主权、接受我国政府监督和管理的前提下从事生产经营活动的经济，因而就其性质来说，是社会主义条件下的国家资本主义经济。外资经济的发展有利于引进国外的先进技术设备，加快我国生产技术水平的提高；有利于吸收和利用国外的资金，弥补我国建设资金的不足；有利于学习国外的先进管理经验，提高我国的生产管理水平；有利于开拓国外市场，扩大产品出口，增加外汇收入。发展外资经济不仅要为外商创造良好的投资环境，保护他们的合法权益，以及提供各种服务；也要依法加强对外资经济的管理，提高利用外资的水平，使外资经济在社会主义市场经济发展中更好地发挥作用。

改革开放40年中国吸收外资历程

改革开放40年我国吸收外资大致经历了以下四个阶段：一是1979—1991年的起步阶段。其间中国年均使用外资的规模一直在50亿美元以下，但是增长的趋势很稳定。二是1992—2000年的快速发展阶段。1992年邓小平视察南方之后，中国外商投资增长迅速，当年就超过了110亿美元，2000年为407.15亿美元。三是2001—2008年的稳定增长阶段。2001年中国加入WTO，外商投资规模和增速迎来了新一轮的高峰。2008年国际金融危机，中国实际吸收外资流量突破千亿美元大关。四是2009—2018年的低速增长阶段。2010年中国实际使用外资高达1 147.34亿美元。2012年以来，中国外商投资呈现低速增长，个别年份甚至负增长，我国使用外资目标发生了根本性变化，从强调“引资”，变为“使用外资综合优势和提高总体效益，推动引资、引技、引智有机结合”。

资料来源：中国经济导报，2019-03-27.

6.1.4 确立社会主义初级阶段所有制结构的客观依据

公有制为主体、多种所有制经济共同发展的所有制结构在我国社会主义初级阶段的确立，是由社会主义的性质和我国现阶段的国情决定的。

第一，我国是社会主义国家，公有制是社会主义经济关系的基础，只有坚持公有制经济，坚持公有制的主体地位，才能巩固和发展社会主义，才能体现社会主义经济与资本主义经济的本质区别。公有制经济的发展在本质上符合社会化大生产的要求，顺应生产力和社会发展的客观趋势。公有制经济作为社会主义现代化建设的支柱，是国家对社会经济运行进行宏观调控的主要物质基础。没有公有制经济的壮大，社会主义现代化建设就没有依靠力量。

第二，我国的生产力水平是多层次、不平衡的，必然要求有多种所有制经济与之相适应，只有根据不同层次生产力水平的要求，实行多种不同的所有制经济，使所有制结构与生产力结构相适应，才能充分发挥生产关系对生产力的促进作用。在社会主义初级阶段，公有制经济本身的发展是不完善、不成熟的，还不可能解决社会经济发展的所有问题。这就需要我们在坚持公有制主体地位的同时，通过发展多种所有制经济来促进社会主义公有制经济的发展。

第三，一切符合“三个有利于”标准的所有制形式都可以而且应该用来为发展社会主义经济服务。“三个有利于”是 1992 年初邓小平在视察南方的重要谈话中提出的。判断各方面工作是非得失的标准就是“三个有利于”。在社会主义初级阶段，建立怎样的所有制结构，实行怎样的基本经济制度，根本在于是否符合“三个有利于”标准。凡是有利于社会主义社会生产力发展、有利于社会主义国家综合国力增强、有利于人民生活水平提高的所有制经济，在社会主义初级阶段都应该得到发展。

是否有利于发展社会主义社会的生产力，是否有利于增强社会主义国家的综合国力，是否有利于提高人民的生活水平。

资料来源：邓小平．邓小平文选：第 3 卷．北京：人民出版社，1993：372.

6.2 社会主义混合所有制经济

混合所有制经济是在社会主义初级阶段所有制结构不断完善的过程中逐步形成和发展起来的。发展最初主要是壮大公有制经济，实现对非公有制经济发展的支持和引导。中国特色社会主义进入了新时代，随着全面深化改革的不断推进，以及非公有制经济发展的政策措施更加完善，开始鼓励发展非公有资本控股的混合所有制企业。

6.2.1 混合所有制经济的内涵

随着我国经济的发展，投资来源的多元化，企业组织形式的多样化，所有制形式也越来越多样化，特别是各种所有制相互之间的渗透、融合所形成的混合所有制经济得到了很大发展。

自改革开放以来，在国有经济和集体经济不断发展的同时，我国个体经济和私营经济得到迅速发展，民间资本日益壮大，利用外资数额巨大。随着股份制、公司制改革的推进，公司投资主体和股权结构的多元化，混合所有制经济逐步发展起来。

混合所有制经济是指由不同性质的所有制经济组合而成的一种经济形式。在我国，目前主要有股份制企业、中外合资企业和中外合作经营企业等。这些企业中的国有成分和集体成分，其资本和收益归国家和集体所有，当然属于公有制经济。其中由国家和集体控股的混合所有制经济，则更具有明显的公有性，有利于扩大公有经济的支配范围，保证公有制的主体地位。随着经济体制改革的深化，混合所有制经济中的公有成分在整个公有制经济中所占的比重越来越大。进入新时代，鼓励发展非公有资本控股的混合所有制企业，激发经济活力，是我国发展混合所有制经济的重要导向。党的十八大以来，中共中央历次全会都推出了一系列放宽非公有制企业市场准入条件、平等发展的改革举措。习近平特别提到了鼓励发展非公有资本控股的混合所有制企业问题，为非公有制经济积极参与到混合所有制经济的发展中指明了方向。

概括地说，混合所有制经济的内涵主要有：

第一，从经济形式上看，混合所有制经济是指各种不同所有制资本，通过多元投资、相互融合而形成的产权配置结构和经济形式，表现为国有、集体、非公等性质资本交叉持股、相互融合，形成具有产权结构多元、治理结构优化特征的现代企业形态和微观经济形式。

第二，从经济关系上看，混合所有制经济是公有制经济和所有制结构的重要实现形式，因而是将企业“财产权”分属不同性质的所有者，反映的是企业内部公有制主体与私有制主体之间利益共享、风险共担的经济关系。

第三，从经济类型上看，混合所有制经济是股份制经济的一种类型，但并非所有的股份制经济都是混合所有制经济。要与公有制经济或非公有制经济内部的合资、合伙所形成的经济形式相区别，只有公有制经济与非公有制经济之间的交叉持股、相互融合才是混合所有制经济。

第四，从经济性质上看，混合所有制经济是企业内部的产权结构多元化，而不是私有化。混合所有制企业内部包含着双向的产权流动，既有可能是在公有经济成分的企业中引入非公有经济成分，也有可能是在非公有经济成分的企业中引入公有经济成分。

6.2.2 混合所有制经济与社会主义初级阶段所有制结构

发展混合所有制经济，是新时代坚持公有制主体地位，增强国有经济活力、控制力、影响力的有效途径和必然选择，是深化国企改革、提升我国企业竞争力的重要手段。

发展混合所有制经济，有利于夯实社会主义初级阶段所有制结构的微观基础。在我国国有企业改革中，一批国有企业通过改制发展成了混合所有制企业，但是在治理机制和监管体制等方面还需要进一步改进。国有企业特别是中央管理企业，在关系国家安全和国民经济命脉的主要行业和关键领域占据支配地位，是国民经济的重要支柱，在中国共产党执政和我国社会主义国家政权的经济基础中起支柱作用。发展混合所有制经济，有利于深化国资国企改革，加快国有经济布局优化和结构调整，推动国有资本和国有企业做强做优做大，提升企业核心竞争力①；有利于国有资本放大功能、保值增值、提高竞争力；有利于各种所有制资本取长补短、相互促进、共同发展。通过积极发展混合所有制经济坚持和完善社会主义初级阶段所

① 习近平．高举中国特色社会主义伟大旗帜　为全面建设社会主义现代化国家而团结奋斗．北京：人民出版社，2022：29.

国有企业推进混合所有制改革的成效

一是梯次展开混合所有制改革各项试点。2014年，国务院国资委选择中国建材集团、国药集团开展混合所有制改革试点。2016年以来，国家在电力、石油、天然气、铁路、民航、电信、军工等重要行业领域，先后选择三批50家国有企业开展混改试点，其中中央企业28家。2016年8月，混合所有制企业员工持股试点正式启动，目前全国已有近200家企业开展这一试点。二是推进国有企业与其他所有制资本有序混合。截至2017年底，国务院国资委监管的中央企业54.5万亿元总资产中，大约65%已进入上市公司，比2012年底的54%增幅明显。三是创新使用多种方式途径推进混合所有制改革。通过改制上市、股权转让、增资扩股、合资新设、市场化重组、基金投资等方式，规范公司治理，实现国有资本有进有退，支持民营经济发展，撬动社会资本，增强资本流动性，促进国有经济战略性调整。四是着力推进混合所有制企业绩效提升。

资料来源：学习时报，2018-11-19.

有制结构。在我国民营企业的改革中，虽然也存在着一些需要进一步改进的地方，但是，民营企业参与混合所有制经济改革有效地发挥了国有资本和民营资本各自的优势，较好地实现了融合创新发展，既强化了国有经济的机体和活力，也极大地促进了民营企业的发展，为实现经济发展方式的转变和提升经济发展的质量、完善企业制度和提高企业效率、改善发展环境和拓宽发展空间提供了良好的发展机遇。毫无疑问，混合所有制经济是我国社会主义初级阶段所有制结构的重要实现形式。

国务院印发的《关于国有企业发展混合所有制经济的意见》，对如何发展混合所有制经济提出了多方面的要求。

一是发展混合所有制经济的基本原则是：政府引导，市场运作；完善制度，保护产权；严格程序，规范操作；宜改则改，稳妥推进。

二是发展混合所有制经济的基本导向是保护产权、维护契约、统一市场、平等交换、公平竞争、有效监管。

三是发展混合所有制经济以分类和分层为前提，稳妥推进主业处于充分竞争行业和领域的商业类国有企业混合所有制改革，有效探索主业处于重要行业和关键领域的商业类国有企业混合所有制改革，引导公益类国有企业规范开展混合所有制改革，在子公司、集团公司层面分别推进混合所有制改革，鼓励地方从实际出发推进混合所有制改革。

四是鼓励各类资本如非公有资本、集体资本、外资等参与国有企业混合所有制改革，推广政府和社会资本合作（PPP）模式，同时鼓励国有资本以多种方式入股非国有企业，探索完善优先股和国家特殊管理股方式，以及实行混合所有制企业员工持股。

五是所有权和经营权两权分离，建立健全混合所有制企业治理机制，政府不得干预企业自主经营，股东不得干预企业日常运营，确保企业治理规范、激励约束机制到位。

六是规范操作，改革方案依法依规，股权转让公开公允，杜绝国有资产流失，统一产权管理，建立统一、开放、规范、高效的产权交易市场，严格执行产权交易进入市场制度，加强产权交易的监管以及混合所有制企业的国有资产监管，确保做到混合前公平评估、混合中阳光操作、混合后规范运营。

七是通过加强产权保护、健全多层次资本市场、完善支持国有企业混合所有制改革的政策、加快建立健全法律法规制度等，为国有企业混合所有制改革营造良好环境。

混合所有制经济的发展具有重要意义：可以推动完善现代企业制度，健全企业法人治理结构；可以提高国有资本配置和运行效率，优化国有经济布局，增强国有经济活力、控制力、影响力和抗风险能力，主动适应和引领经济发展新常态；可以促进国有企业转换经营机制，放大国有资本功能，实现国有资产保值增值，实现各种所有制资本取长补短、相互促进、共同发展。

在国有企业混合所有制改革中，必须坚决防止因监管不到位、改革不彻底导致国有资产流失的问题。国有资本保值增值是发展混合所有制经济的目的所在，无论是国有资本还是非公有资本，在混合所有制经济发展中，都应共同发展。国有资本参股非公有企业，民营资本一般要取得绝对或相对控股权；民营资本参股国有企业，国有资本也要保值增值，防止国有资产流失。这是通过发展混合所有制经济坚持和完善社会主义初级阶段所有制结构必须注意的方面。

6.3 坚持和完善社会主义初级阶段所有制结构的原则

根据解放和发展生产力的要求，坚持和完善公有制为主体、多种所有制经济共同发展的所有制结构，必须毫不动摇地巩固和发展公有制经济，毫不动摇地鼓励、支持和引导非公有制经济发展，必须把发展公有制经济与发展非公有制经济统一起来。

6.3.1 毫不动摇地巩固和发展公有制经济

公有制是社会主义经济制度的基础。我国对所有制结构的改革，是以坚持公有制的主体地位为前提的，发展其他多种所有制经济也是以不影响公有制的主体地位为条件的。坚持这一条不仅是坚持社会主义经济性质的要求，而且是社会化大生产的客观要求。社会主义的根本任务就是解放和发展生产力。坚持公有制为主体，国有经济控制国民经济命脉，在经济发展中起主导作用，对于发挥社会主义制度的优越性，增强经济实力、国防实力和民族凝聚力，提高我国国际地位，具有关键性的作用。因此，加快社会主义建设和发展，就必须毫不动摇地巩固和发展公有制经济。

巩固和发展公有制经济，必须发挥国有经济的主导作用。国有经济起主导作用，主要体现在控制力上，即控制国民经济和经济制度的发展方向、控制经济运行的整体态势、控制重要的稀缺资源的能力。社会主义国家拥有全国的矿藏、河流、国有森林、荒地等自然资源，拥有邮电、国有银行、铁路、公路等重要基础产业和设施，还拥有钢铁、煤炭、石油等重要生产资料，这就保证了社会主义公有制经济对整个社会生产和流通的支配与控制。国有经济拥有我国大部分的现代化工业，为国民经济各个部门提供了大量先进的技术装备，是我国技术进步的主导力量。提高国有经济控制力，要从战略上调整国有经济布局。在关系国民经济命脉的重要行业和关键领域，国有经济必须占支配地位；对于一般竞争性行业，国有经济可能通过资产重组和结构调整，以加强重点，提高国有资产的整体质量。

巩固和发展公有制经济，必须支持集体经济的发展。集体经济体现了共同富裕的原则，在社会主义经济建设中发挥着积极作用。改革开放以来，集体经济有了较大发展。支持和帮助城乡集体经济发展，特别是乡镇企业的发展，是调整所有制结构的重要内容。集体经济的发展对发挥公有制的主体作用具有战略意义。

6.3.2 毫不动摇地鼓励、支持和引导非公有制经济发展

在社会主义初级阶段，非公有制经济是社会主义市场经济的重要组成部分。发展非公有制经济，对增强我国的经济实力、充分调动人民群众和社会各方面的积极性、加快生产力发展有重要作用。

鼓励和支持非公有制经济发展，必须在政策上清除各类歧视性规定，在市场准入、税收政策等方面给予各种所有制经济同等待遇。要扩大非公有制经济的投资领域，鼓励民间资本和外国资本投资参股能源、交通、电信和供水、供热、供气等基础产业和基础设施领域。鼓励非公有制企业发展壮大，建立企业集团公司，允许民间资本和外国资本控股现有竞争性领域的国有企业。要支持和帮助包括个体私营企业在内的各类企业提高管理水平，积极引导它们逐步建立现代企业制度。要坚决保护非公有制经济的合法权益，努力减轻各类集资、摊派方面的不合理负担，完善保护私人财产的法律制度。要优化民营企业发展环境，依法保护民营企业产权和企业家权益，促进民营经济发展壮大。要全面构建亲清政商关系，促进非公有制经济健

康发展和非公有制经济人士健康成长。

引导非公有制经济发展，必须在工商登记、依法纳税、质量标准、防伪打假、劳动管理、经营秩序等方面加强对非公有制企业的管理。尤其要通过法律、法规和政策引导个体私营经济经营者诚实劳动、合法经营，切实履行合同；要依法征税，严禁偷税漏税和抗税；要提倡在私营企业中建立工会组织，依法维护经营者和劳动者的合法权益。当然，在对非公有制经济的管理中，一定要切实做到加强党的领导，加强党建跟踪，理顺行业协会、学会、商会党建工作管理体制；要从过去的微观管理为主转变为宏观调控为主，从单纯行政干预为主转变为利用经济政策、法律法规和必要的行政手段相结合的监管为主。

必须坚持和完善我国社会主义基本经济制度和分配制度，毫不动摇巩固和发展公有制经济，毫不动摇鼓励、支持、引导非公有制经济发展。“两个毫不动摇”是中国共产党对多年来坚持和发展社会主义基本经济制度成功经验的高度概括。正是在坚持“两个毫不动摇”的过程中，中国共产党创造了改革开放和社会主义现代化建设的伟大成就。“两个毫不动摇”也必将为实现第二个百年奋斗目标和中华民族伟大复兴的中国梦发挥新的更大作用。

6.3.3 发展公有制经济与发展非公有制经济的统一

在社会主义市场经济条件下，公有制与非公有制经济在地位上表现为主体与非主体的关系。坚持公有制为主体，允许和鼓励非公有制经济健康发展，根本目的是迅速发展社会生产力，最终实现共同富裕，因此，两者在根本目的上是一致的。坚持公有制为主体和促进非公有制经济发展，统一于社会主义现代化建设的进程中，重要的是要寻找各种所有制经济共同发展的结合点，为各种所有制经济共同发展提供广阔的空间。

公有制经济和非公有制经济具有不同的功能和优势，各自发挥着不可替代的作用，两者之间存在着分工协作、融合和借鉴等方面的关系，因此，它们在功能上是优势互补的。我国改革开放的实践表明，各种所有制经济完全可以在市场经济中发挥各自的优势，相互融合、相互促进、共同发展。在社会主义初级阶段，社会主义现代化建设的进程就是由各种所有制经济的共同发展推动的。因此，公有制经济和非公有制经济并不是对立的，而是可以各自发挥自己的长处成为统一力量的。

促进各种所有制经济共同发展，要营造能够使公有制经济和非公有制经济相互促进和共同发展的社会环境；同时，还要围绕社会主义市场经济建设，构建全国统一大市场，深化要素市场化改革，建设高标准市场体系，进一步完善市场经济的法律制度，完善产权保护、市场准入、公平竞争、社会信用等市场经济基础制度，优化营商环境，充分发挥市场机制对所有制结构调整的作用。

本章小结

生产资料公有制是社会主义经济制度的基础和基本特征。公有制经济包括国有经济和集体经济。非公有制经济是社会主义市场经济的重要组成部分。非公有制经济包括个体经济、私营经济和外资经济。公有制为主体、多种所有制经济共同发展，是我国社会主义初级阶段的所有制结构，是我国社会主义基本经济制度的重要内容。它是由我国社会主义的性质和初级阶段的国情决定的。

改革开放以来，在社会主义初级阶段所有制结构不断完善的过程中，各种所有制相互之间的渗透、融合所形成的混合所有制经济得到了很大发展。混合所有制经济由公有制经济进一步扩展到非公有制经济中，进入新时代，鼓励发展非公有资本控股的混合所有制企业成为重要导向。混合所有制经济是社会主义初级阶段所有制结构的重要实现形式。

坚持和完善社会主义初级阶段所有制结构，必须毫不动摇地巩固和发展公有制经济，必须毫不动摇地鼓励、支持和引导非公有制经济发展，必须把公有制经济和非公有制经济的发展统一于社会主义现代化建设的进程中。

阅读书目

1. 邓小平．在中国共产党全国代表会议上的讲话//邓小平．邓小平文选：第3卷．北京：人民出版社，1993.

2. 江泽民．高举邓小平理论伟大旗帜，把建设有中国特色社会主义事业全面推向二十一世纪//江泽民．江泽民文选：第2卷．北京：人民出版社，2006.

3. 江泽民．二十年来我们党的主要历史经验//江泽民．江泽民文选：第2卷．北京：人民出版社，2006.

4. 江泽民．全面建设小康社会，开创中国特色社会主义事业新局面//江泽民．江泽民文选：第3卷．北京：人民出版社，2006.

5. 中共中央关于全面深化改革若干重大问题的决定．北京：人民出版社，2013.

6. 习近平．毫不动摇坚持我国基本经济制度，推动各种所有制经济健康发展//习近平．习近平谈治国理政：第2卷．北京：外文出版社，2017.

7. 习近平．高举中国特色社会主义伟大旗帜　为全面建设社会主义现代化国家而团结奋斗．北京：人民出版社，2022.

分析与思考

1. 怎样理解公有制为主体、多种所有制经济共同发展是我国社会主义初级阶段的所有制结构？

2. 社会主义为什么要实行公有制？

3. 怎样认识多种所有制经济各自的性质、地位和作用？

4. “衡量我国现阶段所有制结构改革的成绩，就看非公有制经济成分在国民经济中所占比重的大小。”应该如何看待这一观点？

5. 能否说我国现阶段的私营经济就是典型的资本主义经济？

6. 如何理解混合所有制经济是社会主义初级阶段所有制结构的重要实现形式？

第7章 社会主义初级阶段的分配制度

要论提示

● 社会主义个人消费品的分配原则是按劳分配，社会主义市场经济条件下的按劳分配具有新的特点。

● 社会主义初级阶段的分配制度是以按劳分配为主体、多种分配方式并存，按劳分配与按生产要素分配相结合，构建初次分配、再分配、第三次分配协调配套的制度体系。

● 坚持和完善社会主义初级阶段的分配制度，必须坚持在发展中保障和改善民生，坚持从完善分配制度上促进共同富裕，正确处理个人收入分配关系。

关键词 按劳分配　按生产要素分配　民生

社会主义初级阶段是在生产力落后、商品经济不发达条件下建设社会主义的必经的特定阶段。在社会主义初级阶段，一方面，由于公有制经济已经占据主体地位，确立了社会主义的经济基础，按劳分配理所当然地成为社会主义的分配原则和社会主义经济制度的重要组成部分；另一方面，由于社会主义的生产关系在很大程度上还建立在薄弱的物质技术基础上，多种所有制经济的存在和社会主义市场经济的发展，又决定了多种分配制度并存。

7.1 社会主义按劳分配

社会主义实行按劳分配具有客观必然性。与计划经济相比，社会主义市场经济条件下的按劳分配具有新的特点。

7.1.1 实行按劳分配的客观必然性

按劳分配是社会主义个人消费品的分配原则。按劳分配的内容是：凡是有劳动能力的人都应尽自己的能力为社会劳动，社会以劳动作为分配个人消费品的尺度，按照劳动者提供的劳动数量和质量分配个人消费品，等量劳动领取等量报酬，多劳多得，少劳少得，不劳动不得。在社会主义经济中，实行按劳分配具有客观必然性。

> 消费资料的任何一种分配，都不过是生产条件本身分配的结果；而生产条件的分配，则表现生产方式本身的性质。
>
> ——马克思
>
> 资料来源：马克思，恩格斯．马克思恩格斯文集：第3卷．北京：人民出版社，2009：436.

首先，生产资料公有制决定了必须废除反映剥削关系的分配制度，确立按劳分配制度。生产资料公有制使劳动者成为生产的主人，实现了在生产资料占有上的平等关系，排除了个人凭借对生产资料的私有权来无偿占有他人劳动成果的可能性。每一个劳动者在共同占有生产资料的基础上为社会提供劳动，社会则根据每个劳动者各自提供的劳动量进行个人消费品分配。因此，按劳分配是与生产资料公有制相联系的。

其次，社会主义社会的生产力水平决定了只能实行按劳分配。分配方式在本质上取决于可分配的产品的数量，而可分配的产品的数量又取决于生产力的发展水平。在社会主义社会，生产力还没有达到高度发达的状态，社会产品还没有达到极大丰富的程度，还不能根据人们的需要来分配产品，因而只能实行按劳分配。

最后，劳动是谋生的手段，还没有成为人们生活的第一需要。社会主义社会在“经济、道德和精神方面都还带着它脱胎出来的那个旧社会的痕迹”[①]，旧的社会分工仍然存在，劳动者向社会提供的劳动在数量和质量上还存在差别。只有承认这种差别，并在个人消费品的分配上体现这种差别，才能充分调动劳动者的积极性，保证劳动者各尽所能地为社会提供劳动。

按劳分配从根本上否定了凭借占有生产资料而剥削他人劳动成果的权利，是对一切剥削制度的否定。贯彻按劳分配原则，把劳动贡献和劳动报酬直接联系起来，有利于调动劳动者的生产积极性，促进社会主义经济的发展。

7.1.2 社会主义市场经济中实行按劳分配的特点

在社会主义初级阶段，必须发展社会主义市场经济，这就要求人们的一切经济活动，包括个人消费品的分配活动，都通过市场来进行。因此，按劳分配的实现具有以下特点：

第一，按劳分配不能在全社会范围内按统一标准实行，只能在局部范围内实行。在社会主义初级阶段，对劳动者进行分配的主体是企业。企业是商品生产和经营的经济实体。企业以自身的生产和经营活动从市场获得收入，然后再将收入分配给劳动者。企业对劳动者如何进行分配，完全由企业自主决定。因此，现阶段按劳分配的主体是企业，它还不可能在全社会范围内按统一的标准实现等量劳动领取等量报酬。

---

① 马克思，恩格斯．马克思恩格斯文集：第 3 卷．北京：人民出版社，2009：434.

马克思设想在未来社会里，以整个社会为分配单位，由社会直接向劳动者进行分配。当每个劳动者为社会付出劳动后，就“从社会领得一张凭证，证明他提供了多少劳动（扣除他为公共基金而进行的劳动），他根据这张凭证从社会储存中领得一份耗费同等劳动量的消费资料。他以一种形式给予社会的劳动量，又以另一种形式领回来”。

资料来源：马克思，恩格斯．马克思恩格斯文集：第3卷．北京：人民出版社，2009：434.

第二，按劳分配不能按照劳动者实际提供的劳动量来计量，只能按照被社会承认的劳动量来计量。劳动者向企业提供劳动，提供的这部分劳动是否都能被社会承认，取决于企业经营的好坏。这样，劳动者实际提供的劳动与被社会承认的劳动之间就有可能出现不一致。企业对劳动者进行的分配，是按照被社会承认的劳动量。在同一企业的不同时期，由于企业经营状况的不同，即使劳动者提供了相同数量的劳动，也会出现收入上的差别。

第三，按劳分配必须通过商品货币的形式来实现。在社会主义市场经济条件下，经济活动采取了价值形式，按劳分配也必须借助商品货币形式来实现。劳动者提供劳动所得到的是价值形式的货币，再用货币去购买所需要的商品，市场上价格的变动也不可避免地会影响劳动者的实际收入水平，从而影响按劳分配的实现程度。

7.2 以按劳分配为主体、多种分配方式并存

以按劳分配为主体、多种分配方式并存是社会主义初级阶段的分配制度，也是社会主义基本经济制度的重要内容。把按劳分配和按生产要素分配结合起来，是社会主义市场经济发展的必然要求。

7.2.1 确立社会主义初级阶段分配制度的依据

确立以按劳分配为主体、多种分配方式并存这一社会主义

初级阶段分配制度的依据主要是：

第一，公有制为主体、多种所有制经济共同发展的社会主义初级阶段所有制结构，决定了在收入分配领域必须实行以按劳分配为主体、多种分配方式并存的分配制度。所有制形式决定了分配方式，有什么样的所有制形式，就会有什么样的分配方式。我国现阶段不仅存在着占据主体地位的公有制经济，而且存在着非公有制经济，按劳分配只是占据主体地位的公有制经济的分配方式，在非公有制经济中，由于生产资料占有关系的不同，必然存在着其他的分配方式。

第二，社会主义市场经济的发展要求实行以按劳分配为主体、多种分配方式并存的分配制度。一方面，公有制与市场经济的结合，使按劳分配方式在市场经济条件下必须通过市场来实行；另一方面，市场经济运行的自身规律又要求按照市场规则来对个人进行收入分配。在市场经济中，一切生产要素都具有商品性质，投入经济活动中，都要追求收入的最大化。为保证生产要素所有者能够把生产要素投入经济活动中去，必须对投入的生产要素在经济利益上给予一定的回报。同时，市场经济发展过程中存在着多种经营方式，不同的经营方式也要求有与之相联系的分配方式。因此，社会主义市场经济的发展是建立这一分配制度的现实要求。

7.2.2　社会主义初级阶段的其他分配方式

社会主义初级阶段的分配制度除了存在按劳分配这个主体外，还存在着其他分配方式。主要有以下几种：

第一，按个体劳动分配。个体劳动者和农村专业户从事个体工商业、个体服务业以及农副业生产等经济活动，主要依靠自己的劳动获取收入。这种分配方式与按劳分配的区别在于，它是个体私有制在经济上的实现形式，这种收入的数量不仅取决于他们的劳动，而且取决于他们拥有生产物质资料的数量和质量，还取决于市场状况。实行家庭承包经营的农民的收入中，也包含这种劳动收入。

第二，按劳动力价值分配。在外资经济和私营企业中工作的劳动者依靠出卖劳动力取得收入，劳动者同企业之间的关系是雇佣关系。这种分配方式实际上就是劳动力价值或价格的转化形式，反映了雇主对工人的剥削。国家应当采取有效措施，切实保障他们的合法权益。

第三，按经营成果分配。公有制企业由于生产、销售等经营活动取得的收入，除以税、利形式上缴国家和留作企业基金外，一部分分给本企业的劳动者。另外，个体经营者和实行家庭承包经营的农民的收入中也包含经营收入。这种分配方式不仅取决于生产，也取决于交换；不仅取决于劳动者劳动的投入，也取决于市场的状况。

第四，按资金分配。这种分配方式有三种情况：一是各类社会成员由于投资股票和债券以及参加银行储蓄得到的股息、红利和利息，都是凭借资金所有权获得的资金分配收入；二是公有制企业由于拥有或使用不同的生产资料和自然资源而形成的级差收入中有一部分也会转化为职工的个人收入，这也属于资金分配收入或资产分配收入；三是农村集体经济中，承包农户通过投资所带来的收入，也属资金分配收入。

理论前沿 关于按生产要素分配的理论分歧：(1) 由于生产要素在价值形成中都发挥着各自的作用，所以，社会主义的工资、利息、地租，不过是根据劳动、资本、土地等生产要素所做的贡献而给予这些要素所有者的报酬。社会主义的分配原则，就是在社会必要劳动所创造的价值的基础上，按各种生产要素在价值形成中所做的贡献进行分配，简称按贡献分配。(2) 一些学者认为上述观点是错误的，其错误在于混同了价值创造和收入分配问题，硬把取决于生产关系的收入分配说成是取决于生产要素在创造价值中的贡献，把特定历史阶段上索取权的合法性当作自然的必然性和永恒的合理性。

第五，按资本分配。外资经济中外国和中国港澳台资本家取得的利润，以及我国私营企业主取得的收入等，是企业职工所创造的剩余价值的转化形式，具有剥削性质。但是，只要是合法收入，就受到国家法律的保护。这种分配方式对于我国充分利用社会上的资本，引进外资、先进技术、管理经验，对于发展生产、扩大就业、增加国家财政收入是有利的。

以上五种分配方式中，绝大部分属于按生产要素分配。

7.2.3 按劳分配与按生产要素分配

实行以按劳分配为主体、多种分配方式并存的分配制度，必须坚持把按劳分配与按生产要素分配结合起来。所谓生产要素，就是指用于生产过程的各种经济资源，或者说是进行生产经营所必须具备的各种条件，包括资本、劳动力、土地、技术、信息等。按生产要素分配，是指生产要素所有者凭借其经济上的所有权，按生产要素在社会生产过程中的贡献获取相应收入。

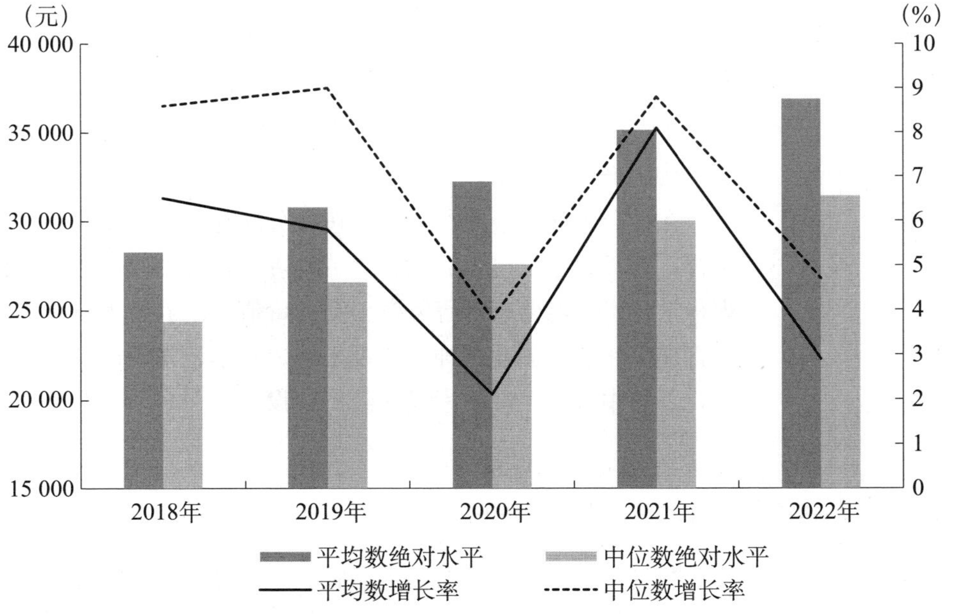

全国居民人均可支配收入平均数与中位数

注：平均数增长率计算时扣除了价格因素。

资料来源：国家统计局网站。

按生产要素分配，从收入分配上保证了各种生产要素的投入都能得到回报，保证生产要素所有者有充分的动力把其生产要素投入经济活动中去。因此，在这一意义上可以说，按劳分配与按生产要素分配的结合，直接影响着资源配置的效率。

按劳分配作为公有制经济的客观要求和具体实现，是现阶段对劳动者进行收入分配的基本方式。按生产要素分配作为市场经济的客观要求和生产要素所有权的具体实现，是对生产要素所有者进行收入分配的基本方式。正是这两种分配方式在社会范围内的结合，使社会主义经济的性质和市场经济的特征能够在个人收入分配领域得到体现，才保证了社会主义市场经济的顺畅发展。

按劳分配与按生产要素分配的结合，意味着个人收入呈现出多样化趋势。在我国现阶段，相当一部分个人的收入不仅来源于按劳分配，而且来源于按生产要素分配。这表明，拥有这部分收入的人不仅是劳动者，而且也是生产要素所有者。在公有制企业中，个人收入主要来源于按劳分配，但也会有一部分来源于按生产要素分配。在非公有制企业中，个人收入主要来源于按生产要素分配，但也会有一部分来源于其他劳动收入。

在社会主义初级阶段，坚持按劳分配与按生产要素分配的结合，意义在于：可以调动广大劳动者的积极性和创造性；体现科学技术、经营管理等复杂劳动的价值，培养广大科技人员和管理工作者的创业精神；体现土地、资本、知识产权等的价值，以集中各种生产要素投入经济建设。

7.2.4 构建协调配套的分配制度体系

“坚持按劳分配为主体、多种分配方式并存，提高劳动报酬在初次分配中的比重，完善工资制度，健全工资合理增长机制，着力提高低收入群体收入，扩大中等收入群体。完善按要素分配政策制度，健全各类生产要素由市场决定报酬的机制，探索通过土地、资本等要素使用权、收益权增加中低收入群体要素收入。多渠道增加城乡居民财产性收入。完善再分配机制，加大税收、社保、转移支付等调节力度和精准性，合理调节过高收入，取缔非法收入。发挥第三次分配作用，发展慈善事业，改善收入和财富分配格局。”① 构建初次分配、再分配、第三次分配协调配套的制度体系，是我国在全面建设社会主义现代化国家新征程中，稳定社会预期、推动解决分配中存在的突出问题的目标任务和思路举措，以及迈向共同富裕的改革举措和政策取向。

第一，发挥好初次分配的基础性作用。以市场机制为主导的初次分配，从按劳分配和按各种生产要素分配两个方面，采取对不完善的生产要素市场进行规范等措施，正确处理了效率和公平的关系。以市场机制为主导的初次分配，可以从促进人的全面发展、健全城乡融合发展体制机制、健全区域协调发展体制机制、强化行业发展的协调性等方面，提高发展的平衡性、协调性、包容性；可以从努力提高居民收入在国民收入分配中的比重、提高劳动报酬在初次分配中的比重等方面，提高居民收入和劳动报酬的比重；可以把高校毕业生、技术工人、中小微企业和个体工商户从业者，以及进城农民工扩大为中等收入群体；可以从拓宽财产性收入渠道，增加技术、管理和知识要素收入，以及构建数据要素收益分配机制等方面，完善按要素分配政策制度。

第二，加大税收、社会保障、转移支付等的调节力度。以政府为主导的再分配，通过加大税收、社保、转移支付等调节力度并提高精准性，调节收入过高的群体，在效率提高的基础上最大限度地保障公平。以政府为主导的再分配，可以通过优化税制结构，完善个人所得税制度，完善消费、财产等方面税收，以及完善税收征管等，完善税收调节机制；可以通过完善低收入人口保障服务、促进教育公平、完善养老和医疗保障体系、完善住房供应和保障体系、完善公共文化服务体系等，促

① 中共中央关于制定国民经济和社会发展第十四个五年规划和二〇三五年远景目标的建议．人民日报，2020-11-04（1）．

进基本公共服务均等化；可以通过完善财政转移支付制度、优化转移支付结构、强化转移支付管理等，加大转移支付力度；可以通过保护合法收入、调节过高收入、取缔非法收入等，规范收入分配秩序。

第三，建立健全第三次分配机制。以社会为主导，在习惯、道德的影响下，通过合法合规途径，以募集、捐赠和资助等公益慈善方式对社会资源和社会财富进行分配，驱使高收入企业和人群回报社会，有利于缩小社会差距。以社会为主导的第三次分配，可以鼓励有意愿有能力的企业、社会组织和个人积极参与公益慈善事业，进一步调动社会各方面发展公益慈善事业的积极性，支持更多人财物投入社会公益领域；可以通过完善适合中国国情的慈善组织模式、探索各类新型捐赠模式、拓展慈善捐赠和志愿服务领域等，探索公益慈善活动有效实现的形式；可以通过落实公益慈善税收优惠政策、加强慈善领域法治建设、健全慈善综合监管体系、创造有利于公益慈善事业发展的社会环境等，完善公益慈善事业政策法规体系和改善社会文化环境。

7.3 坚持和完善社会主义初级阶段分配制度的原则

坚持和完善社会主义初级阶段的分配制度，必须坚持在发展中保障和改善民生，坚持从完善分配制度上促进共同富裕，正确处理个人收入分配关系，包括处理好提倡奉献精神与落实分配政策的关系、反对平均主义与防止收入悬殊的关系、经济增长与实现居民收入同步增长的关系。

7.3.1 坚持在发展中保障和改善民生

“民生”一词最早出现在《左传·宣公十二年》中，所谓“民生在勤，勤则不匮”。在中国传统社会中，民生一般是指百姓的基本生计。在现代社会，民生有广义和狭义之分。广义的民生，几乎可以延伸到经济、社会、政治、文化等领域；狭义的民生，主要是指与百姓生活密切相关的问题，最主要表现在吃穿住行，养老、就医、子女教育等生活必需上。教育是民生之基，就业是民生之本，收入分配是民生之源，社会保障是民生之"安全网"。这四大问题都是民生的基本问题。

民生是人民群众最关心最直接最现实的利益问题。民生的内涵主要表现在三个层面：

第一，民众基本生计状态的底线，即民众基本的"生存状态"。社会要保证每一个社会成员能够有尊严地生存，这就必须有社会救济、最低生活保障、基础性的社会保障、义务教育、基础性的公共卫生、基础性的住房保障等。

孙中山关于民生的解释

民生就是人民的生活——社会的生存、国民的生计、群众的生命便是。

民生就是政治的中心，就是经济的中心和种种历史活动的中心。

民生就是社会一切活动中的原动力。

资料来源：孙中山．孙中山选集．2 版．北京：人民出版社，1981：802，825，835.

第二，民众基本的发展机会和发展能力，即民众基本的"生计来源"。社会在保证了每一个社会成员基本的生存问题之后，还必须考虑社会成员基本的发展机会和发展能力，这就必须促进充分就业，进行基本的职业培训，消除歧视，提供公平合理的社会流动渠道以及与之相关的基本权益保护等。

第三，民众基本生存线以上的社会福利状况，即民众基本的"生活质量"。当一个社会解决了民众的基本生存和基本发展机会、基本发展能力问题之后，随着经济发展水准和公共财力的大幅提升，随着现代制度的全面确立，需要进一步考虑为全体社会成员提供使生活质量得以全面提升的福利，主要包括民众应当享受到的较高层面的社会福利，如公立高等学校的免费教育、住房公积金的普及、社会成员权益的全面保护等。

"发展"与"保障和改善民生"两者之间的内在逻辑关系，主要表现为：首先，发展的根本目的是保障和改善民生。发展是以人民为中心的发展，发展如果不能满足人民的期待，不能让群众得到实际利益，就会失去意义。其次，发展是保障和改善民生的经济基础。发展是解决一切问题的基础和关键，是党执政兴国的第一要务，离开发展，保障和改善民生就成为无源之水、空中楼阁。再次，保障和改善民生是经济发展的重要动力与保障。抓民生，既能有效解决群众的后顾之忧、调动生产积极性，又能刺激消费、拉动内需，为发展提供强大的内生动力。最后，抓发展就要抓民生，抓民生也就是抓发展。二者相辅相成，互为补充，良性循环。

习近平谈民生

让人民过上好日子，是我们一切工作的出发点和落脚点。我们将坚持在发展中保障和改善民生，不断满足人民日益增长的美好生活需要，不断促进社会公平正义，使人民获得感、幸福感、安全感更加完善、更有保障、更可持续。

资料来源：习近平主席在亚太经合组织工商领导人峰会上的主旨演讲（全文）.（2017－11－10）［2023－11－10］. https：//www.gov.cn/xinwen/2017－11/10/content_5238795.htm.

坚持在发展中保障和改善民生，促进社会主义初级阶段分配制度的完善，必须做到：首先，抓住人民最关心最直接最现实的利益问题。优先发展教育事业，实现更高质量和更充分的就业，促进收入分配更合理、更有序，完善社会保障体系，实施健康中国战略，针对性强、覆盖面广、作用更直接有效。其次，既要尽力而为又要量力而行。尽力而为，就是有多大力使多大力，以钉钉子精神抓好落实；量力而行，就是不能脱离实际提出过高目标，要做那些现实条件下可以做到的事情，一件事情接着一件事情办。最后，不断促进社会公平正义。一要做大“蛋糕”，推动经济高质量发展，奠定公平

1982 年，我国的文盲率高达 23.5％。经过将近 40 年的发展，到 2020 年，我国 15 岁以上年龄段人口的文盲率仅为 2.67％，人均受教育年限达到约 9.91 年，新增劳动力平均受教育年限达到 13.8 年，高等教育毛入学率已于 2023 年达到 60.2％。

资料来源：第七次全国人口普查公报，教育部网站。

正义的物质基础；二要分好“蛋糕”，深化收入分配制度改革，解决好收入差距问题。

7.3.2 坚持从完善分配制度上促进共同富裕

共同富裕是社会主义的本质要求。习近平强调：“人民对美好生活的向往，就是我们的奋斗目标。人世间的一切幸福都需要靠辛勤的劳动来创造。我们的责任，就是要团结带领全党全国各族人民，继续解放思想，坚持改革开放，不断解放和发展社会生产力，努力解决群众的生产生活困难，坚定不移走共同富裕的道路。”[①] 在社会主义制度下，人民群众在政治上和经济上的平等关系，必然要求他们在物质生活和精神生活方面实现共同富裕。

共同富裕是中国式现代化的重要特征。以习近平同志为核心的党中央，不仅提出了“共同富裕是中国特色社会主义的本质要求”的重要论断，而且提出了“共同富裕本身就是社会主义现代化的一个重要目标”[②] 的重要论断。这些重要论断的提出，深刻说明了共同富裕与社会主义现代化之间的内在关系。

2021 年，我国国内生产总值达到 114 万亿元、人均国内生产总值达到 80 976 元，标志着我国社会生产力、综合国力、人民生活水平跃上新台阶，为推进共同富裕打下了坚实基础。

共同富裕的内涵主要在于：首先，共同富裕不是一部分人的富裕，不是少数人的富裕，而是全体人民的共同富裕。要促进农民农村共同富裕，全面推进乡村振兴，加强农村基础设施和公共服务体系建设，改善农村人居环境。其次，共同富裕不是某一个方面的富裕，不是单一的物质富裕，而是全面的共同富裕。要促进人民精神生活共同富裕，

① 中共中央文献研究室．十八大以来重要文献选编：上．北京：中央文献出版社，2014：70.

② 习近平在中共中央政治局第二十七次集体学习时强调：完整准确全面贯彻新发展理念　确保“十四五”时期我国发展开好局起好步．人民日报，2021－01－30（1）.

强化社会主义核心价值观引领，不断满足人民群众多样化、多层次、多方面的精神文化需求。再次，共同富裕不是“等靠要”的富裕，也不是“养懒人”的富裕，而是全体人民共建的共同富裕。要鼓励勤劳创新致富，坚持在发展中保障和改善民生，为人民提高受教育程度、增强发展能力创造更加普惠公平的条件，畅通向上流动通道，给更多人创造致富机会，形成人人参与的发展环境。最后，共同富裕不是一蹴而就的富裕，不是齐头并进的富裕，而是逐步实现的共同富裕。要坚持循序渐进，对共同富裕的长期性、艰巨性、复杂性有充分的估计，鼓励因地制宜探索有效路径，总结经验，逐步推开。

分配制度是促进共同富裕的基础性制度。坚持按劳分配为主体、多种分配方式并存，构建初次分配、再分配、第三次分配协调配套的制度体系，是促进共同富裕的必然要求。只有完善分配制度，才能进一步调动广大劳动者的生产积极性，更好发挥人力资源和人力资本的作用，持续扩大国内需求特别是居民消费需求，构建合理分配格局。只有完善分配制度，才能坚持和完善社会主义基本经济制度、统筹城乡的民生保障制度，坚持“两个毫不动摇”，更好地发挥分配对生产、流通、消费和投资的促进作用。只有完善分配制度，才能充分尊重科研、技术、管理人才，体现技术、知识、管理、数据等要素的价值。改革创新以税收、社会保障、转移支付为主要手段的再分配调节机制，建立健全公共资源出让收益共享机制，合理调节城乡、区域、行业及不同群体间的分配关系，增加低收入者的收入，加大对高收入群体的调节力度，依法保护合法收入，清理规范不合理收入，整顿收入分配秩序，坚决取缔非法收入，逐步解决贫富差距问题，不断增强人民群众获得感和幸福感，从而推动全体人民共同富裕的实现。

7.3.3 正确处理个人收入分配关系

在实行以按劳分配为主体、多种分配方式并存的分配制度中，必须正确处理三个方面的关系：

第一，正确处理提倡奉献精神与落实分配政策的关系。提倡奉献精神就是要使社会成员树立高尚的社会主义道德观，增强为社会多做贡献的观念，能够以奉献精神从事生产劳动和各项工作。而从社会角度来说，又要切实贯彻社会主义现阶段收入分配的具体政策，从政策上调动每一个社会成员各方面的积极性，把个人贡献与收入联系起来。

第二，正确处理反对平均主义与防止收入悬殊的关系。平均主义既不符合社会主义按劳分配的原则，也不符合市场经济的规律。反对平均主义是实行社会主义初级阶段分配制度的一个重要任务。但是，也要防止收入悬殊。收入悬殊同样不符合社会主义原则，也不利于市场经济的稳定发展，更与共同富裕的最终目标相背离。必须采取切实措施，从制度上、政策上防止出现收入悬殊。要依法保护合法收入，使劳动者的劳动报酬与劳动贡献紧密结合，奖勤罚懒，激发人们的积极性。要规范社会分配秩序，加强对垄断行业收入分配的监管，对石油、电信、金融等行业的过高收入进行合理调节。要取缔非法收入，对通过侵吞公有财产、偷税漏税、权钱交易等获得的各种非法收入坚决依法取缔。

第三，正确处理经济增长与实现居民收入同步增长的关系。随着科学技术的进步和生产力的发展，我国经济迅速发展、质量提升，与此同时，我国居民收入必须同步增长，这就要及时调整居民收入的增长幅度，让居民收入增长的速度适应经济社会发展的速度。当劳动生产率提高时，社会产品量就会相应地增加，社会效益和经济效益也会随之提高，这就要相应地增加劳动者的劳动报酬，让劳动者安心劳动，增强劳动者的获得感和成就感。为此，不仅要扩大就业渠道，拓宽居民就业面，改善就业环境，提高劳动者素质，完善工资增长机制；而且必须做好再分配和第三次分配，缩小收入差距，完善社会保障体系，扶持低收入户增收，加快城镇化建设，为城乡居民的就业与增收提供平等机会。

总之，要以共同富裕为目标，理顺分配关系，鼓励勤劳守法致富，扩大中等收入群体，增加低收入者收入，调节过高收入，取缔非法收入，逐步形成高收入者和低收入者占少数、中等收入者占多数的“两头小、中间大”的分配格局。

本章小结

按劳分配是社会主义个人消费品的分配原则。在社会主义社会，公有制经济占据主体地位，确立了社会主义的经济基础，按劳分配理所当然地成为社会主义的分配原则和社会主义经济制度的重要组成部分。市场经济的存在和发展使得社会主义实践中的按劳分配，在实现形式和内容上具有许多新特点。

在按劳分配为主体的前提下，把按劳分配和按生产要素分配结合起来，是社会主义市场经济发展的必然要求。确立以按劳分配为主体、多种分配方式并存的社会主义初级阶段的分配制度，是由现阶段的所有制结构和市场经济的发展要求决定的。构建初次分配、再分配、第三次分配协调配套的制度体系，是我国在全面建设社会主义现代化国家新征程中，稳定社会预期、推动解决分配中存在的突出问题的目标任务和思路举措，以及迈向共同富裕的改革举措和政策取向。

从有利于生产力发展和共同富裕实现出发，坚持和完善社会主义初级阶段的分配制度，不仅要坚持在发展中保障和改善民生，从完善分配制度上促进共同富裕，还必须处理好提倡奉献精神与落实分配政策的关系、反对平均主义与防止收入悬殊的关系、经济增长与实现居民收入同步增长的关系。

阅读书目

1. 马克思．哥达纲领批判//马克思，恩格斯．马克思恩格斯文集：第3卷．北京：人民出版社，2009.

2. 邓小平．社会主义必须摆脱贫穷//邓小平．邓小平文选：第3卷．北京：人民出版社，1993.

3. 江泽民．在庆祝中国共产党成立七十周年大会上的讲话．北京：人民出版社，1991.

4. 江泽民．正确处理社会主义现代化建设中的若干重大关系//江泽民．江泽民文选：第1卷．北京：人民出版社，2006.

5. 江泽民．全面建设小康社会，开创中国特色社会主义事业新局面//江泽民．江泽民文选：第 3 卷．北京：人民出版社，2006.

6. 中共中央关于全面深化改革若干重大问题的决定．北京：人民出版社，2013.

7. 习近平．不断扩大中等收入群体//习近平．习近平谈治国理政：第 2 卷．北京：外文出版社，2017.

8. 习近平．高举中国特色社会主义伟大旗帜　为全面建设社会主义现代化国家而团结奋斗．北京：人民出版社，2022.

分析与思考

1. 我国现阶段为什么必须实行以按劳分配为主体、多种分配方式并存的分配制度？

2. 如何理解防止两极分化，逐步实现共同富裕？

3. 有人认为，在现阶段，所有非劳动收入都属于剥削收入。这种看法正确吗？

4. 近些年，百万富翁甚至千万富翁屡见不鲜，同时我国仍有一些人口生活比较困难。结合实际，谈一谈如何正确认识我国当前的收入分配状况。

5. 分析材料并回答问题：

材料 1　党的十六大报告在收入分配问题上指出，要“坚持效率优先、兼顾公平”，“初次分配注重效率，发挥市场的作用，鼓励一部分人通过诚实劳动、合法经营先富起来。再分配注重公平，加强政府对收入分配的调节职能，调节差距过大的收入”。

材料 2　党的十七大报告在收入分配问题上指出：“要坚持和完善按劳分配为主体、多种分配方式并存的分配制度，健全劳动、资本、技术、管理等生产要素按贡献参与分配的制度，初次分配和再分配都要处理好效率和公平的关系，再分配更加注重公平。”“逐步提高居民收入在国民收入分配中的比重，提高劳动报酬在初次分配中的比重。”

材料 3　党的十八大报告在收入分配问题上指出：“努力实现居民收入增长和经济发展同步、劳动报酬增长和劳动生产率提高同步，提高居民收入在国民收入分配中的比重，提高劳动报酬在初次分配中的比重。初次分配和再分配都要兼顾效率和公平，再分配更加注重公平。”“规范收入分配秩序，保护合法收入，增加低收入者收入，调节过高收入，取缔非法收入。”

材料 4 党的十九大报告在收入分配问题上指出："坚持按劳分配原则，完善按要素分配的体制机制，促进收入分配更合理、更有序。鼓励勤劳守法致富，扩大中等收入群体，增加低收入者收入，调节过高收入，取缔非法收入。坚持在经济增长的同时实现居民收入同步增长、在劳动生产率提高的同时实现劳动报酬同步提高。拓宽居民劳动收入和财产性收入渠道。履行好政府再分配调节职能，加快推进基本公共服务均等化，缩小收入分配差距。"

材料 5 党的二十大报告在收入分配问题上指出："分配制度是促进共同富裕的基础性制度。坚持按劳分配为主体、多种分配方式并存，构建初次分配、再分配、第三次分配协调配套的制度体系。努力提高居民收入在国民收入分配中的比重，提高劳动报酬在初次分配中的比重。坚持多劳多得，鼓励勤劳致富，促进机会公平，增加低收入者收入，扩大中等收入群体。完善按要素分配政策制度，探索多种渠道增加中低收入群众要素收入，多渠道增加城乡居民财产性收入。加大税收、社会保障、转移支付等的调节力度。完善个人所得税制度，规范收入分配秩序，规范财富积累机制，保护合法收入，调节过高收入，取缔非法收入。引导、支持有意愿有能力的企业、社会组织和个人积极参与公益慈善事业。"

请回答：

（1）我国在收入分配问题上的政策有何变化？

（2）结合我国的改革实际，谈谈应如何正确处理个人收入分配关系？

6. 如何正确对待我国城乡居民的收入差距？

第8章 社会主义市场经济体制

要论提示

- 社会主义市场经济体制是市场经济与社会主义基本制度的结合，只有从市场经济的一般性与特殊性角度，才能揭示社会主义市场经济体制的基本特征。
- 计划和市场是社会资源配置的两种不同方式，只有把两者有机地结合起来，发挥两者的长处，才能更好地发展社会生产力。

关键词　市场经济　社会主义市场经济　计划　市场

在社会化大生产条件下，资源配置主要有计划和市场两种方式。随着我国社会主义经济建设条件的变化，原有的计划经济体制已经越来越不适应现代化建设的需要，严重地束缚了生产力的发展。在经济体制改革中，实现了由计划经济体制向社会主义市场经济体制的转变。建立和发展适合社会生产力发展要求的社会主义市场经济体制，是我国进行社会主义现代化建设的必由之路。

8.1 市场经济的一般性与特殊性

市场经济作为一种资源配置方式，在不同的社会制度下，既有反映自身运行规律的一般性，也有反映基本制度和具体国情的特殊性。

8.1.1 市场经济的一般性

市场经济是商品经济发展到一定阶段才形成和发展起来的。当商品生产和商品交换扩展到全社会范围，以市场为纽带形成广泛的社会分工与经济联系，市场机制在全社会范围内调节生产要素的流动与分配时，商品经济就发展成为市场经济。

市场经济是通过市场机制的作用来配置社会资源的一种经济体制。在这一体制中，社会的生产和交换过程采取商品的形式，用市场形成的价值尺度评价生产者的经济活动，通过价值这种迂回的形式在社会再生产过程中建立起生产者之间的经济联系。整个社会生产什么、生产多少、如何生产以及为谁生产，都主要依靠市场机制的作用来解决。

市场经济是在资本主义制度中形成和发展起来的。但是，产生于资本主义制度中的市场经济并不只是资本主义的“专利”。作为生产力高度发展，特别是社会化大生产发展的产物，市场经济是人类文明进步的结晶，其本身并不具有社会基本制度的属性，不存在姓“社”姓“资”的问题，它能够与不同社会性质的经济结合，既可以存在于资本主义社会，也可以存在于社会主义社会。

由于市场经济自身不具有特定的社会基本制度性质，市场经济运行的一般规律不会因不同国家社会经济制度上的区别而改变。因此，社会主义市场经济体制必然具有与某些其他社会制度下的市场经济体制相同的特征，这就是我们通常所说的市场经济的一般性或共性，正是在市场经济一般性或共性的意义上，社会主义的市场经济“方法上基本上和资本主义社会的相似”①。市场经济的一般特征集中表现在：

（1）一切经济活动都直接或间接地处于市场关系之中，市场是推动生产要素流动和实现资源配置的主要方式。整个社会的经济活动主要靠市场调节，遵循价值规律的要求，适应供求关系的变化，以竞争作为优胜劣汰的有效方式，价格成为反映市场发展状况的经济信号。

（2）企业是市场的主体，具有相对独立的经济利益，面向市场自主经营，依据产品和生产要素价格的变动，自行决定投资方向、投资规模以及调整所使用的各种要素的组合，自负盈亏。市场通过价格杠杆、竞争机制的作用，引导企业把资源配置到效益较好的环节中去，并给企业以动力和压力，实现优胜劣汰。

（3）国家运用各种手段对经济实行宏观调控，弥补市场缺陷，克服市场失灵，引导市场健康发展。但是，政府部门不直接干预企业生产和经营活动，而是运用财政、税收、价格、金融等各种政策手段和经济杠杆，影响和规范企业的经营活动，监控和引导市场运行。

（4）建立了比较严密、完整的法律法规和市场制度，运用法律法规、社会契约和制度规范来约束各种经济行为，维护市场经济运行的正常秩序。

8.1.2 市场经济的特殊性

我国经济体制改革的目标是建立社会主义市场经济体制，就是要使市场在资源配置中起决定性作用，使经济活动遵循价

① 邓小平．邓小平文选：第 2 卷．2 版．北京：人民出版社，1994：236.

值规律的要求、适应供求关系的变化；通过价格杠杆和竞争机制的功能，使资源向效益较好的环节流动和集中，给企业以压力和动力，实现优胜劣汰；运用市场对各种经济信号反应比较灵敏的优点，促进生产和需求的及时协调，同时也要更好地发挥政府的作用。

社会主义市场经济体制是社会主义基本经济制度的重要内容。党的十九届四中全会明确提出，“公有制为主体、多种所有制经济共同发展，按劳分配为主体、多种分配方式并存，社会主义市场经济体制等社会主义基本经济制度，既体现了社会主义制度优越性，又同我国社会主义初级阶段社会生产力发展水平相适应，是党和人民的伟大创造”①。这说明社会主义基本经济制度的内容包括了公有制为主体、多种所有制经济共同发展，按劳分配为主体、多种分配方式并存，社会主义市场经济体制的内容，也说明了社会主义市场经济体制是同社会主义基本制度紧密结合的。

受社会主义基本制度的影响和制约，社会主义市场经济除了具有市场经济的一般性以外，还具有自身的特殊性。社会主义市场经济体制的基本特征主要表现在：

（1）在所有制结构上，坚持公有制为主体、多种所有制经济共同发展。在社会主义市场经济体制中，各种类型的企业都要进入市场，平等地展开竞争。但是，公有制经济是国民经济的主体，国有经济对经济发展起主导作用。

> 我们搞的市场经济，是同社会主义基本制度紧密结合在一起的。如果离开了社会主义基本制度，就会走向资本主义。
>
> “社会主义”这几个字是不能没有的，这并非多余，并非画蛇添足，而恰恰相反，这是画龙点睛。所谓“点睛”，就是点明我们的市场经济的性质。
>
> 资料来源：江泽民．社会主义市场经济体制是同社会主义基本制度结合在一起的//江泽民．论社会主义市场经济．北京：中央文献出版社，2006：202，203.

① 中共中央党史和文献研究院．十九大以来重要文献选编：中．北京：中央文献出版社，2021：280-281.

公有制经济的主体地位和国有经济的主导作用，对社会主义市场经济具有十分重要的意义。由于有了占主体地位的公有制经济和起主导作用的国有经济，国家就能够掌握国民经济命脉和重要的基础产业，就可以从社会的整体利益和人民的根本利益出发，对国民经济进行有效的宏观调控，协调各种利益关系，最大限度地限制市场经济的消极作用，保证国民经济发展的正确方向。

（2）在分配制度上，实行按劳分配为主体、多种分配方式并存，坚持兼顾效率和公平的原则。努力实现居民收入增长和经济发展同步、劳动报酬增长和劳动生产率提高同步，提高居民收入在国民收入分配中的比重，提高劳动报酬在初次分配中的比重。缩小城乡、区域、行业的收入差距，缓解社会分配不公，防止两极分化，以实现共同富裕为最终目标。

在社会主义市场经济体制中，分配关系是市场经济关系的反映，更是生产资料所有制关系的实现。作为社会主义公有制中个人消费品分配的基本原则，按劳分配一方面反映了人们在生产资料占有上的平等关系，另一方面反映了劳动力的个人所有和与此相联系的劳动者之间的等量劳动互换的关系。它既有利于防止两极分化、实现共同富裕，又有利于调动劳动者的积极性和创造性，提高公有制经济的效率。多种分配方式并存则是多种所有制经济共同发展在分配中的实现，它有利于保护要素所有者的合法权益，对于促进资源的合理配置、推动生产力的发展具有积极作用。

（3）在宏观调控上，社会主义国家能够把人民的当前利益与长远利益、局部利益与整体利益结合起来，通过合理确定国民经济和社会发展的战略目标，搞好经济发展预测、总量调控、重大结构与生产力布局规划，集中必要的财力、物力、人力进行重点建设，综合运用经济杠杆，促进经济结构的优化，保持经济总量的基本平衡，引导国民经济持续、快速、健康发展，推动社会全面进步。

由于社会主义市场经济体制存在居主体地位的公有制经济，

国家宏观调控具有更好的制度基础，能够充分发挥社会主义集中力量办大事的长处。它一方面统一协调国家、企业、个人之间的关系以及中央与地方、地方与地方之间的关系，保持宏观经济比例的大体平衡，使市场机制能够比较健康地引导微观经济活动，避免大的失衡，防止社会资源的浪费，降低资源配置的社会成本；另一方面在需要对国民经济进行大的结构性调整时，可以迅速地集中全社会的人力、物力、财力，实现经济发展的要求，避免市场机制自发调节所需要的漫长过程，提高资源配置的效率，使社会主义市场经济的运行比资本主义市场经济更合理、更有效。

南水北调工程

我国华北和西北耕地占全国耕地的60%以上，人口占45%以上，GDP占17.27%（2000年），在全国具有重要的政治和经济地位。华北和西北又是中国严重缺水的地区，水资源总量不到全国的20%，人均水资源量仅为南方水平的1/3。水资源的短缺影响着华北和西北地区的工农业生产和人民生活。实施南水北调工程，解决华北和西北地区的缺水问题，满足该地区持续发展对水资源的基本需要，对我国区域间经济社会协调发展具有重要意义。南水北调工程是一项复杂的、巨大的系统工程，需要巨额的资金、物资和劳动的投入；需要正确处理节水与调水、治污与通水、环保与用水、经济效益与社会效益的关系；需要合理协调调水区、受水区和输水沿线地区之间的利益关系。南水北调工程的实施，又一次证明了邓小平提出的“社会主义同资本主义比较，它的优越性就在于能做到全国一盘棋，集中力量，保证重点”的论断。

我国所处的社会主义初级阶段的基本国情决定了现阶段的社会主义市场经济体制还是不成熟和不完善的，从社会主义市场经济体制的初步建立到逐步完善，是一个长期的发展过程。这是因为，在社会主义初级阶段，社会主义赖以建立的物质技术基础还很薄弱，还没有实现工业化和经济的社会化、市场化、现代化，没有摆脱不发达状态；生产力水平低下，生产社会化程度不高，生产力发展还很不平衡，自然经济和半自然经济还占有相当大的比重，呈现出传统生产方式与现代生产方式并存的二元经济结构。不发达的社会主义决定了不发达的社会主义市场经济。处在社会主义初级阶段的社会主义市场经济体制，无论是市场主体还是市场体系，都带有明显的不成熟性和不完善性。由不发达的社会主义市场经济过渡到发达的社会主义市场经济，需要经历一个相当长的历史发展过程。在这一过程中，既要完成推进传统产业革命以实现工业化的历史任务，又要完成迎头赶上世界新技术革命浪潮以实现经济现代化的历史任务。社会主义初级阶段的双重历史任务向市场配置资源及国家宏观调控提出了新要求，使建立和发展中国特色社会主义市场经济体制面临新的、更大的考验。

理论前沿 关于社会主义市场经济内涵的三种观点：(1) 社会主义市场经济是市场经济与社会主义基本制度相结合的经济体制；(2) 社会主义市场经济应理解为以社会主义为目标的市场经济；(3) 作为一种资源配置方式，并不存在资本主义市场经济和社会主义市场经济的区别。

8.2 计划与市场的有机结合

在社会主义市场经济体制中，市场在资源配置中起决定性作用，但并不排斥计划的作用，只有把计划与市场有机地结合起来，实现计划与市场的优势互补，才能更好地发展社会生产力。

8.2.1 计划和市场都是经济手段

计划和市场是社会化大生产的两种调节手段。计划对经济活动的调节主要是通过政府自觉地将计划指标、经济杠杆和经济政策作用于经济活动来实现的。市场对经济活动的调节主要是通过价格、供求、竞争等市场机制作用于经济活动来实现的。计划调节手段和市场调节手段从不同层面反映了经济规律的作用过程，是政府和市场在经济活动中发挥作用的具体表现，其实质是以社会化大生产为基础的现代市场经济在不同的范围内运行对两种调节手段的客观要求。

从计划和市场各自的含义来说，它们既不是社会主义性质的，也不是资本主义性质的，它们本身不具有特定社会经济制度的属性，而是调节国民经济运行的两种方法或手段。“计划多一点还是市场多一点，不是社会主义与资本主义的本质区别。计划经济不等于社会主义，资本主义也有计划；市场经济不等于资本主义，社会主义也有市场。”① 这就否定了计划经济是社会主义经济的本质表现、市场经济是资本主义的内在属性的传统观念，走出了计划和市场相互排斥对立的认识误区。

资本主义国家的政府干预

罗斯福曾说过这样一段话：“我们必须有真正的共同利益——不仅是这个伟大国家的各个部门之间的，而且也是各个经济单位之间和这些单位中各个团体之间的共同利益，大家都必须一齐动手来制定补救计划，这种计划必须以各种地位不同的人们所享受的共同生活为基础。”按照这一思路，罗斯福在 20 世纪 30 年代初尝试以“新政”为标志的计划试验。

法国政府于 1946 年设立计划总署，并于 1947 年开始实施第一个五年计划；日本政府从 1955 年开始制定长期计划，其中最著名、影响最大的是“国民收入倍增计划”；韩国政府从 1962 年开始制定和实施五年计划，持续 30 年经济高速发展，跻身新型工业化国家行列。

在自由资本主义时期，资本主义经济是在自由竞争的市场机制下进行的。西方国家几乎都把市场那只“看不见的手”奉为圭臬，笃信自由竞争能够“自动推动社会发展”，强调“管得最少的政府是最好的政府”。资本主义进入垄断阶段以后，经济周期性地震荡，危机频繁地爆发，终于在 20 世纪 30 年代酿成世界性的经济危机。由此，国家从市场经济的“守夜人”逐渐转变为经济发展的干预者，开始运用计划手段来调节经

① 邓小平．邓小平文选：第 3 卷．北京：人民出版社，1993：373.

济。政府干预和计划手段的运用在一定程度上缓解了生产社会化和生产资料资本主义私人占有之间的矛盾，减轻了生产无政府状态下经济危机所造成的破坏。但是，国家为实现计划调节建立的宏观调控体系，并没有改变资本主义的基本性质；国家对经济运行的干预，也未能从根本上克服市场机制的缺陷。

我国经济快速发展

1978 年，我国 GDP 只有 1 473 亿美元，到 2017 年超过 12 万亿美元。2000 年，我国 GDP 超过意大利，位居世界第六。2005 年，超过英国和法国，位居世界第四。2008 年超过德国，居世界第三位。2010 年超过日本，居世界第二位，成为仅次于美国的世界第二大经济体。2022 年我国 GDP 超 17.96 万亿美元，稳居世界第二。我国经济总量占世界的份额由 2002 年的 4.4%提高到 2022 年的 18.5%，对世界经济增长的贡献率达 30%。

随着我国经济总量的大幅提高，人均国民总收入（GNI）水平也大幅提升。1978 年我国人均 GNI 只有 190 美元，2001 年突破 1 000 美元，2016 年迈上新的台阶，达到 8 260 美元，2022 年人均 GNI 为 21 250 美元，高于世界平均水平的 20 510 美元。

1978 年，我国外汇储备只有 16 亿美元，2006 年底达到 10 663 亿美元，超过日本成为全球外汇储备最多的国家，2009 年末突破 2 万亿美元，2011 年末突破 3 万亿美元，2022 年达 3.13 万亿美元。外汇储备规模连续多年稳居世界第一位。

资料来源：国家统计局网站和联合国数据库。

我国原有的高度集中的计划经济体制排斥市场对经济活动的调节，生产、分配、交换、消费各个环节主要依靠自上而下的指令性计划来安排。新中国成立初期，在国际上面临经济禁运、封锁和军事威胁，国内用于建设的资金、物资严重匮乏的条件下，这种计划调节手段对恢复国民经济和集中全国的财力、物力、人力，保证重点建设，合理分配资源，建立工业化的初步基础以及稳妥地渡过经济困难时期，迅速地摆脱极端贫困的状态，起过积极的作用。但是，随着经济规模不断扩大、经济联系日益复杂，只采用指令性的计划调节方式，排斥市场手段对经济活动的调节，很难把数以百万计的企业的投入产出以及流通活动合理、紧密、及时地衔接起来，已经越来越不适应日趋复杂的社会生产力发展的需要。

党的十一届三中全会以来，围绕着计划与市场的关系问题，我国经济体制改革从渐进到突破不断深化，实现了由计划经济体制向市场经济体制的根本转变。随着社会主义市场经济体制的初步确立，多元的竞争主体业已形成，宏观调控体系逐步完善，市场已成为资源配置的基础性手段，市场机制在大多数经济领域起着调节作用，与社会主义市场经济发展要求相适应的计划调节手段在经济运行中也发挥着重要的作用。市场取向的经济体制改革使整个国民经济充满了生机和活力。改革开放的40多年，是新中国成立后我们国家经济发展最快、综合国力增长最快的时期之一，是人民生活水平提高得最快、人民得到实惠最多的时期，充分显示了社会主义制度的优越性。

> 中国最终毕竟找到了适合自己发展的道路，那就是将社会主义和市场机制巧妙地结合起来。从1978年中国开始进行改革以来，正是社会主义的市场经济战略使这个大国取得了举世瞩目的巨大成就。中国简直就是一个宇宙，而中国近年来改革和开放取得的成就就是一个最典型的宇宙之谜。
>
> ——帕韦列斯库
>
> 资料来源：帕韦列斯库．中国的改革与开放．晨报（罗马尼亚），1994-09-30.

资本主义由排斥计划到接受计划、社会主义由排斥市场到接受市场的历史实践证明，无论是社会主义还是资本主义，都可以运用计划和市场这两种经济手段调节国民经济运行，在不同的国家和经济发展的不同阶段，计划多一点还是市场多一点，不是判断社会经济制度的标志，也不是社会主义与资本主义的本质区别。一切应该以社会资源配置是否合理和社会生产力是否得到更快更好发展为准则。

8.2.2 正确处理计划与市场的关系

建立和发展社会主义市场经济体制，使市场成为调节经济运行的机制，并不排斥计划的作用。相反，在社会主义市场经济体制中，只有将计划和市场有机地结合起来，让它们各自发挥作用，使之优势互补、相辅相成，才能实现资源的最优配置。

在经济运行中把计划与市场结合起来，是建立在社会化大生产基础之上的市场经济发展的客观要求，是保证国民经济持续稳定协调发展的基本条件之一，是当代世界经济发展的共同趋势。从资本主义有计划和社会主义有市场的现实来看，计划与市场作为两种调节手段，都不是万能的，它们具有各自的长处和发挥作用的优势领域，也有自己的局限和不足，如何把计划和市场两种调节手段的长处有机结合起来，是一个重大的理论课题和实践课题。而全面认识计划与市场各自具有的特点，是运用好两种调节手段和实现两者有机结合的基本前提。

我国从 1953 年开始制定并实施五年计划和各类专项计划及长远规划，并通过年度计划及各种调节手段的配合，力求使中长期计划得以具体付诸实现。目前，我国正在实施国民经济和社会发展第十四个五年规划。计划手段的运用，对我国的经济和社会的进步，对生产力的发展，起到了很大的推动作用。

计划作为调节经济活动的手段，主要是国家通过制定和组织实施经济发展战略和社会经济发展计划，指导和调控社会经济的发展，自觉地实现社会总劳动按比例分配。通过计划调节经济活动的长处主要表现在：（1）国家从经济运行的长远和全局出发，对经济总量进行控制，以保持社会总供给和总需求之间的平衡，保证国民经济的协调运行。（2）国家通过经济预测，规定国民经济发展目标，制定社会经济发展战略，对生产力布局进行调整，促进经济结构优化，提高资源配置效率，增强国民经济整体竞争力。(3) 国家通过调节社会收入分配，规范经济主体行为，促进公平竞争，保证社会公正，推进经济和社会协调发展。

但是，由于受到信息条件和利益关系的制约，计划对微观经济活动的调节往往缺乏效力。计划的不足之处主要表现在：（1）计划难以准确把握种类繁多、复杂多变的社会需求，难以从消费品需求推算出生产品需求进而推算出资源需求，对及时调节个量资源配置力所不及，容易产生供给与需求之间的脱节。(2) 计划难以协调微观经济主体之间的经济利益关系，难以消除整体经济利益与企业经济利益的冲突，微观经济主体的利益容易受到损害，结果导致企业因缺乏足够的动力而技术进步缓慢和生产效率低下。因此，在市场经济运行中，计划发挥作用的优势是在宏观经济领域，对经济总量、经济结构和宏观经济运行的调控更为有效。

市场之所以会出现失灵现象，是因为没有人对市场负责。资源配置的决定是由成千上万不同的企业做出的，从而造成了重复生产和无效率。

政府的显著特征——拥有全体的社会成员和强制力——使政府在纠正市场失灵方面具有某些明显优势。

——斯蒂格利茨

资料来源：斯蒂格利茨．政府为什么干预经济：政府在市场经济中的角色．北京：中国物资出版社，1998：64－74.

市场对经济活动的调节是按照市场价格波动显示的产品稀缺度，引导各个微观经济主体将资本从市场价格低的部门转移到市场价格高的部门，自发地形成社会资源的配置。市场调节经济活动的长处主要表现在：(1) 调节资源在社会各部门之间的合理分配，引导经济活动遵循价值规律的要求，适应供求关系的变化，按照市场需要优化生产要素组合，把社会资源配置到效率较高的环节中去。(2) 发挥竞争机制的作用，迫使企业不断改进技术，改善经营管理，节约劳动时间，提高劳动生产率，进而推动整个社会生产力的发展。(3) 实行优胜劣汰，给微观经济主体以压力和动力，提高企业的市场竞争力，增强企业的市场应变能力和开拓进取的活力。

但是，由于企业是在自身利益驱动下对市场信号做出反应的，因而市场的作用具有自发性、盲目性和滞后性的功能缺陷。市场的不足之处主要表现在：(1) 市场机制的自发作用容易造成经济总量的失衡。单个分散的市场主体只是从微观局部利益出发，对市场信号做出反应，实现供求总量平衡和经济结构调整是一个长期、反复的过程，往往要付出巨大的代价，更难以避免资源的浪费。(2) 市场规律的作用会引起贫富差距的扩大，甚至出现两极分化，难以实现社会公平和共同富裕，容易造成社会不稳定因素的增长。（3）市场对于解决生态平衡、环境保护等问题显得无能为力，如果听任市场的自发作用，反而可能给生态环境和外部经济带来害处。因此，市场发挥作用的优势是在微观经济领域，对微观经济主体的行为能够进行有效的调节。

近年来，我国区域结构不断优化。中西部地区加快发展，经济总量占全国的比重持续上升，区域发展平衡性显著增强。2022 年，中部和西部地区生产总值分别达到 26.7 万亿元、25.7 万亿元，占全国的比重由 2012 年的 21.3%、19.6% 提高到 2022 年的 22.1%、21.4%。特别是人均地区生产总值，东部与中部、西部地区之比分别从 2012 年的 1.69、1.87 缩小至 2022 年的 1.50、1.64。主体功能区建设初见成效，西部大开发、振兴东北老工业基地、促进中部地区崛起等区域发展战略向纵深推进，区域间产业梯度转移步伐加快，中西部地区发展潜力不断释放。2022 年，我国全社会固定资产投资 579 556 亿元，比上年增长 4.9%。固定资产投资（不含农户）572 138 亿元，增长 5.1%。在固定资产投资（不含农户）中，分区域看，东部地区投资增长 3.6%，中部地区投资增长 8.9%，西部地区投资增长 4.7%，东北地区投资增长 1.2%。

资料来源：国家统计局网站。

根据计划和市场各自具有的适应范围、长处和短处，针对不同时期、不同领域和不同地区的情况，采用不同的手段和方法，充分发挥计划和市场的长处，实现两种调节手段的优势互补，扬长避短，就能够更好地发展社会生产力。这也是建立和发展社会主义市场经济体制的内在要求。

实现计划与市场的优势互补，要求从计划与市场的内在统一上实现两者的有机结合。作为经济手段，计划和市场的作用都是覆盖全社会的，调节经济活动都是为了实现资源的优化配置。作用的范围和目标的一致性，决定了计划与市场对经济活动的调节作用不是相互独立的，而是交叉渗透和相辅相成的。一方面，市场在资源配置中起决定性作用，整个经济运行都是围绕着市场展开的，计划的制订、实现和检验要以市场为基础；另一方面，市场机制又是受国家宏观调控的，计划要引导市场、培育市场和调控市场，市场必须接受计划的引导、校正、补充和规范。

随着社会主义市场经济体制的逐步完善，政府则采用市场经济手段而不是计划经济手段调节经济。一般来说，凡是能够由市场来解决的问题，政府就不再进行干预，政府干预的范围应限于市场机制失灵的领域。具体地说，计划经济手段主要是拟订经济发展战略和发展规划，制定产业政策和价格政策，监测和调节国民经济运行，搞好经济总量平衡，优化重大经济结构，安排国家重大建设项目等，而行政审批职能和微观管理事务将明显收缩。

本章小结

市场经济是在资本主义制度中形成和发展起来的，但其本身并不具有社会基本制度的属性，能够与不同社会性质的经济结合。

社会主义基本经济制度包括公有制为主体、多种所有制经济共同发展，按劳分配为主体、多种分配方式并存，社会主义市场经济体制的内容。

社会主义市场经济既有市场经济的一般性，又反映了社会主义经济制度和具体国情的特殊性。

计划和市场都是资源配置的手段。在社会主义市场经济体制中，只有将计划和市场有机地结合起来，让它们各自发挥作用，使之优势互补、相辅相成，才能实现资源的最优配置。

阅读书目

1. 邓小平．社会主义也可以搞市场经济//邓小平．邓小平文选：第 2 卷．2 版．北京：人民出版社，1994.

2. 邓小平．计划和市场都是发展生产力的方法//邓小平．邓小平文选：第 3 卷．北京：人民出版社，1993.

3. 邓小平．社会主义和市场经济不存在根本矛盾//邓小平．邓小平文选：第 3 卷．北京：人民出版社，1993.

4. 邓小平．在武昌、深圳、珠海、上海等地的谈话要点//邓小平．邓小平文选：第 3 卷．北京：人民出版社，1993.

5. 中共中央关于建立社会主义市场经济体制若干问题的决定//中共中央文

献研究室．十四大以来重要文献选编：上．北京：人民出版社，1996.

6. 江泽民．全面建设小康社会，开创中国特色社会主义事业新局面//江泽民．江泽民文选：第3卷．北京：人民出版社，2006.

7. 胡锦涛．坚定不移沿着中国特色社会主义道路前进 为全面建成小康社会而奋斗．北京：人民出版社，2012.

8. 中共中央关于全面深化改革若干重大问题的决定．北京：人民出版社，2013.

9. 中共中央关于坚持和完善中国特色社会主义制度、推进国家治理体系和治理能力现代化若干重大问题的决定//中共中央党史和文献研究院．十九大以来重要文献选编：中．北京：中央文献出版社，2021.

10. 习近平．高举中国特色社会主义伟大旗帜 为全面建设社会主义现代化国家而团结奋斗．北京：人民出版社，2022.

分析与思考

1. 在确立社会主义市场经济体制的改革目标时，为什么我们一方面要形成抽象意义上的市场经济体制性范畴，另一方面又强调市场经济体制必然要与社会主义基本制度结合在一起？联系我国经济体制改革的实际，谈谈应该怎样全面正确认识社会主义市场经济。

2. 如何理解计划经济不等于社会主义，市场经济不等于资本主义？为什么说计划与市场两种调节手段相结合，是建立和发展社会主义市场经济体制的内在要求？

3. 分析材料并回答问题：

材料 学者甲：以前支援西部地区主要是给钱、给物或援建几个项目，现在应改变思想，不仅要“输血”，还要“造血”。

学者乙：西部有自然资源，但缺乏经济建设和社会发展所亟需的专业技术人才，东部的情况则是人才相对较多，自然资源相对缺乏，这说明我国资源配置尚未达到最优状态。

学者丙：西部地区的发展不能走传统工业化路子，要将经济效益与生态效益很好地结合起来，注意保护好西部地区原已脆弱的生态环境，做到持续发展。

学者丁：政府应制定区域经济协调发展战略，运用国家计划手段，采取各种措施，缩小各地区之间经济发展水平的差距，使区域经济能够保持协调发展。

请回答：

（1）从建立和完善社会主义市场经济体制的角度分析学者甲和学者乙的观点。

（2）根据学者丙和学者丁的观点，分析宏观调控在实施西部大开发战略中的作用。

（3）在西部大开发中应该如何处理计划与市场的关系？

4. 分析材料并回答问题：

材料 1 改革开放以来，我国大幅减少指令性计划，总体上实行指导性计划。到2004年，已全部取消了农业生产领域的指令性计划，工业指令性计划产品也由1980年的120种减少到12种，仅占全国工业总产值的4.1%。

材料 2

年份	1952	1965	1978	2002	2011	2017
中国GDP（亿元）	679	1 716	3 624	102 398	471 564	827 122
中国人均GDP（元）	119	240	379	7 999	35 083	59 261

材料 3 近40年来，我国的GDP总量占世界的比重大幅提升。我国经济对世界经济的贡献率（当年各国GDP增量与世界GDP增量之比）也大幅提升。1978年，我国经济对世界经济的贡献率为2.3%，与美国相差35个百分点，与日本相差15.9个百分点，与欧元区相差13.6个百分点。到2006年，我国经济对世界经济的贡献率已上升到14.5%，仅次于美国（22.8%）居第二位，比欧元区高1.4个百分点，比日本高6.7个百分点。2008年国际金融危机爆发以来，在世界主要经济体增长明显放缓甚至面临衰退时，我国经济依然保持了相当高的增速并率先回升，成为带动世界经济复苏的重要引擎。我国经济总量占世界的份额由2002年的4.4%提高到2022年的18.5%，对世界经济增长的贡献率达30%，超过美国、欧元区和日本贡献率的总和。

材料 4 1978年，我国GDP只有1 473亿美元，到2017年超过12万亿美元。2000年，我国GDP超过意大利，位居世界第六，是美国GDP的12.3%，是日本GDP的25.7%，是德国GDP的63.1%，是英国GDP的83.1%，是法国GDP的90.2%。2005年，我国GDP超过英国和法国，位居世界第四，是美国GDP的18.1%，比2000年提高5.8个百分点；是日本GDP的49.3%，接近一半，比2000

年提高了近1倍；是德国GDP的80.5%，比2000年提高17.4个百分点。自2010年起我国GDP超过日本，居世界第二位，成为仅次于美国的世界第二大经济体。

随着我国经济总量的大幅提高，人均国民总收入（GNI）水平也大幅提升。1978年我国人均GNI只有190美元，2001年突破1 000美元，2016年又迈上新的台阶，达到8 260美元。2022年人均GNI为21 250美元，高于世界平均水平的20 510美元。

请回答：

（1）根据材料，说明我国经济运行发生了什么重大变化。

（2）结合我国经济体制改革的实践，谈谈确立社会主义市场经济改革目标的意义。

5. 分析材料并回答问题：

材料 刘国光认为：当前，国内有一种错误的认识在广为流传，那就是把“计划”一词完全贬义化。有些人主张什么都应该市场化，根本不需要计划，不需要宏观调控，政府只要充当“守夜人”就可以了。这种过度摒弃计划的泛市场化观念，很不正常，也是错误的。

计划经济不能完全解决微观效率和企业激励问题。经过对中外经验的反复思考和研究，逐渐看到了市场经济的作用，形成市场取向改革的信念。市场经济作为资源配置的主要方式，是历史的必由之路。

但在“皈依”市场取向改革信念的同时，不能迷信市场。应当重视价值规律，但不要认为价值规律本身就能把一切事情管好，并把一切事情交给市场去管。

请回答：

为什么说计划与市场两种调节手段相结合是建立和发展社会主义市场经济体制的内在要求？

第9章 社会主义市场经济的运行基础

要论提示

● 企业、农户、居民是微观经济主体，市场是运行载体，它们共同构成了社会主义市场经济的运行基础。

● 完善中国特色现代企业制度是国有企业改革的方向。对国有经济进行布局优化和结构调整，形成以管资本为主的国有资产监管体制，是经济体制改革的重大任务。

● 充分发挥市场对资源配置的功能和作用，必须建立统一开放、竞争有序的市场体系和公平竞争、讲求诚信、依法行事的市场秩序。

关键词

微观经济主体　国有企业　市场机制　市场体系　市场秩序

在社会主义市场经济条件下，无论是生产者的生产经营行为，还是居民的个人消费行为，都是通过市场进行的。社会主义市场经济的运行既需要完善的市场主体，又需要完善的市场机制、市场体系和良好的市场秩序。

9.1 社会主义市场经济的微观基础

在微观经济运行中，生产经营者作为商品、劳务的供给者或生产要素的需求者，根据市场信号，自主进行经济决策，在生产和销售中获取收益；居民作为产品或劳务的消费者或生产要素的供给者，自主确定收入的使用方向及储蓄和消费的比例，在市场活动中获取相应的商品和服务。分析微观经济活动主体的经济行为，就是分析生产经营者与居民的经济行为及其对市场经济运行的影响。

9.1.1 微观经济主体的构成

在我国现阶段，生产经营者包括各类企业和农户。因此，企业、农户、居民构成了我国社会主义市场经济的微观运行主体。

企业是生产商品和劳务以获取利润的社会基本经济单位。从现代企业的一般特征看，企业是在内部分工协作的基础上，自主经营、自负盈亏的生产经营单位，是具有独立的法人产权，可以自由支配、使用和处置自己所经营的财产，并独立承担财产经营风险和责任的经济实体。

从法律角度对企业财产组织制度和资本组织形式进行界定，可以将企业分为业主制、合伙制、公司制三种类型。

业主制企业是个人所有、独立决策、盈亏自负的独资企业。它在法律上是自然人企业，出资者个人要以自己的全部财产承担企业财产的无限责任。它可以由业主自己经营管理全部业务，也可以雇用他人进行生产和销售。业主制的优点是：所有权与经营权归于一体，企业开业、关闭手续简单，经营灵活，决策迅速，利润独享，动力比较充分。业主制的缺点是：企业是与出资者个人直接联系在一起的，企业本身不是法人实体，没有独立的生命力，一般存续时间较短；企业承担无限责任，风险较大，信誉程度较低；企业的规模较小，综合实力较弱，不利于技术进步，缺乏竞争力。通常单人业主制企业的数量在一国企业总量中所占比重最大。

合伙制企业是两个人以上共同出资、共同经营、共负盈亏的企业。它在法律上也是自然人企业，合伙人对企业债务负有无限连带责任。它可以由所有合伙人共同经营，也可以由部分合伙人经营。合伙制的优点是：资本来源和筹资渠道增加，能够筹集到较多的资本，有利于扩大企业规模，提高企业信誉程度；多人出资使企业风险相对分散，无限连带责任使合伙人比较关心企业的经营状况。合伙制的缺点是：无限连带责任使各出资人的风险程度仍然较高，企业的稳定性较差；合伙人与经营者合一，财产委托关系缺位，容易造成决策延误，降低管理效率。在现实经济中，合伙制企业的数量较少，规模较小，主要分布在农业、零售商业、服务业等行业。

公司制企业是依照《中华人民共和国公司法》（简称《公司法》）组建、设立、管理、经营的企业组织。公司是一个法人企业，以法人的名义享有民事权利，承担民事责任。公司制具有两个突出的特点：（1）有限责任制度，股东以出资额为限对公司的债务承担有限责任，公司法人以其全部财产为限对公司的债务承担责任，这使得公司风险大大降低，有利于筹集到大量资本。（2）公司治理结构实现了出资人所有权与

企业类型的发展

工场手工业时期及机器大工业初期，通行的是独资经营的业主制企业。随着机器生产逐步取代手工生产，仅靠私人单独出资已经不足以兴办更大规模的企业，从而产生了合伙制企业。当机器大工业获得了全面的发展，出现了大规模的铁路建造和使用汽船的海运业时，大生产需要远远超过合伙企业所能集中的资本，于是出现了具有法人地位和承担有限责任的公司制企业。

法人财产权的分离以及法人财产权与经营权的分离，形成了保障股东权益和企业有效经营的激励和约束机制。公司制是同社会化大生产和现代市场经济相适应的企业制度，是发达的市场经济中占主导地位的企业组织形式。

公司制企业主要有有限责任公司和股份有限公司两种形式。有限责任公司是指不通过公开募股，而由为数不多的股东集资组成的企业法人组织。我国《公司法》规定，有限责任公司由一个以上五十个以下股东出资设立。有限责任公司的基本特征是：公司的资本不分为等额股份；公司向股东签发出资证明，不发行股票；公司股份的转让有严格限制；股东按其出资比例享受权利并承担义务。我国《公司法》规定，设立股份有限公司，应当有一人以上二百人以下为发起人，其中应当有半数以上的发起人在中华人民共和国境内有住所。它的基本特征是：公司的全部资本分为等额股份；公司向股东发行股票，经过审定批准，公司的股票可以上市交易；股东以其持有的股票，享受权利和承担义务。

家庭承包经营中的农户是独立地进行生产经营和效益核算的基本经济单位。在履行承包合同的前提下，农户拥有进行日常生产经营活动的充分自主权，根据自身经济技术状况和市场供求变化安排生产经营活动，按市场规则进行运作，劳动成果在纳税和集体提留后归农户所有。

农户在统分结合的双层经营体制下分散经营。在坚持耕地集体所有的前提下，农户对耕地的使用权和经营权长期不变；通过承包合同的契约形式，集体和承包者之间建立了明确的责权利关

1980 年 5 月 31 日，邓小平同中央负责工作人员谈话指出：农村政策放宽以后，一些适宜搞包产到户的地方搞了包产到户，效果很好，变化很快。有的同志担心，这样搞会不会影响集体经济。我看这种担心是不必要的。我们总的方向是发展集体经济。……可以肯定，只要生产发展了，农村的社会分工和商品经济发展了，低水平的集体化就会发展到高水平的集体化，集体经济不巩固的也会巩固起来。关键是发展生产力，要在这方面为集体化的进一步发展创造条件。

资料来源：中共中央文献研究室．邓小平思想年谱：1975—1997. 北京：中央文献出版社，1998：158.

系，实现了所有权和经营权的分离；农户自主决策、自主经营、独立核算、自负盈亏，具有自我积累、自我发展的能力，成为独立的微观经济活动主体。

随着农村经济的发展，特别是农业现代化进程的加快，农户进入市场的组织化程度不断提高，社会化的分工协作体系将逐步取代家庭式的自然分工方式，适度规模经营将取代小规模分散经营，产销一体化的大农业生产方式将取代自产自销的小农经济生产方式，农户的生产经营方式将实现历史性跨越。

居民是以劳动力、资金的供给者和产品、服务的需求者的身份进入市场，能够独立做出决策的个人群体。在市场经济条件下，居民既是消费者，又是某些生产要素的所有者。作为消费者，居民在家庭预算约束下，自主决定消费和储蓄比例，选择消费品组合，以获得尽可能大的效用满足；作为生产要素的所有者，居民自主决定投资和就业方向，自行选择生产要素的合理投入，以获得尽可能多的收入。

在经济活动中，居民首先要通过从事商品生产或服务取得收入，居民获取收入的经济行为要受社会经济制度、经济体制及各种相关因素的制约。在社会主义初级阶段，所有制结构和分配结构的多元化决定了居民收入来源的多样性，居民除了劳动收入以外，还有各种非劳动收入。居民在获得收入后，会按照一定比例进行消费、储蓄，根据其可支配收入的数量，确定储蓄在收入中的比例及储蓄的具体形式，决定消费水平、消费结构和消费方式。

9.1.2 微观经济主体的联系

企业、农户和居民作为微观经济主体，其相互联系的纽带是市场。企业与农户进入市场购置生产要素和销售产品，居民进入市场提供生产要素和获得消费品，各个经济主体通过市场彼此发生经济联系，从各自的需要出发进行交换活动，通过交换满足彼此的需要。因此，微观经济主体的经济利益是通过市场交换来实现的，市场的本质是人们交换关系的总和。

市场交换既取决于各经济主体的经济行为，又会对各经济主体的经济行为产生调节作用。价格变化、供求变化及市场竞争都会直接影响到各经济主体的利益关系，引导企业、农户和居民随着利益关系的变化而不断调整自身的经济行为。市场机制对经济活动的调节作用，不是在市场以外的力量的推动下形成的，而是内生于市场活动本身，由价格、供求、竞争等各种市场因素相互联系、相互作用所形成的。只要存在市场经济活动，市场机制就会对各个微观经济主体发挥调节作用。

我国的价格体制改革

改革开放以来，我国的价格体制改革经历了由高度集中的计划价格体制到市场价格体制的转变过程。这一过程有四次大的转折：第一次是从 20 世纪 70 年代末到 80 年代中期，由高度集中的计划价格体制转变为“计划价格为主、自由价格为辅”的价格体制。第二次是从 80 年代中期到 90 年代初，确立了“混合价格”的体制，即国家统一定价、浮动价格、自由价格并存，少数商品和劳务实行计划价格，多数商品和劳务实行浮动价格。第三次是在 1992 年到 2002 年，确立了市场价格体制的目标模式，提出建立由市场形成价格为主的价格机制。第四次是 2002 年至今，进一步完善主要市场决定价格的体制和政府对价格的管理调控体系，政府定价范围主要限定在重要公用事业、公益性服务、网络型自然垄断环节，提高透明度，接受社会监督。

市场形成价格的机制的主要内容是：经营者是价格形成的主体，竞争是价格形成的条件，价格形成的主要依据是市场供求，价格形成的基本形式是经营者自主定价，价格机制运行的基础是统一开放的市场体系和公平竞争的市场秩序。

市场机制是指市场经济运行中各种市场要素之间相互制约、互为因果的联系和作用。它主要包括价格机制、供求机制和竞争机制。

价格机制是市场竞争中商品价格变动与商品供求关系变动之间的有机联系。它是在市场基本关系中自发形成的内在运行机制。在足够的竞争条件下，市场价格由供求关系决定，随供求关系变动而变动，自动、灵敏地反映着各种经济资源的相对稀缺程度。价格机制的作用具体表现为：调节社会资源配置，促进企业改进技术和改善经营管理；调节消费结构和消费方式；调节社会物质利益分配。

供求机制是市场上商品的供求关系同价格、竞争等其他市场要素的变化之间的有机联系。供求机制反映了资源的稀缺状况，是市场自发作用的结果。供求机制的作用具体表现为：直接影响商品的市场价格，决定市场主体在竞争中的地位，调节商品的生产和消费。

竞争机制是竞争同商品的供求关系、价格变化和生产要素流动之间的有机联系。在市场经济条件下，竞争是市场主体为了生存和发展，对经济利益展开的争夺，它既包括生产者之间为追求利润最大化而展开的竞争，也包括消费者之间为实现效用最大化而展开的竞争，还包括生产者与消费者之间为维护各自的利益而展开的竞争。竞争机制的作用具体表现为：促进劳动生产率的提高，促进资源的优化配置，促进市场主体的分化。

9.2 完善中国特色现代企业制度

市场经济的运行需要完善的市场体系和市场机制，更需要完善的市场主体。在我国，进一步深化国有企业改革需要完善中国特色现代企业制度，形成以管资本为主的国有资产监管体制，增强国有经济竞争力、创新力、控制力、影响力、抗风险能力，做强做优做大国有资本和国有企业。

9.2.1 中国特色现代企业制度及其特征

国有企业是重要的微观经济活动主体，控制着国家的经济命脉，是发展社会生产力、推进国家现代化、保障人民共同利益的重要力量。探索国有企业建立和完善现代企业制度的方法和途径，开创国有企业改革和发展的新局面，是发展社会化大生产的必然要求，也是建立和完善社会主义市场经济体制的客观需要。

党的二十大报告指出，要“完善中国特色现代企业制度，弘扬企业家精神，加快建设世界一流企业”[①]。我国企业改革发展的重要方向就是完善中国特色现代企业制度。所谓现代企业制度，就是以企业法人财产权为基础、以法人治理结构为核心、以有限责任为特征的股份公司制度，是同社会化大生产和市场经济相适应的企业组织形式和管理制度。概括地说，现代企业制度的基本特征是产权清晰、权责明确、政企分开、管理科学。

深化国资国企改革，提高国企核心竞争力

要坚持分类改革方向，处理好国企经济责任和社会责任关系，健全以管资本为主的国资管理体制，发挥国有资本投资运营公司作用，以市场化方式推进国企整合重组，打造一批创新型国有企业。要完善中国特色国有企业现代公司治理，真正按市场化机制运营，加快建设世界一流企业。

资料来源：习近平．当前经济工作的几个重大问题．求是，2023（4）．

（1）产权清晰是指出资者拥有的财产所有权和企业拥有的法人财产权具有明确的界定。国有企业中的国有资产所有权属于国家，企业拥有包括国家在内的出资者投资形成的全部法人财产权，成为享有民事权利、承担民事责任的独立法人实体。国有企业出资者所有权和法人财产权的明确界定，为理顺国家与企业之间的产权关系提供了法律依据。首先，国家作为出资者对国有资产具有所有权，其他任何人（包括法人）都不能对国有资产行使所有权，所有者必须明确并且真正到位。其次，企业拥有包括国家在内的出资者投资形成的全部法人财产权。这种法人财产权具有独立于出资者的法律地位，它不仅包括企业对自己法人财产的所有权，还包括经营权、使用权、收益权和处分权。

（2）权责明确是指所有者的权责和经营者的权责有明确的划分和规定。企业以其全部法人财产，依法自主经营，自负盈亏，照章纳税，对出资者承担资产保值、增值的责任。出资者按投入企业的资本额享有所有者权益，即资产受益权、重大决

① 习近平．高举中国特色社会主义伟大旗帜　为全面建设社会主义现代化国家而团结奋斗．北京：人民出版社，2022：29.

策权和选择管理者等的权利；当企业发生资不抵债而被宣告破产时，出资者仅以投入企业的资本额为限对企业债务负有限责任。企业的经营者执行企业所有者的决议，主持企业的日常经济活动，按照企业章程规定的权限行事。

（3）政企分开是指政府作为行政组织和企业作为经济组织的职责分开。企业作为商品生产者和经营者，按照市场需求组织生产经营活动，以提高劳动生产率和经济效益为目的，并在竞争中优胜劣汰；政府作为社会经济管理者，从事社会行政管理和对整个社会经济活动进行管理，不直接干预企业的生产经营活动。政府调控企业主要运用财税、金融、法律手段，建立健全社会保障体系，减轻企业的社会负担，让企业致力于发展经济，增强经济实力。

（4）管理科学是指建立科学的企业领导体制和组织管理制度。企业管理要以效率为中心，以发挥劳动者和科学技术的作用为重点，注重调节所有者、经营者和职工之间的关系，形成激励和约束相结合的经营机制，适应市场经济发展的要求，集聚和优化社会资源，不断开发、生产适应市场需求的商品。企业要按照市场经济的内在要求，重点完善和严格内部的经营管理，建立科学、规范、符合市场经济要求的管理体制，实行全员全过程管理，提高企业的科学管理水平。

国有企业建立现代企业制度，在借鉴其基本原理的同时，还必须体现中国特色。中国特色现代企业制度，“特”就特在党的领导，必须把党的领导融入公司治理各环节，做到组织落实、干部到位、职责明确、监督严格。这种制度安排是对现代企业制度的重大创新。因此，完善中国特色现代企业制度，关键是要将党的领导与公司治理相结合，通过强化制度建设，使党的领导与公司治理高度统一、有机融合。

把党的领导融入公司治理各环节、把企业党组织内嵌到公司治理结构之中，是符合我国基本国情和国有企业具体实际的，是现代企业制度中国化的有益探索。

一方面，中国特色现代企业制度突破了西方传统现代企业制度的理论限制。自党的十四届三中全会明确建立现代企业制度是国有企业改革的方向后，党中央十分重视现代企业制度的建立与完善，特别是新时代以来，强调完善中国特色现代企业制度要坚持“两个一以贯之”，即坚持党对国有企业的领导是重大政治原则，必须一以贯之；建立现代企业制度是国有企业改革的方向，也必须一以贯之。

另一方面，中国特色现代企业制度完善了社会主义市场经济的微观主体，形成了混合所有制的新型微观主体。公有制经济和非公有制经济都是社会主义市场经济的重要组成部分，都是我国经济社会发展的重要基础，既平等竞争、比学赶超，又优势互补、相得益彰，形成了产业链、供应链上中下游的深度协同，共同组成了社会主义市场经济的微观主体。

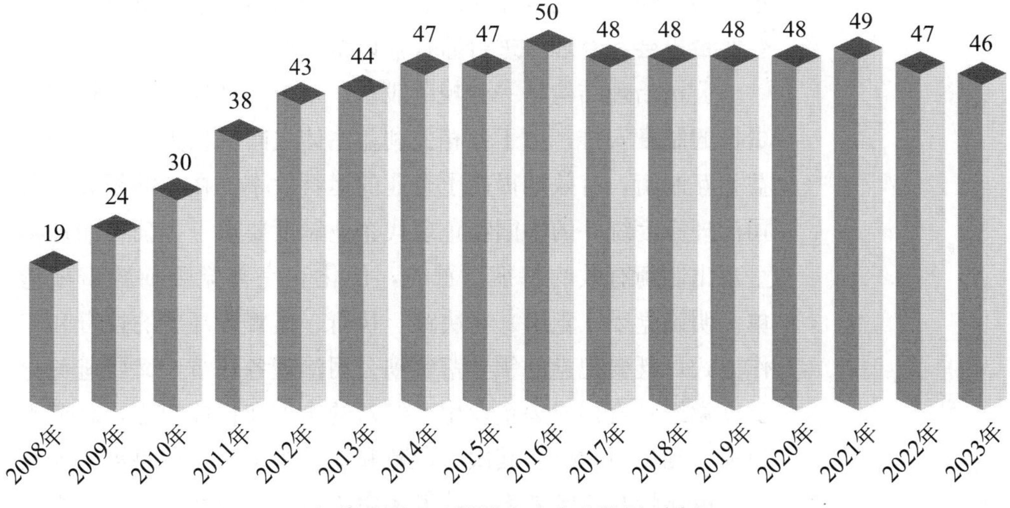

入选世界 500 强的中央企业数量（家）

资料来源：国务院国有资产监督管理委员会网站。

中国特色现代企业制度要求形成有效制衡的现代企业治理机制、灵活高效的现代企业经营机制、激励相容的现代企业激励机制、监督适宜的现代企业监管机制等制度体系，保障和实现我国企业向世界一流企业迈进。其中，权责法定、权责透明、协调运转、有效制衡的公司治理机制是完善中国特色现代企业制度的关键所在。

在现代公司制企业中，公司的管理体制由股东会、董事会、监事会和经理层组成。股东会是公司的最高权力机构，股东会选聘董事组成董事会，股东将公司的法人财产交由董事会托管。董事会是公司的经营决策机构，负责制定或审定公司的战略性决策并检查其执行情况，拥有对高级经理人员的聘用、奖惩以及解雇权。监事会是公司的监督机构，行使监督董事和高级经理人员的权力，以保障股东权益不受损害。总经理和部门经理组成的经理层是公司决策的执行机构，公司经理人员在作为股东的代理人行使权力和承担财务责任时受到公司章程的严格限制。

股东会与董事会是委托托管关系，董事会对股东会负责；董事会与经理层是委托代理关系，经理层对董事会负责；监事会对董事会和经理层进行监督，以维护股东权益。

公司治理结构是一种规范股东、董事和经理之间的权力与责任的制度安排，由于各相关利益主体之间的权力、责任和利益相互制衡，有效地提高了企业的运行效率。在党的领导与公司治理高度统一的中国特色现代企业制度要求下，公司治理将呈现出制衡有效的特征。首先，优化和完善党委前置事项清单。明确党委（党组）在决策、执行、监督各环节的权责和工作方式，既要把党的领导落实到公司治理各环节，又要避免党委（党组）直接成为企业生产经营的决策和指挥中心，总揽不包揽、到位不越位。其次，规范和促进董事会科学决策。要兼顾决策质量与决策效率，统筹考虑决策事项的性质特点、重要程度、频率频次与数量金额，梳理明确董事会职权事项，合理确定董事长与总经理权责界面，避免同一范围主要人员对同一事项重复研究。最后，支持和保障经理层履职行权。加强经理层成员任期制和契约化管理，吸引更多优秀人才参与国有企业公司治理。

公司治理的基本层面

1. 制度层面，包括各国的法律体制和政府监管。
2. 市场层面，包括劳动力、产品、管理者与金融资本融合发展的情况。
3. 公司层面，包括公司组织结构、股权结构和管理架构。

资料来源：鲁桐．国际公司治理发展趋势．中国金融，2014 (6).

9.2.2 健全管资本为主的国有资产监管体制

在新发展阶段，混合所有制改革应着力完善管资本为主的国有资产监管体制，聚焦管好资本布局、规范资本运作、提高资本回报、维护资本安全的总体目标，构建以管资本为主的“国资委-国有资本投资运营公司-国家参与出资的实体企业”国资监管体系，借助国有资本投资运营公司清晰区分国资委统一监管职能和出资人职能，并对不同行业领域与发展阶段的企业实行更为灵活的分类监管。

形成以管资本为主的国有资产监管体制，关键是要实现从管企业向管资本转变。国有资产监管体制改革的完善大体经过三个阶段。

第一阶段：新中国成立后的社会主义革命和建设时期。在这一阶段，与高度集中统一的计划经济体制相适应，国有企业与国有资产事实上融为一体，管企业与管资产高度统一，管企业就是管资产。

国有资产管理

国有资产管理是指对所有权属于国家的各类资产的经营和使用，进行组织、指挥、协调、监督和控制的一系列活动。具体地说，就是对国有资产的占有、使用、收益和处置进行管理。国有资产管理的基本目标是实现国有资产的保值与增值。国有资产管理的任务是优化国有资产结构，保障国有资产的保值和增值，维护国有资产使用单位的合法权益，巩固和发展公有制经济，推动社会主义市场经济和生产力的不断发展。

国有资产管理体制的基本框架

(1) 在坚持国有资产由国家统一所有的前提下，由中央人民政府和地方人民政府分别代表国家履行出资人职责。

(2) 在国务院、省级、地（市）级人民政府设立国有资产监督管理机构，根据同级人民政府授权，依法履行出资人职责，并按照“权利、义务和责任相统一，管资产和管人、管事相结合”的原则，履行国有资产监督管理机构的职责和义务。

(3) 政企分开，政府授权国有资产监督管理机构对企业国有资产履行出资人职责，不直接管理国有企业；政资分开，国有资产监督管理机构不行使政府社会公共管理职能，政府其他机构、部门不履行企业国有资产出资人职责；所有权与经营权分开，国有资产监督管理机构不得直接干预企业的生产经营活动。

第二阶段：改革开放伊始到党的十八大之前。在这一阶段，国有资产管理体制改革迈出重要步伐，建立起以管资产与管人、管事相结合为特征的中央、省、市三级国有资产监管体制。

第三阶段：党的十八大以来。在这一阶段，国有资产管理体制要以管资本为主加强国有资产监管，加快实现从管企业向管资本转变。

以管资本为主的国有资产监管体制要求坚持政企分开、政资分开，坚持放活与管好相统一，聚焦管好资本布局、规范资本运作、提高资本回报、维护资本安全、坚持党的全面领导，着力构建国资监管体系，切实增强国资监管的系统性、针对性、有效性。

一是聚焦管好资本布局，构建国有资本布局优化和结构调整体系。坚持以市场为导向、以企业为主体，有进有退、有所为有所不为，推进国有资本布局优化和结构调整，增强国有经济整体功能和提高其效率。二是聚焦规范资本运作，构建国有资本规范化专业化管理体系。坚持以法律为准绳、以产权为基础、以资本为纽带，推动国有资本规范化专业化管理，与市场经济有机融合。三是聚焦提高资本回报，构建国有资本高效运营体系。坚持以服从服务国家战略、促进国有资本保值增值为目标，通过股权运作、价值管理、有序进退，促进国有资本合理流动，提高国有资本运营效率。四是聚焦维护资本安全，构建国有资本全链条监督体系。坚持守土有责、守土尽责，加快打造全面覆盖、分工明确、协同配合、制约有力的国有资产监督体系，防范化解重大风险，切实防止国有资产流失。五是聚焦坚持党的全面领导，构建国有资本控股、参股企业党的建设体系。坚持党对国有企业的全面领导，把提高企业效益、增强企业竞争力、实现国有资产保值增值作为国有企业党组织工作的出发点和落脚点，把党的领导、党的建设融入管资本全过程、各方面，确保国有资本始终服从服务党和人民利益。

以管资本为主的国有资产监管体制是我国混合所有制经济得到快速发展的客观要求。随着市场化改革的加快，产权流动和重组更加频繁，企业的产权所有结构也会不断变化。这种变化对国有资产的监管提出几点客观要求。首先要从管企业为主转向管资本为主，推进国有资产监管机构职能转变，推动国有资本合理流动、优化配置，推进经营性国有资产集中统一监管。其次要改革国有资本授权经营体制，组建若干国有资本运营公司，支持有条件的国有企业改组为国有资本投资公司，这是对标世界一流企业增强国有经济竞争力、创新力、控制力、影响力的必然选择。再次要支持改组为国有资本投资公司的国有企业，以投资融资和项目建设为主，通过投资实业拥有股权，通过资产经营和管理实现国有资本保值增值，履行出资人职责。又次要准确界定不同国有企业功能，把国有（国家出资）企业分为关系国家经济安全和国防安全的企业、由生产技术特点决定的自然垄断企业和重要的基础设施企业、提供公共产品和劳务的公共企业等，把国有资本投资公司分为投资公益类和营利类企业，以及把投资营利性行业分为垄断性行业和竞争性行业，增强国有资产监管的针对性和有效性。最后要对国有资本投资运营公司进行严格的监管与考核，按照国有资本投资运营公司投入的领域不同，分类制定不同的考核办法，对其经营绩效进行考核，以推进国有资本优化配置，使国有资本更好地服务国家发展战略。

9.2.3 国有经济的布局优化和结构调整

随着我国经济体制市场化程度的提高和经济结构的变化，国有企业的资产结构和组织结构不适应现代企业制度要求的矛盾变得愈加突出，不少国有企业在市场竞争中陷入困境。为此，需要对国有经济进行布局优化和结构调整。

国有经济的战略性调整是从总量上调整国有经济的布局，适当收缩战线过长的国有经济，改善国有资本的配置结构和国有企业的组织结构，集中力量加强关系国民经济命脉的重要行业和关键领域，支撑、引导和带动整个社会经济的发展。

有观点认为，国有企业一定搞不好，必须私有化，“国退民进”是一种潮流；一些地方政府也认为应该是“中央进，地方退”；社会上也普遍关心如何防止国有资产流失。从战略上调整国有经济布局，要坚持有进有退、有所为有所不为的基本方针。所谓有进有退，就是要加强管理涉及国家安全、自然垄断、提供重要公共产品和服务的行业，控制支柱产业和高新技术产业中的重要骨干企业；在其他行业和领域，可以通过资产重组和结构调整，集中力量，加强重点，提高国有经济的整体素质。所谓有所为有所不为，就是在那些国有经济应该进入且能够充分发挥自己的特长和优势的领域，集中力量，增加投入，使之

推进国有经济布局优化和结构调整

中央企业超过85%的资产集中在国民经济20个行业大类，13个行业大类资产规模超万亿元，涉及国家安全和国计民生领域的营业收入占比超70%，进一步巩固了在关系国家安全和国计民生领域的主导作用和控制地位。完成“两化”重组、中国电科重组中国普天、鞍钢重组本钢，并根据国家战略需要，新组建中国星网、中国稀土集团、中国电气装备、中国物流集团、中国矿产资源等，通过国源公司整合10家中央企业煤炭资源，指导中国电信联合多家中央企业打造国家云公司。2020年以来，中央企业新能源、新材料、5G应用等战略性新兴产业年均投资增速超过20%，年均投入超100亿元支撑汽车芯片等新产业建设。

资料来源：国企改革三年行动成绩单出炉：整体成效明显　国企活力效率实质性提升．中国证券报，2023-02-10.

壮大、发展；在市场机制、市场调节作用得到比较充分发挥的领域，在社会成员可以自主竞争、充分发展的一般行业和领域，国有经济不必全部包揽，而是实现社会投资主体多元化，让各种产权主体更多地进入。这样做的实质是，收缩战线，集中力量，加强重点，改善国有资本的配置结构和国民经济的产业结构，使国有企业在社会主义市场经济中更好地发挥主导作用。

在新时代，加快国有经济布局优化和结构调整应做到以下几点：一是围绕服务国家战略进行国有经济的战略性调整。坚持有进有退、有所为有所不为，加快国有经济布局优化、结构调整和战略性重组，增强国有经济竞争力、创新力、控制力、影响力、抗风险能力，做强做优做大国有资本和国有企业。二是发挥国有经济战略支撑作用。推动国有经济进一步聚焦战略安全、产业引领、国计民生、公共服务等功能，调整盘活存量资产，优化增量资本配置，向关系国家安全、国民经济命脉的重要行业集中，向关系国计民生的重要行业集中，向前瞻性战略性新兴产业集中。三是对充分竞争领域的国有经济提出更高要求。强化资本收益目标和财务硬约束，增强流动性，完善国有资本优化配置机制。四是建立布局优化和结构调整的长效机制。动态发布国有经济布局优化和结构调整的相关信息。

9.3　市场体系和市场秩序

市场体系和市场秩序是市场机制对资源进行有效配置的基础条件和重要保证，社会主义市场经济要求建立统一开放、竞争有序的市场体系和公平竞争、讲求诚信、依法行事的市场秩序。

9.3.1　建设现代化市场体系

市场体系是相互联系的各类市场的有机整体。一个完整的市场体系按照市场上流通的商品属性来划分，包括商品市场和生产要素市场两个方面。其中，商品市场包括消费品市场和生产资料市场，它们是有形的物质产品的交换场所。生产要素市场则既包括金融市场、劳动力市场、技术市场、信息市场、房地产市场、产权市场，也包括同时属于商品市场的生产资料市场。

（1）消费品市场是以供非生产性消费的产品为交易对象的市场。它包括农副产品市场和工业消费品市场。消费品市场是市场经济中最基础性的市场，是满足人民日常生活需要的主要渠道，其发展状况直接关系到人们基本生活需要能否得到满足，生活水平和生活质量的提高，也直接影响着消费品生产企业的经营。

（2）生产资料市场是以供生产性消费的产品为交易对象的市场。生产资料市场是生产要素市场中最基本的市场。由于生产资料的交换基本上是在生产企业之间进行的，因此，生产资料市场的发育和完善是转换企业经营机制、建立现代企业制度不可缺少的条件。

（3）金融市场是实现资金融通的市场。根据融资方式的不同，金融市场可以分为直接融资市场和间接融资市场。直接融资是指资金供给者与资金需求者直接进行资金的借贷或有价证券买卖的融资活动；间接融资是指以金融机构为媒介而进行的融资活动。在金融市场上，直接融资主要是筹集中长期资本，而间接融资则主要是筹集中短期周转资金。根据融资期限的长短，金融市场可以分为货币市场和资本市场。货币市场是短期（通常 1 年以下）资金市场，资本市场是长

> 我国股票市场最早应该从 1986 年 9 月中国工商银行上海信托投资公司静安区业务部正式挂牌买卖股票算起，但是比较规范的股票市场则应该以上海证券交易所和深圳证券交易所的成立运行为标志。1992 年全国各地经批准的上市公司股票开始在深、沪证券交易所上市交易。
>
> 截至 2022 年底，A 股上市公司总数已突破 5 000 家，其中，上海证券交易所共有上市公司 2 174 家，股票总市值 46.4 万亿元人民币，位居世界第三位。股票市场的发展为我国现代化事业做出了重要的贡献。

期（通常 1 年以上）资金市场。资本市场又可细分为外汇市场、债券市场、股票市场、衍生工具市场、银行系统和贷款市场等，其中证券市场（股票市场和长期债券市场）是资本市场最核心的部分。

（4）劳动力市场是实现劳动力资源配置的市场。它分成不同层次和类别，既有经理、律师、会计师、建筑师等人才的专门性劳动力市场，又有由普通工人、管理人员等组成的一般性劳动市场。工资作为劳动力市场的主要信号调节着市场供求，促进人才的合理流动。

（5）技术市场是以技术成果为交易对象的市场。它包括技术专利权转让、技术承包、技术咨询服务、许可证交易等。技术市场具有专业性的特点，能够使各种特定技术迅速与其他生产要素相结合而形成生产能力。

（6）信息市场是以信息产品、信息服务为主要交易对象的市场。信息是人类生存和发展的重要资源，在市场经济条件下，信息横向、扩散式的传播方式，决定了信息收集、整理、分析、储存、传输的商业性质。

（7）房地产市场是以房地产为交易对象的市场。它可以分为：由土地所有者有偿出让土地使用权的一级市场，经过开发后房地产使用权再转让的二级市场。土地使用权的出让方式有：零租制，对出让的土地按不同等级逐年收取不同水平的土地使用费；批租制，有限期地出让土地使用权，一次性地收取地价款，并每年收取为数不多的使用金。土地使用权的转让有租赁、抵押等不同的具体形式。

（8）产权市场是以生产要素的产权为交易对象的市场。通过生产要素的产权在不同的经济主体之间转手和让渡，优化存量资源的配置，降低企业重组成本，促进产业结构的优化。

市场体系是现代化经济体系配置资源的主要机制。建设现代化市场体系就是要建设统一开放、竞争有序的市场体系，实现市场准入畅通、市场开放有序、市场竞争充分、市场秩序规范，加快形成企业自主经营、公平竞争，消费者自由选择、自主消费，商品和要素自由流动、平等交换的现代市场体系。深化要素市场化改革，健全要素市场体系，夯实建设高标准市场体系的制度基础，是构建高水平社会主义市场经济体制的内在要求和重要组成部分。

第一，建设高标准市场体系是实现经济高质量发展和建设高水平社会主义市场经济体制的重要基础和支撑。当今世界，市场是最稀缺的资源。建设统一开放、竞争有序、制度完备、治理完善的高标准市场体系是充分发挥我国超大规模市场优势的现实需要和必然选择。一是建设高标准市场体系是构建新发展格局的重要支撑。二是建设高标准市场体系是推动高质量发展的重要动力。三是建设高标准市场体系是构建高水平社会主义市场经济体制的重要基础。

第二，客观认识当前我国建设高标准市场体系存在的问题和与目标之间的差距。改革开放以来，我国市场体系建设取得巨大成就，但对照构建高水平社会主义市场经济体制的目标要求，市场体系建设仍存在一些短板，必须尽快补上。一是市场体系基础制度要进一步完善。二是要素市场化改革要进一步深化。三是市场环境要进一步优化。四是监管效能要进一步提升。

第三，认清建设高标准市场体系的重点任务。高标准市场体系建设是一项系统工程，涉及方方面面，要坚持目标导向和问题导向，牢牢把握工作着力点。一是不断夯实市场体系的制度基础。二是深入推进要素资源高效配置。三是加快改善市场环境和提高质量。四是全面提升监管现代化水平。

建立统一开放、竞争有序的现代化市场体系的基本要求是：企业自主经营、公平竞争，消费者自由选择、自主消费，商品和要素自由流动、平等交换，市场主体自由地展开竞争。

9.3.2 整顿和规范市场秩序

市场秩序是市场运行中各经济主体都必须遵循的一切规则

和法律规范的总称。市场经济的本质是法治经济、信用经济，它的基本秩序就是公平竞争，讲求诚信，依法行事。公平竞争是保证效率的前提条件，讲求诚信是市场关系的基本准则，依法行事则是一种制度约束，使市场活动主体在追求自身利益的同时不得损害他人利益、公共利益和社会利益。

建立和维护良好的市场经济秩序，既是社会生产、交换、消费、分配等各个环节得以顺利进行的必要保障，又是完善社会主义市场经济体制的重要举措。没有健全和完善的市场规则，市场就难以在资源配置中发挥作用，社会主义市场经济体制也就不可能真正建立起来。如果市场经济秩序混乱，失信行为盛行，商业欺诈层出不穷，坑蒙拐骗、假冒伪劣肆虐，不仅会造成经济关系扭曲，社会交易成本增加，削弱市场机制优化配置社会资源的作用，而且会严重败坏社会风气。为了保证社会主义市场经济的正常运行，必须规范市场秩序，通过健全现代市场经济的社会信用体系来提高市场主体的信用水平，通过完善市场规则和市场执法机制来规范市场行为，打破行业垄断和地区封锁，促进商品和生产要素在全国市场自由流动。

规范市场秩序要从规范政府行为开始。政府应按照市场经济的要求承担经济调节、市场监管、社会管理和公共服务的职能，减少和规范行政审批，减少政府部门对市场经济活动的干预行为，真正实现政企分开。政府要切实转变职能，创新监管方式，以制度建设和维护市场公平为工作重点，大力发展并提供市场所需的信息服务和法律服务，强化市场监管，加大执法力度，打击制售假冒伪劣商品的违法行为，保护经营者和消费者的合法权益。

规范市场秩序必须完善市场运行规则，尤其要建立与完善市场法律法规体系，强化市场经济的法律约束和法律规范，规范市场主体的市场行为，为所有市场主体公平交易、平等竞争创造或提供一个良好的制度环境，保证市场竞争机制正常形成并充分发挥作用，保护市场经济健康有序地运行。

本章小结

企业、农户、居民是社会主义市场经济的微观经济主体，市场是各个微观经济主体相互联系的纽带。市场对资源配置的决定性作用，决定着微观经济主体的经济活动。

国有企业是重要的微观经济活动主体，是国民经济的支柱。完善中国特色现代企业制度是国有企业改革的方向，关键是要将党的领导与公司治理相结合。对国有经济进行布局优化和结构调整，形成以管资本为主的国有资产监管体制，是经济体制改革的重大任务。

市场体系是现代化经济体系配置资源的主要机制，必须发展和健全统一开放、竞争有序的市场体系，建立公平竞争、讲求诚信、依法行事的市场秩序，促进商品和要素在不同行业、部门、地区之间自由流动，为市场主体的经济活动创造或提供一个良好的场所和环境。

阅读书目

1. 中共中央关于国有企业改革和发展若干重大问题的决定//中共中央文献研究室．十五大以来重要文献选编：中．北京：人民出版社，2001.

2. 中华人民共和国国民经济和社会发展第十四个五年规划和 2035 年远景目标纲要．北京：人民出版社，2021.

3. 国务院关于整顿和规范市场经济秩序的决定．中华人民共和国国务院公报，2001 (18).

4.《党的二十大报告学习辅导百问》编写组．党的二十大报告学习辅导百问．北京：党建读物出版社，2022.

分析与思考

1. 试述微观经济主体的构成及其联系。

2. 试述中国特色现代企业制度的主要特征。

3. 为什么说中国特色现代公司治理具有制衡有效的特点？

4. 什么是社会主义现代化市场体系？

5. 试举出现实经济生活中讲诚信和不讲诚信的实例各一，进行比较分析，从而说明市场秩序对市场配置资源活动的必要性。

第10章 社会主义经济发展理论与战略

要论提示

● 适应经济发展新常态，要以创新、协调、绿色、开放、共享的新发展理念引领经济发展。以国内大循环为主体、国内国际双循环相互促进的新发展格局，是积极应对国内外形势变化的主动选择。

● 推进产业体系智能化、绿色化、融合化，建设具有完整性、先进性、安全性的现代化产业体系，要坚持以实体经济为重，坚持稳中求进、循序渐进，坚持三次产业融合发展，坚持推动传统产业转型升级，坚持开放合作。

● 乡村振兴、区域协调发展、新型城镇化、科教兴国等一系列重大发展战略的实施，将加快推进社会主义现代化进程。

关键词 新发展理念　高质量发展　现代化产业体系　发展战略

我国经济进入新常态以来，已经由高速增长转向高质量发展。新发展理念和新发展格局、现代化产业体系以及一系列重大发展战略将有力促进经济高质量发展，加快推进社会主义现代化。

10.1 新发展理念引领经济发展

当前，我国进入了全面建设社会主义现代化国家、向第二个百年奋斗目标进军的新发展阶段，这就要求经济发展以推动高质量发展为主题，实现质的有效提升和量的合理增长。高质量发展是全面建设社会主义现代化国家的首要任务，实现高质量发展是中国式现代化的本质要求。

10.1.1 经济新常态

党的十八大以来，我国经济发展进入新常态。新常态是指我国经济已由高速增长转向高质量发展，面临增长速度换挡期、结构调整阵痛期、前期刺激政策消化期“三期叠加”的复杂局面。在经济新常态时期，必须推动高质量发展，深化供给侧结构性改革。

经济新常态下我国经济发展的特点

新常态下，我国经济发展的主要特点是：增长速度要从高速转向中高速，发展方式要从规模速度型转向质量效率型，经济结构调整要从增量扩能为主转向调整存量、做优增量并举，发展动力要从主要依靠资源和低成本劳动力等要素投入转向创新驱动。这些变化，是我国经济向形态更高级、分工更优化、结构更合理的阶段演进的必经过程。

资料来源：习近平．在省部级主要领导干部学习贯彻党的十八届五中全会精神专题研讨班上的讲话．人民日报，2016－05－10（2）.

新常态是一个客观状态，是我国经济发展到一定阶段必然会出现的一种状态。在速度变化、结构优化、动力转换三个方面，集中体现了我国经济新常态的三大特点：一是从高速增长转为中高速增长。二是经济结构不断优化升级，第三产业、消费需求逐步成为主体，城乡区域差距逐步缩小，居民收入占比上升，发展成果惠及更广大民众。三是从要素驱动、投资驱动转向创新驱动。

新常态并没有改变我国发展仍处于可以大有作为的重要战略机遇期的判断，没有改变我国经济发展总体向好的基本面，改变的是重要战略机遇期的内涵和条件，是经济发展方式和经济结构。因此，面对新常态，要实现多方面工作重点的转变：一是推动经济发展，要更加注重提高发展质量和效益；二是稳定经济增长，要更加注重供给侧结构性改革；三是实施宏观调控，要更加注重引导市场行为和社会心理预期；四是调整产业结构，要更加注重加减乘除并举；五是推进城镇化，要更加注重以人为核心；六是促进区域发展，要更加注重人口经济和资源环境空间均衡；七是保护生态环境，要更加注重促进形成绿色生产方式和消费方式；八是保障改善民生，要更加注重对特定人群特殊困难的精准帮扶；九是进行资源配置，要更加注重使市场在资源配置中起决定性作用；十是扩大对外开放，要更加注重推进高水平双向开放。

10.1.2 新发展理念

适应经济发展新常态，要以新发展理念引领经济发展。理念是行动的先导，一定的发展实践是由一定的发展理念来引领的。发展理念从根本上决定着发展成效。党的十八届五中全会提出了创新、协调、绿色、开放、共享的新发展理念。新发展理念是我国改革开放 40 多年来发展经验的集中体现，也是今后我国发展思路、发展方向、发展着力点的集中体现。新发展理念的主要内容是：

第一，创新发展。创新发展是第一动力，决定着发展的速度、效能、可持续性。我国经济体量庞大，要实现经济的高质量发展就需要解决好发展的动力问题。在推进经济高质量发展的关键时期，我国需要坚持创新发展，以创新驱动推动经济发展转型，全面提升创新能力和效率，把创新发展主动权掌握在自己手中，力争在新一轮科技革命中占领先机、赢得优势。

第二，协调发展。协调是持续健康发展的内在要求，既是手段又是目标，同时还是评价发展的标准和尺度。推进协调发展，重点是促进城乡区域协调发展，全面实施乡村振兴战略，推进以人为核心的新型城镇化，健全城乡融合发展体制机制，建立更加有效的区域协调发展新机制，形成优势互补、高质量发展的区域经济布局。同时还须推动物质文明和精神文明协调发展，促进满足人民文化需求和增强人民精神力量相统一。把军民融合发展理念和决策部署贯彻落实到经济建设和国防建设全领域全过程，实现经济建设和国防建设综合效益最大化。

第三，绿色发展。绿色是永续发展的必要条件和人民对美好生活追求的重要体现，绿色发展的目的是实现经济社会发展和生态环境保护协调统一、人与自然和谐共生。改革开放以来，我国经济发展取得历史性成就，但也积累了大量生态环境问题，这就要求坚持绿色发展，坚持绿水青山就是金山银山的发展理念，把经济活动、人的行为限制在自然资源和生态环境能够承受的范围内。在此基础上，建立健全绿色低碳循环发展的经济体系，全面提高资源利用效率，推进资源总量管理、科学配置、全面节约、循环利用，用最小的资源环境代价取得最大的经济社会效益，从而实现人与自然和谐共生的现代化，不断满足人民日益增长的优美生态环境需要。

全党必须完整、准确、全面贯彻新发展理念

进入新发展阶段，完整、准确、全面贯彻新发展理念，必须更加注重共同富裕问题。

共享是中国特色社会主义的本质要求，必须坚持发展为了人民、发展依靠人民、发展成果由人民共享，作出更有效的制度安排，使全体人民在共建共享发展中有更多获得感，增强发展动力，增进人民团结，朝着共同富裕方向稳步前进。

资料来源：习近平．全党必须完整、准确、全面贯彻新发展理念．求是，2022（16）．

第四，开放发展。开放是国家繁荣发展的必由之路，推动开放发展就是要丰富对外开放内涵，提高对外开放水平，协同推进战略互信、经贸合作、人文交流，努力形成深度融合的互利合作格局。当前，世界正处于经济全球化的时代潮流中，要实现经济发展就必须顺应经济全球化，坚持对外开放，充分运用人类社会创造的先进科学技术成果和有益管理经验做强自己。

第五，共享发展。共享是中国特色社会主义的本质要求，共享发展理念的实质就是坚持以人民为中心，体现逐步实现全体人民共同富裕的要求。坚持共享发展就必须坚持把实现好、维护好、发展好最广大人民的根本利益作为发展的出发点和落脚点，健全基本公共服务体系，扎实推动共同富裕，让人民群众共享经济、政治、文化、社会、生态文明各方面建设成果，全面保障人民在各方面的合法权益，促进人的全面发展和社会全面进步。具体而言，在共享的覆盖面上要做到全民共享，在共享的内容上要做到全面共享，在共享的实现途径上要做到共建共享，在共享发展的推动进程上要做到渐进共享。

党的二十大报告指出，必须完整、准确、全面贯彻新发展理念，坚持社会主义市场经济改革方向，坚持高水平对外开放，加快构建以国内大循环为主体、国内国际双循环相互促进的新发展格局。

10.1.3　构建新发展格局

新发展格局是指以国内大循环为主体、国内国际双循环相互促进的发展格局，是积极应对国内外形势变化的主动选择，是充分发挥我国超大规模市场优势的内在要求，是坚持深化改革开放的国内国际双循环相互促进的统一体。

构建新发展格局的主要内容包括：

第一，畅通国内大循环。依托强大国内市场，贯通生产、分配、流通、消费各环节，形成需求牵引供给、供给创造需求的更高水平的动态平衡，促进国民经济良性循环。一是提升供给体系对国内需求的适配性，以创新驱动、高质量供给引领和创造新需求。二是促进资源要素顺畅流动，破除制约要素合理流动的堵点，矫正资源要素失衡错配，从源头上畅通国民经济循环。三是强化流通体系支撑作用，提升流通效率，降低全社会交易成本。四是完善促进国内大循环的政策体系。保持合理的财政支出力度和赤字率水平；保持流动性合理充裕，引导金融机构加大对重点领域和薄弱环节的支持力度；推动产业政策向普惠化和功能性转型，强化竞争政策基础性地位；健全与经济发展水平相适应的收入分配、社会保障和公共服务制度。

第二，促进国内国际双循环。构建新发展格局需要在立足国内大循环的同时吸引全球要素资源，实现内需和外需、进口和出口、引进外资和对外投资的协调发展。一是推动进出口协同发展。完善内外贸一体化调控体系，推进同线同标同质；降低进口关税和制度性成本，促进进口来源多元化；完善出口政策，稳步提高出口附加值。二是提高国际双向投资水平。坚持引进来和走出去并重，以高水平双向投资高效利用全球资源要素和市场空间；更大力度吸引和利用外资，支持外资转型升级；优化境外投资结构布局，提升风险防范能力和收益水平；完善境外生产服务网络和流通体系，推动中国产品、技术、标准走出去；支持企业融入全球产业链供应链，提高跨国经营能力和水平；推进多双边投资合作机制建设，健全促进和保障境外投资的政策和服务体系。

加快构建新发展格局　把握未来发展主动权

加快构建新发展格局，要从两个维度来研究和布局：一是更有针对性地加快补上我国产业链供应链短板弱项，确保国民经济循环畅通；二是提升国内大循环内生动力和可靠性，提高国际竞争力，增强对国际循环的吸引力、推动力。为此，必须坚持问题导向和系统观念，着力破除制约加快构建新发展格局的主要矛盾和问题，全面深化改革，推进实践创新、制度创新，不断扬优势、补短板、强弱项。

资料来源：习近平．加快构建新发展格局　把握未来发展主动权．求是，2023（8）．

第三，坚持扩大内需战略。增强消费对经济发展的基础性作用和投资对优化供给结构的关键性作用，建设消费和投资需求旺盛的强大国内市场。一是全面促进消费。促进消费向绿色、健康、安全发展，稳步提高居民消费水平，提升传统消费，培育新型消费，发展服务消费，增加公共消费，扩大节假日消费，打造国际和区域消费中心，完善城乡融合消费网络。二是拓展投资空间。继续发挥投资对经济发展的关键性作用，加快补齐投资领域短板，扩大战略性新兴产业投资。三是形成强大国内市场，优化市场供给。构建新发展格局的重要支撑是形成强大的国内市场，优化市场供给。市场资源是我国巨大的优势，要合理利用这一优势。推进质量提升行动，提高国产商品和服务的竞争力；实施增品种、提品质、创品牌的“三品”战略，加强自主品牌建设；依托中国国际进口博览会主动扩大进口，进一步增加国内市场优质商品供给；以建设中国特色免税体系为目标，提高行业发展质量和水平。

10.2 建设现代化产业体系

现代化产业体系是现代化国家的物质支撑，是实现经济现代化的重要标志。建设创新引领、协同发展的产业体系应体现智能化、绿色化、融合化，实现完整性、先进性、安全性。要坚持以实体经济为重，坚持稳中求进、循序渐进，坚持三次产业融合发展，坚持推动传统产业转型升级，坚持开放合作。

10.2.1 现代化产业体系的主要内容

成功实现现代化的国家，都经历过产业体系现代化的过程，在某个或某些产业领域形成位居世界前列的制造或服务能力。比如，美国的电子信息、生物医药、航空航天、金融和法律服务业，德国的汽车和先进装备制造产业，日本和韩国的电子产品、半导体、造船、汽车产业，新西兰和澳大利亚的现代农业、采矿业，都是支撑这些国家实现现代化的物质基础。因此，没有产业体系的现代化，就没有经济的现代化；没有坚实的物质技术基础，就不可能全面建成社会主义现代化强国。

党的二十大报告指出：坚持把发展经济的着力点放在实体经济上，推进新型工业化，加快建设制造强国、质量强国、航天强国、交通强国、网络强国、数字中国。实施产业基础再造工程和重大技术装备攻关工程，支持专精特新企业发展，推动制造业高端化、智能化、绿色化发展。巩固优势产业领先地位，在关系安全发展的领域加快补齐短板，提升战略性资源供应保障能力。推动战略性新兴产业融合集群发展，构建新一代信息技术、人工智能、生物技术、新能源、新材料、高端装备、绿色环保等一批新的增长引擎。构建优质高效的服务业新体系，推动现代服务业同先进制造业、现代农业深度融合。加快发展物联网，建设高效顺畅的流通体系，降低物流成本。加快发展数字经济，促进数字经济和实体经济深度融合，打造具有国际竞争力的数字产业集群。优化基础设施布局、结构、功能和系统集成，构建现代化基础设施体系。

现代化的工业是现代化产业体系最重要的基础和核心。工业是立国之本，制造业是强国之基。各国产业体系整体的现代化水平，主要取决于工业的现代化水平。要坚持把发展经济的着力点放在实体经济上，把制造业的饭碗牢牢端在自己手上。

现代化的农业是现代化产业体系的重要根基。要满足人民日益增长的美好生活需要，不断推进农业现代化。既要藏粮于地，又要藏粮于技，依靠科技进步不断解放和发展农业生产力。

现代化的服务业是现代化产业体系的重要支撑。发展优质高效、现代化的服务业，既是产业延链增值的迫切需要，也是满足人民不断升级的高品质、多样化需求的必然要求。要推动现代服务业同先进制造业、现代农业深度融合，推动服务业供需更好适配，围绕产业的全生命周期谋划发展各类生产性服务业，围绕人的全生命周期谋划发展各类生活性服务业。

现代化的基础设施是现代化产业体系的重要保障。基础设施为产业发展提供不可或缺的公共服务，是现代化产业体系的重要组成部分。要着力提升建设、运营、服务水平，高度重视发展支撑电力、金融、网络平台等高效稳健运行的“软件”基础设施，更好发挥基础设施体系的整体效能。要重视各类新型基础设施建设，适应提升公共卫生应急能力的需要，依托大城市郊区现有旅游住宿等设施建设“平急两用”基础设施。

10.2.2 现代化产业体系的特征与要求

现代化产业体系应当具备智能化、绿色化、融合化三个基本特征。

产业体系的智能化，是把握人工智能等新科技革命浪潮的必然要求。当前，人类社会正在加速进入以人工智能为主要技术驱动力，以数字化、智能化和网络化为特征的第四次工业革命，智能化对人类生产生活方式产生的持续而深远的影响能否实现产业体系的智能化转型，关系到未来国际竞争的成败。建设现代化产业体系，必须持续拓展信息化、数字化的深度，努力抢占全球产业体系智能化的战略制高点。

产业体系的绿色化，是实现人与自然和谐共生、推动产业高质量发展的内在要求。建设现代化产业体系，必须牢固树立和践行绿水青山就是金山银山的理念，积极稳妥推进碳达峰碳中和，抓住全球绿色经济、绿色技术、绿色产业快速发展的机遇，努力建设资源节约型社会、环境友好型社会。

产业体系的融合化，是提升产业体系整体效能的必然要求。现代化产业体系不是若干产业门类的简单拼盘，而是一个内部存在有机联系、功能互补的复杂生态体系。建设现代化产业体系，必须推动产业门类之间、区域之间、大中小企业之间、上下游环节之间高度协同耦合，更好释放产业网络的综合效益。

现代化产业体系应当符合完整性、先进性、安全性三个基本要求。

完整性，就是要保持并增强产业体系完备和配套能力强的优势。完整性不仅指产业门类要齐全，也指产业内部中高端产品生产能力齐全。目前，我国在一些技术含量高的细分行业还有缺项，要在巩固传统优势领域的同时，加快补齐这些短板，不断提高产业体系的完整性。

先进性，就是要高效集聚全球创新要素，自主拓展产业新赛道。先进性既指生产技术和经营管理水平较高，还指产业竞争能力强，能提供高水平的要素回报，能够有力促进共同富裕。

建设现代化产业体系，必须坚持科技是第一生产力、人才是第一资源、创新是第一动力，让创新深深扎根于产业发展的土壤中，要发展新质生产力，完善现代化产业体系。新质生产力是创新起主导作用，摆脱传统经济增长方式、生产力发展路径，具有高科技、高效能、高质量特征，符合新发展理念的先进生产力质态。它由技术革命性突破、生产要素创新性配置、产业深度转型升级而催生，以劳动者、劳动资料、劳动对象及其优化组合的跃升为基本内涵，以全要素生产率大幅提升为核心标志，特点是创新，关键在质优，本质是先进生产力。着力构建一批新的增长引擎，不断塑造发展新动能新优势。

新质生产力与现代化产业体系

要及时将科技创新成果应用到具体产业和产业链上，改造提升传统产业，培育壮大新兴产业，布局建设未来产业，完善现代化产业体系。要围绕发展新质生产力布局产业链，推动短板产业补链、优势产业延链、传统产业升链、新兴产业建链，提升产业链供应链韧性和安全水平，保证产业体系自主可控、安全可靠。

资料来源：习近平．发展新质生产力是推动高质量发展的内在要求和重要着力点．求是，2024(11)．

安全性，就是要实现重要产业链自主可控，确保国民经济循环畅通。安全性既指能够实现高水平自立自强，没有突出短板和薄弱环节，也指粮食、能源和矿产等关键资源能够满足发展需要。建设现代化产业体系，必须增强忧患意识，坚持底线思维，不断提升产业链、供应链韧性和安全水平，为应对各种风险挑战提供战略支撑。

10.2.3 建设现代化产业体系的原则

根据现代化产业体系的时代内涵和当前我国产业发展状况，加快建设现代化产业体系，需要把握五个重要原则。

一是坚持以实体经济为重，防止脱实向虚。优化生产要素的配置是建设现代化产业体系的关键，现代化产业体系需要以实体经济为支撑。实体经济是我国经济的根本支柱，是创造财富、增加就业机会和推动科技创新的引擎。要对片面追求短期利润和资本回报率的资金进行规范监督，为资本设置“红绿灯”，任何时候都不能脱实向虚。因此，建设现代化产业体系最根本的还是要壮大实体经济，发展制造业特别是先进制造业。

二是坚持稳中求进、循序渐进，不能贪大求洋。高新技术和新兴产业对经济具有重要带动作用，往往成为各地关注的重点。但是，如果出现过度竞争、盲目跟风，就容易造成“只见投入，不见效益”的现象。因此，建立现代化产业体系并不要求各地各领域同步发展高新技术产业，而是应该充分考虑地区和领域的实际情况，实事求是、循序渐进地推动产业项目，不能一味地简单复制成功的案例。

三是坚持三次产业融合发展，避免割裂对立。三次产业之间有着内在均衡性，不能片面地强调发展某一个产业。我国拥有一个统一大市场，各地的商品和服务高效流通、互济有无，各地产业发展应主要遵循比较优势和效率优先原则。既不能片面追求第三产业比重而抑制第二产业的发展，也不能片面强调制造业比重而抑制服务业的发展。随着信息化、数字化、智能化技术的发展，各类产业间的界限经过数字经济的赋能作用而愈发模糊。现代服务业与先进制造业、现代农业的深度融合已经成为产业升级的重要方向。各地在引导产业发展的过程中要充分考虑

加快建设以实体经济为支撑的现代化产业体系 以人口高质量发展支撑中国式现代化

加快建设以实体经济为支撑的现代化产业体系，关系我们在未来发展和国际竞争中赢得战略主动。要把握人工智能等新科技革命浪潮，适应人与自然和谐共生的要求，保持并增强产业体系完备和配套能力强的优势，高效集聚全球创新要素，推进产业智能化、绿色化、融合化，建设具有完整性、先进性、安全性的现代化产业体系。要坚持以实体经济为重，防止脱实向虚；坚持稳中求进、循序渐进，不能贪大求洋；坚持三次产业融合发展，避免割裂对立；坚持推动传统产业转型升级，不能当成“低端产业”简单退出；坚持开放合作，不能闭门造车。

资料来源：加快建设以实体经济为支撑的现代化产业体系 以人口高质量发展支撑中国式现代化．人民日报，2023－05－06（1）．

本地支柱产业和上下游及相关产业融合发展的内在要求，为相关产业发展保留充足的空间和资源。

四是坚持推动传统产业转型升级，不能当成“低端产业”简单退出。传统产业是现代化产业体系的基底，传统产业转型升级直接关乎现代化产业体系建设的全局。我国在构建现代化产业体系的过程中，必须始终重视传统产业发展。这是保持和增强我国产业竞争力的要求。尽管我国传统产业的低成本优势在减弱，但新竞争优势的产业发展并非一蹴而就，在这种情况下简单退出“低端产业”将损害我国产业的完整性，不利于提升我国的国际竞争力。因此，推动传统产业转型升级，要继续加大对传统制造业数字化、智能化和绿色化转型的支持力度，解决传统产业利润率较低、自我升级能力较弱的问题；地方在推动产业转型升级的过程中，要高度重视已经具有集群效应的传统产业发展，为这些传统产业的发展提供支撑和保障，防止简单化一退了之。

五是坚持开放合作，不能闭门造车。持续开放合作，是建设现代化产业体系的题中应有之义，也是实现高质量发展的必然要求。要清楚地看到，关键核心技术等不来、要不来，产业链供应链的关键环节我国必须自己掌握，但这并不表明要闭门造车。改革开放以来，我国经济发展的经验充分证明，只有坚持高水平对外开放，始终保持国内市场对国内外企业的充分开放，才能深度参与全球产业分工和合作，最大限度地吸收国外先进成果，加快创新步伐。当前，要充分发挥我国超大规模市场优势，争取较好的外部环境，更好地拓展外需潜力，促进产业升级。

>>>

我国有世界最完整的产业体系和潜力最大的内需市场，要切实提升产业链供应链韧性和安全水平，抓紧补短板、锻长板。

一是确保国民经济循环畅通。我国经济必须确保国家安全，确保基本民生，确保基础设施、基础产业总体正常运转。

二是加快实现产业体系升级发展。要在重点领域提前布局，全面提升产业体系现代化水平，既巩固传统优势产业领先地位，又创造新的竞争优势。

资料来源：习近平．当前经济工作的几个重大问题．求是，2023（4）．

<<<

10.3 社会主义经济发展战略

在中国特色社会主义经济发展中，乡村振兴、区域协调发展、新型城镇化、科教兴国等一系列重大发展战略的实施，将有助于加快推进社会主义现代化进程。

10.3.1 乡村振兴战略

农业农村农民问题是关系国计民生的根本性问题。实施乡村振兴战略，是关系全面建设社会主义现代化国家的全局性、历史性任务。农业农村现代化是实施乡村振兴战略的总目标，坚持农业农村优先发展是总方针，产业兴旺、生态宜居、乡风文明、治理有效、生活富裕是总要求，建立健全城乡融合发展的体制机制和政策体系是制度保障。在我国现阶段，要把实施乡村振兴战略作为新时代做好“三农”工作的总抓手，坚持农业农村优先发展，走中国特色社会主义乡村振兴道路，持续缩小城乡区域发展差距，让低收入人口和欠发达地区共享发展成果，在现代化进程中不掉队、赶上来。

全面推进乡村振兴是新时代建设农业强国的重要任务，建设农业强国要抓好乡村振兴。乡村振兴战略的主要内容有：

第一，乡村产业振兴。产业振兴是乡村振兴的物质基础。产业是发展的根基，要顺应产业发展规律，立足当地特色资源，推动乡村产业发展壮大，紧紧围绕发展现代农业，围绕农村一二三产业融合发展，构建乡村产业体

加快建设农业强国　推进农业农村现代化

总的要求仍然是全面推进产业、人才、文化、生态、组织“五个振兴”。“五个振兴”是相互联系、相互支撑、相互促进的有机统一整体，要统筹部署、协同推进，抓住重点、补齐短板，还要强调精准、因地制宜，激发乘数效应和化学反应，提高全面推进乡村振兴的效力效能。

资料来源：习近平．加快建设农业强国 推进农业农村现代化．求是，2023（6）．

系，实现产业兴旺，把产业发展落到促进农民增收上，推动乡村生活富裕，调整优化农业结构，加快构建现代农业产业体系、生产体系、经营体系，推进农业由增产导向转向提质导向，提高农业创新力、竞争力、全要素生产率，提高农业质量、效益、整体素质。只有产业兴旺，才能富裕农民，繁荣乡村。

第二，乡村人才振兴。人才振兴是乡村振兴的动力之源。乡村振兴，人才是关键。要把人力资本开发放在首要位置，强化乡村振兴人才支撑，加快培育新型农业经营主体，激励各类人才在农村广阔天地大施所能、大展才华、大显身手，打造一支强大的乡村振兴人才队伍，在乡村形成人才、土地、资金、产业汇聚的良性循环。

第三，乡村文化振兴。文化振兴是乡村振兴的重要支撑。要加强农村思想道德建设和公共文化建设，以社会主义核心价值观为引领，深入挖掘优秀传统农耕文化蕴含的思想观念、人文精神、道德规范，培育挖掘乡土文化人才，弘扬主旋律和社会正气，培育文明乡风、良好家风、淳朴民风。要改善农民精神风貌，提高乡村社会文明程度，焕发乡村文明新气象。

第四，乡村生态振兴。生态振兴是乡村振兴的持续基础。要坚持人与自然和谐共生，走乡村绿色发展之路，实施乡村绿化美化工程，完善农村生活设施，打造农民安居乐业的美丽家园，让良好生态成为乡村振兴的支撑点。在推进乡村绿化美化的同时，要鼓励引导农民发展林业特色产业，发展森林旅游、森林康养等新兴业态，培育一批专门从事生态保护修复的专业化企业，推动建成一批带动能力强的林业特色产业基地。

第五，乡村组织振兴。组织振兴是乡村振兴的制度保障。要建立健全党委领导、政府负责、社会协同、公众参与、法治保障的现代乡村社会治理体制，打造坚强的农村基层党组织，培养优秀的农村基层党组织书记，深化村民自治实践，发展农民合作经济组织。

实施乡村振兴战略要统筹谋划、科学推进。要坚持乡村全面振兴，推动农业全面升级、农村全面进步、农民全面发展。

在实施乡村振兴战略的过程中要注意处理好四大关系：一是处理好长期目标和短期目标的关系，二是处理好顶层设计和基层探索的关系，三是处理好充分发挥市场决定性作用和更好发挥政府作用的关系，四是处理好增强群众获得感和适应发展阶段的关系。

10.3.2　区域协调发展战略

统筹区域发展是我国经济发展的重大问题。新形势下促进区域协调发展，总的思路是按照客观经济规律调整完善区域政策体系，发挥各地区比较优势，促进各类要素合理流动和高效集聚，增加新发展动力，加快构建高质量发展的动力系统，增强中心城市和城市群等经济发展优势区域的经济和人口承载能力，增强其他地区在保障粮食安全、生态安全、边疆安全等方面的功能，形成主体功能明显、优势互补、高质量发展的区域经济布局。

区域协调发展战略的主要内容有：

第一，推动区域重大发展。我国推动了京津冀协同发展、长江经济带发展、粤港澳大湾区建设、长三角一体化发展、黄河流域生态保护和高质量发展等区域重大战略。推进京津冀协同发展是一个巨大的系统工程，要注重疏解北京非首都功能，高质量推动北京城市副中心建设，努力将雄安新区打造成为贯彻新发展理念的创新发展示范区。推动长江经济带发展，要把修复长江生态环境摆在压倒性位置，使长江经济带成为我国生态优先绿色发展主战场、畅通国内国际双循环主动脉、引领经济高质量发展主力军。粤港澳大湾区是在一个国家、两种制度、三个关税区、三种货币的条件下建设的，关键是要创新，要充分发挥粤港澳综合优势，推动三地经济运行的一体化水平。长三角地区是我国经济最活跃、开放程度最高、创新能力最强的区域之一，要一体化发展长三角，使之成为我国发展强劲活跃的增长极，率先形成新发展格局。黄河流域是我国重要的生态屏障和重要的经济地带，要更加注重保护和治理的系统性、整体性、协同性，加快构建抵御自然灾害防线，推动生态环境保护治理，加快构建国土空间保护利用新格局，保护传承弘扬黄河文化。

> 推动长江经济带高质量发展，建设现代化经济体系，要坚持质量第一、效益优先的要求，推动质量变革、效率变革、动力变革，加快建设实体经济、科技创新、现代金融、人力资源协同发展的产业体系，构建市场机制有效、微观主体有活力、宏观调控有度的经济体制。
>
> 资料来源：习近平．在深入推动长江经济带发展座谈会上的讲话．人民日报，2018-06-14（2）．

第二，实施东中西部和东北地区平衡发展。一是推动西部大开发形成新格局。新时代推动西部大开发要强化举措抓重点、补短板、强弱项，形成大保护、大开放、高质量发展的新格局。二是推动东北振兴取得新突破。东北地区是我国重要的工业和农业基地，战略地位十分重要，新时代东北振兴是全面、全方位的振兴。三是推动中部地区高质量发展。中部地区崛起势头正劲，发展大有可为，要在实施创新驱动发展战略、发展战略性新兴产业上下更大功夫，推动制造业高质量发展，提高关键领域自主创新能力。四是鼓励东部地区加快推进现代化。东部地区是全面建设社会主义现代化国家、全面深化改革、全面依法治国的排头兵，要鼓励东部地区加快推进现代化，发挥创新要素集聚优势，加快在创新引领上实现突破，推动东部地区率先实现高质量发展。五是增强区域发展平衡性。要加大力度推动革命老区、民族地区、边疆地区、欠发达地区等加快发展。

第三，建设主体功能区。建设主体功能区是我国经济发展和生态环境保护的大战略，总体思路是坚持宜水则水、宜山则山，宜粮则粮、宜农则农，宜工则工、宜商则商，立足资源环境承载能力，发挥各地比较优势，逐步形成城市化地区、农产品主产区、生态功能区三大空间格局。一是支持城市化地区高效集聚经济和人口，保护基本农田和生态空间；二是支持农产品主产区增强农业生产能力；三是支持生态功能区把发展重点放到保护生态环境、提供生态产品上，逐步有序转移生态功能区的人口，形成主体功能明显、优势互补、高质量发展的国土空间开发保护新格局。

第四，健全区域协调发展体制机制。推动区域协调发展向更高水平和更高质量迈进必须建立更加有效的区域协调发展新机制。一是发挥各地区比较优势，缩小区域发展差距，破除地区之间的利益藩篱和政策壁垒，形成统筹有力、竞争有序、绿色协调、共享共赢的区域发展新机制。二是健全区域战略统筹、市场一体化发展、区域合作互助、区际利益补偿等机制，更好促进发达地区和欠发达地区、东中西部和东北地区共同发展。三是完善财政转移支付制度，合理确定中央支出占整个支出的比重，对重点生态功能区、农产品主产区、困难地区提供有效转移支付。四是健全纵向生态补偿机制，加大对森林、草原、湿地和重点生态功能区的转移支付力度。

10.3.3 新型城镇化战略

推进城镇化是解决农业农村农民问题的重要途径，是推动区域协调发展的有力支撑。新型城镇化战略坚持以人为核心，坚持以人为本、优化布局、生态文明、传承文化的基本原则，有利于释放内需潜力，提高劳动生产率，破解城乡二元结构，促进社会公平和共同富裕。

新型城镇化战略的主要内容有：

第一，加快农业转移人口市民化。城镇化最基本的趋势是农村富余劳动力和农村人口向城镇转移，实现有能力在城镇稳定就业和生活的常住人口的市民化，提高城镇人口素质和居民生活质量是新型城镇化战略的首要任务。一是深化户籍制度改革。二是完善城镇基本公共服务提供机制。三是提高农业转移人口劳动技能素质。四是强化随迁子女基本公共教育保障。五是巩固提高社会保险统筹层次和参保覆盖率。六是强化农民工劳动权益保障。七是完善农业转移人口市民化配套政策。

第二，完善城镇化空间布局。城市群是人口大国城镇化的主要空间载体，要以城市群为主体形态推进城镇化，构建大中小城市和小城镇协调发展的城镇格局。一是推动城市群一体化发展。二是有序培育现代化都市圈。三是优化提升超大特大城市中心城区功能。四是提升大中城市功能品质。五是增强小城市发展活力。六是推进以县城为重要载体的城镇化建设。

坚持走以人为本、四化同步、优化布局、生态文明、文化传承的中国特色新型城镇化道路，以人的城镇化为核心，以提高质量为关键，以体制机制改革为动力，紧紧围绕新型城镇化目标任务，加快推进户籍制度改革，提升城市综合承载能力，制定完善土地、财政、投融资等配套政策，充分释放新型城镇化蕴藏的巨大内需潜力，为经济持续健康发展提供持久强劲动力。

资料来源：国务院关于深入推进新型城镇化建设的若干意见．(2016-02-06) [2023-12-24]. https://www.gov.cn/zhengce/content/2016-02/06/content_5039947.htm.

第三，推进新型城市建设。城市建设是现代化建设的重要引擎，要顺应城市发展新趋势，加快转变城市发展方式，建设宜居、韧性、创新、智慧、绿色、人文城市，打造人民高质量就业和高品质生活空间，不断满足人民日益增长的美好生活需要。一是增加普惠便捷的公共服务供给。二是健全市政公用设施。三是完善城市住房体系。四是有序推进城市更新改造。五是增强防灾减灾能力。六是增强创新创业能力。七是推进智慧化改造。八是加强生态修复和环境保护。九是推动历史文化传承和人文城市建设。

第四，提升城市治理水平。城市治理是国家治理体系和治理能力现代化的重要内容，要聚焦空间治理、社会治理、行政管理、投融资等领域，推动城市治理科学化精细化智能化。一是优化城市空间格局和改善建筑风貌。二是提高建设用地利用效率。三是提高街道社区治理服务水平。四是健全社会矛盾综合治理机制。五是优化行政资源配置和区划设置。六是健全投融资机制。

城镇化是城乡协调发展的过程，实施新型城镇化战略需要走城乡融合发展之路，坚持以工补农、以城带乡，以县域为基本单元、以国家城乡融合发展试验区为突破口，促进城乡要素自由流动和公共资源合理配置，逐步缩小城乡发展差距和居民生活水平差距。一要稳步推进农村土地制度改革。二要开拓乡村建设多元化融资渠道。三要引导城市人才入乡发展。四要推进城乡一体规划设计。五要强化基本公共服务供给县乡村统筹。六要促进城乡产业协同发展。七要多渠道增加农民收入。

10.3.4 科教兴国战略

我国历来重视科学技术在生产力中的作用。1995 年，中共中央、国务院首次提出：实施科教兴国战略。实施科教兴国战略的意义在于，全面落实科学技术是第一生产力的思想，坚持教育为本，把科技和教育摆在经济、社会发展的重要位置，增强国家的科技实力及向现实生产力转化的能力，提高全民族的科技文化素质，把经济建设转移到依靠科技进步和提高劳动者素质的轨道上来，加速实现国家的繁荣强盛。在新时代，科教兴国战略得到了进一步的完善。

科教兴国战略的主要内容有：

第一，教育优先发展。实施科教兴国战略，要把优先发展教育事业作为推动党和国家各项事业发展的先手棋，让教育走在发展前列，发挥教育的先导性作用。一是坚持以人民为中心发展教育。要办好人民满意的教育，培养德智体美劳全面发展的社会主义建设者和接班人；优先保障教育资金的财政投入，发展素质教育；优化区域教育资源配置，统筹多类型教育协同创新，促进教育公平。二是建设高质量教育体系。要巩固义务教育基本均衡成果，推动义务教育优质均衡发展；突出职业技术教育类型特色，大力培养技术技能人才；推进高等教育分类管理和高等学校综合改革，提升高等教育质量；建立高水平现代教师教育体系，提升教师教书育人能力素质；深化新时代教育评价改革，建立健全教育评价制度和机制。

第二，科技自立自强。实施科教兴国战略，要把科技自立自强作为国家发展的战略支撑，坚持以国家战略需求为导向，着力突破“卡脖子”技术，聚焦重要领域关键技术，加快部署具有战略性全局性前瞻性的国家重大科技项目。一是完善科技创新体制机制。加快科技管理职能转变，强化规划政策引导和创新环境营造，深化科技管理体制改革；实行严格的知识产权保护制度，完善知识产权相关法律法规，健全知识产权保护运用体制；实施更加开放包容、互惠共享的国际科技合作战略，更加主动融入全球创新网络，促进科技开放合作。二是强化国家战略科技力量。优化科技资源配置，加快构建以国家实验室为引领的战略科技力量；加强原创性引领性科技攻关，在事关国家安全和发展全局的基础核心领域制定实施战略性科学计划和科学工程；加强基础研究，强化应用研究带动，制定实施基础研究行动方案；建设重大科技创新平台，包括国际科技创新中心、综合性国家科学中心、区域科技创新中心。

第三，人才引领驱动。实施科教兴国战略需要以人才引领驱动，让各类人才的创造活力竞相迸发、充分涌流。人才强国是科教兴国的关键，要贯彻尊重劳动、尊重知识、尊重人才、尊重创造的方针，深化人才发展体制机制改革，全方位培养、引进、用好人才，充分发挥人才第一资源的作用。一是培养造就高水平人才队伍。培养造就更多国际一流的战略科技人才、科技领军人才、创新团队以及青年科技人才后备

> 党的二十大报告指出：教育、科技、人才是全面建设社会主义现代化国家的基础性、战略性支撑。必须坚持科技是第一生产力、人才是第一资源、创新是第一动力，深入实施科教兴国战略、人才强国战略、创新驱动发展战略，开辟发展新领域新赛道，不断塑造发展新动能新优势。
>
> 我们要坚持教育优先发展、科技自立自强、人才引领驱动，加快建设教育强国、科技强国、人才强国，坚持为党育人、为国育才，全面提高人才自主培养质量，着力造就拔尖创新人才，聚天下英才而用之。

军，加强创新型、应用型、技能型人才培养，加强基础学科拔尖学生培养，实行更加开放的人才政策，完善外籍高端人才和专业人才来华工作、科研、交流的停居留政策和福利保障政策。二是激励人才更好发挥作用。完善人才评价和激励机制，健全科技人才评价体系；赋予领军人才更多技术路线决定权；实行以增加知识价值为导向的分配政策，提高科研人员收益分享比例。三是优化创新创业创造生态。弘扬新时代科学家精神，强化科研诚信建设，健全科技伦理体系；依法保护企业家的财产权和创新收益，发挥企业家在人才驱动中的作用；优化双创示范基地建设布局；完善试错容错纠错机制；弘扬科学精神和工匠精神，开展科学普及活动，提高全民科学素质。

本章小结

经济新常态的三大特点：一是从高速增长转为中高速增长。二是经济结构不断优化升级，第三产业、消费需求逐步成为主体，城乡区域差距逐步缩小，居民收入占比上升，发展成果惠及更广大民众。三是从要素驱动、投资驱动转向创新驱动。

适应经济发展新常态，要以创新、协调、绿色、开放、共享的新发展理念引领经济发展。以国内大循环为主体、国内国际双循环相互促进的新发展格局，是积极应对国内外形势变化的主动选择，是充分发挥我国超大规模市场优势的内在要求，是坚持深化改革开放的国内国际双循环相互促进的统一体。

现代化产业体系应当具备智能化、绿色化、融合化三个基本特征，应当符合完整性、先进性、安全性三个基本要求。加快建设现代化产业体系应把握五个重要原则：坚持以实体经济为重，坚持稳中求进、循序渐进，坚持三次产业融合发展，坚持推动传统产业转型升级，坚持开放合作。

乡村振兴、区域协调发展、新型城镇化、科教兴国等一系列重大发展战略的实施，将有助于加快推进社会主义现代化进程。

阅读书目

1. 习近平．高举中国特色社会主义伟大旗帜　为全面建设社会主义现代化国家而团结奋斗．北京：人民出版社，2022.

2.《党的二十大报告学习辅导百问》编写组．党的二十大报告学习辅导百问．北京：党建读物出版社，2022.

3. 习近平．论把握新发展阶段、贯彻新发展理念、构建新发展格局．北京：中央文献出版社，2021.

4. 习近平．习近平著作选读：第1卷．北京：人民出版社，2023.

5. 习近平．习近平著作选读：第2卷．北京：人民出版社，2023.

分析与思考

1. 什么是新常态？新常态的特点是什么？
2. 新发展理念的基本内容是什么？
3. 什么是新发展格局？构建新发展格局包括哪些主要内容？
4. 现代化产业体系的基本特征和基本要求是什么？
5. 加快建设现代化产业体系的原则是什么？
6. 乡村振兴战略的主要内容是什么？
7. 区域协调发展战略的主要内容是什么？
8. 如何理解新型城镇化战略？

第11章 社会主义宏观经济的运行

要论提示

● 宏观调控是现代市场经济中政府的重要经济职能，在市场失灵的情况下，政府的宏观调控有利于解决资源配置的低效率或无效率。

● 宏观经济调控的目标主要是促进经济增长、增加就业机会、稳定物价、保持国际收支平衡。要健全以国家发展规划为战略导向，以财政政策、货币政策和就业政策为主要手段，产业政策等协同发力的宏观调控制度体系。宏观经济治理体系和宏观经济治理的现代化体现着宏观经济调控目标体系和方式方法的创新。

● 社会保障体系是社会稳定和国家长治久安的重要保证。覆盖全民、统筹城乡、公平统一、安全规范、可持续、多层次，是我国社会保障体系的基本特征。

关键词　市场失灵　宏观调控　社会保障

在不同的经济体制下，政府在经济运行中的地位、职能和作用是不同的。在社会主义市场经济体制中，政府运用各种手段对经济总量进行调节，是社会化大生产的客观要求，也是保证市场经济正常运行的必要条件。

11.1 宏观调控是社会主义市场经济的重要内容

宏观调控是现代市场经济的基本特征之一。在社会主义市场经济条件下，政府重要的经济职能就是运用各种调控手段，制定相关经济政策，对社会经济活动进行控制，以解决市场失灵情况下资源配置的低效率或无效率问题，达到宏观调控经济的目标。

11.1.1 市场失灵

在市场经济体制下，市场在资源配置中发挥决定性作用，但市场不是万能的，在市场机制难以有效发挥作用的一些特殊领域和场合，由市场来配置资源就会缺乏效率，出现市场失灵。

市场失灵是指在存在着垄断、外部影响、公共物品、不完全信息的情况下，以市场为主配置资源的方式不能对相应的资源实现有效配置。具体表现在：（1）垄断。由于生产和技术方面的特点，一些部门具有突出的规模经济效果，不适合竞争。而只要市场不是完全竞争的，往往就会出现低效率的资源配置。（2）外部影响。有些物

关于市场失灵

大多数西方学者并不讳言市场经济的弱点和局限性，“市场失灵”一词被广泛使用。概括他们的论点有以下几方面：（1）市场经济活动会产生外在效应或外部性。（2）市场有其不完全性，对某些公共部门无能为力。（3）市场调节具有短期性和滞后性的弱点。（4）市场不能避免投机行为的产生。（5）市场经济按各人提供的生产要素进行的分配，使收入过于悬殊，产生贫富两极分化。（6）市场经济无力阻止垄断。

品的生产和消费具有外部性，因而个别成本与社会成本不一致，市场价格不能准确地反映包括社会成本在内的全部成本，从而难以消除外部不经济。(3) 公共物品。经济中存在许多不满足竞争性或排他性特点的商品，难以实行“谁付钱，谁消费”的市场原则，会出现不支付成本就得到利益的“搭便车者”。(4) 不完全信息。在信息不对称的场合，交易双方处在不平等的竞争关系中，会导致资源配置的失效。

市场失灵是导致市场经济运行出现失衡的重要原因，当市场机制不能使社会资源实现有效配置时，需要政府来干预市场的经济活动，提高市场效率，纠正市场失灵。

11.1.2 宏观调控的必然性

宏观调控是指政府从总体上对国民经济运行进行调节、控制和引导，以保证国民经济均衡发展，实现资源优化配置的过程。在社会主义市场经济条件下，必须建立健全宏观调控体系，其客观必然性如下：

第一，宏观调控是社会化大生产的客观要求。在全社会范围内按比例分配社会劳动，以保持国民经济各部门按比例协调发展和保证社会再生产各个环节顺利进行，是社会化大生产的一般规律和内在要求。要达到这个目标，仅仅依靠市场机制的自发作用是远远不够的，解决产业结构调整和生产力布局、社会基础设施建设、供求总量失衡和结构失衡等经济总量问题，必须依靠政府的宏观调控。

第二，宏观调控是克服市场失灵和弥补市场缺陷的内在要求。市场作为一种配置资源的手段，存在着难以避免的局限性：一是市场通过市场价格变化对局部经济利益进行调节，对未来供求关系的平衡带有较大程度的盲目性；二是市场发挥作用的优势范围主要是在微观经济领域，它不能自动地引导整个国民经济的宏观平衡；三是市场不能保证收入的平等分配，以至要为取得效率而牺牲一定的公平。市场调节的局限性必然会导致市场失灵，只有通过政府的宏观调控才能弥补市场机制的功能性缺陷，解决市场无力解决的问题，有效地发挥市场对资源配置的决定性作用，保证市场经济的正常运行。

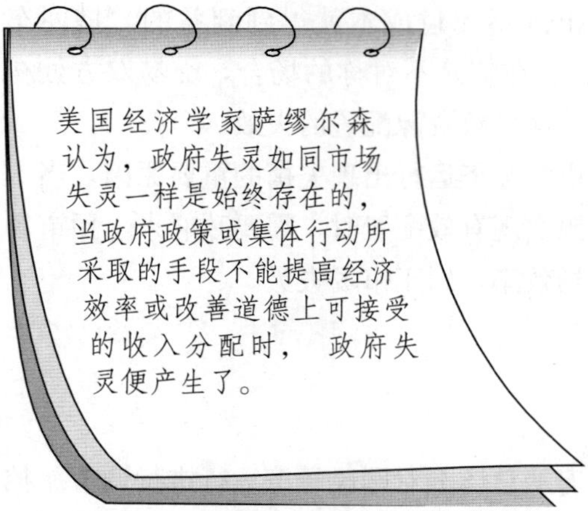

第三，宏观调控是建立和发展社会主义市场经济的必然要求。在我国，市场经济是同社会主义基本制度结合在一起的，使市场在资源配置中起决定性作用和更好发挥政府作用，二者是有机统一的，不是相互否定的，不能把二者割裂开来、对立起来。既要充分发挥市场的积极作用，使经济活动遵循价值规律，适应供求变化，体现竞争原则；又要努力加强和完善宏观调控，促进经济总量平衡和结构优化，保持宏观经济稳定。在处理市场机制和宏观调控关系方面，我们能够将市场优势和社会主义制度的优越性结合起来，比西方国家做得更好。

政府在市场经济中的作用是十分重要的，但又不是万能的。在宏观经济领域，政府对经济总量、经济结构和宏观经济运行的调控更为有效，但在微观经济领域，政府的管理和经营往往缺乏效力。如果无视政府调节经济运行的适用范围，片面扩大政府的作用，会导致“政府失灵”。因此，政府调控不应该也不可能根本改变由市场力量导致的生产要素的流动与配置。随着社会主义市场经济体制的建立，应遵循“政企分开、宏观管住、微观放开”的原则，明确划分和合理行使政府作为国有资产所有者、社会管理者和宏观经济调控者的职能，完善政府的经济调节、市场监管、社会管理和公共服务的职能，积极推进政府职能的转变，改革宏观经济管理方式。

11.1.3　政府和市场的关系

坚持社会主义市场经济改革方向，做好社会主义宏观调控，核心问题是处理好政府和市场的关系。作为配置资源的两种基本力量，市场是一只“看不见的手”，政府是一只“看得见的手”。在资本主义市场经济发展早期，“看不见的手”能够有效配置资源的理论占据主导地位，政府只是作为“守夜人”为市场经济运行提供保障条件。20 世纪 30 年代资本主义世界的经济危机宣告了“市场万能论”的破产，主张政府干预经济以弥补市场失灵的理论为资本主义国家普遍采用。进入 20 世纪 70 年代，高通胀与高失业并存的“滞胀”现象暴露出“政府失灵”，它促使人们重新思考政府与市场的关系，寻找政府与市场的平衡点。

社会主义市场经济由高度集中的计划经济转变而来，整个转变历程所围绕的核心问题就是政府与市场的关系。党的十四大提出要使市场在社会主义国家宏观调控下对资源配置起基础性作用。党的十五大提出“使市场在国家宏观调控下对资源配置起基础性作用”。党的十六大提出“在更大程度上发挥市场在资源配置中的基础性作用”。党的十七大提出“从制度上更好发挥市场在资源配置中的基础性作用”。这些都是我们党对政府和市场关系认识的不断深化和拓展。党的十八大提出“更大程度更广范围发挥市场在资源配置中的基础性作用”，党的十八届三中全会把市场在资源配置中的“基础性作用”修改为“决定性作用”。党的十九大再次强调“使市场在资源配置中起决定性作用”。党的二十大着眼于全面建设社会主义现代化国家的历史任务，做出“构建高水平社会主义市场经济体制”的战略部署，进一步提出要充分发挥市场在资源配置中的决定性作用，更好发挥政府作用。

市场决定资源配置是市场经济的一般规律，市场经济本质上就是市场决定资源配置的经济。经济发展就是要提高资源尤

有效市场，有为政府

坚持市场化、法治化原则，充分发挥市场在资源配置中的决定性作用，更好发挥政府作用，强化竞争政策基础地位，加快转变政府职能，用足用好超大规模市场优势，让需求更好地引领优化供给，让供给更好地服务扩大需求，以统一大市场集聚资源、推动增长、激励创新、优化分工、促进竞争。

资料来源：中共中央国务院关于加快建设全国统一大市场的意见（2022 年 3 月 25 日）. 人民日报，2022-04-11（1）.

其是稀缺资源的配置效率，以尽可能少的投入生产尽可能多的产品、获得尽可能大的效益。理论和实践都证明，市场配置资源是最有效率的形式。健全社会主义市场经济体制必须遵循这条规律，大幅度减少政府对资源的直接配置，推动资源配置依据市场规则、市场价格、市场竞争实现效益最大化和效率最优化。具体而言，就是要从社会主义初级阶段基本经济制度、现代市场体系、财税体制、开放型经济体制等方面入手，解决影响市场起决定性作用的深层次问题。

市场在资源配置中起决定性作用，并不是起全部作用。我国实行的是社会主义市场经济体制，仍然要坚持发挥社会主义制度的优越性、发挥党和政府的积极作用。更好发挥政府作用，不是要更多发挥政府作用，而是要在保证市场发挥决定性作用的前提下，管好那些市场管不了或管不好的事情。要切实转变政府职能，创新行政管理方式，健全宏观调控体系，加强市场活动监管，加强和优化公共服务，促进社会公平正义和社会稳定，推动可持续发展，促进共同富裕，弥补市场失灵。

使市场在资源配置中起决定性作用和更好发挥政府作用，二者是有机统一的，不是相互否定的，不能把二者割裂开来、对立起来。既不能用市场在资源配置中的决定性作用取代甚至否定政府作用，也不能用更好发挥政府作用取代甚至否定使市场在资源配置中起决定性作用。

《中共中央国务院关于加快建设全国统一大市场的意见》提出要坚持有效市场、有为政府的工作原则。站在新的历史起点，必须厘清政府和市场的关系，用好“看得见的手”和“看不见的手”，推动有效市场和有为政府更好结合。

11.2 社会主义宏观经济调控

政府对宏观经济进行调控是为了克服市场失灵，弥补市场缺陷，校正市场调节偏差，引导国民经济持续、快速、健康发展，推动社会的全面进步。随着时代的发展，宏观经济调控政策不断趋于完善，宏观经济调控的理念和思路也随之发生变化。

11.2.1 宏观经济调控的目标和政策

政府实行宏观经济调控的主要任务是保持经济总量平衡，抑制通货膨胀，促进重大经济结构协调和生产力布局优化，减缓经济周期波动影响，防范区域性、系统性风险，稳定市场预期，实现经济持续健康发展。

宏观经济调控的主要目标是：

第一，促进经济增长。经济增长是指一定时期内经济的持续均衡增长，即在一定时期内经济社会的人均产量或者人均收入的增长，通常用一定时期内实际国内生产总值年均增长率来衡量。经济增长是一国综合国力增强和人民生活水平提高的基础。在我国，保持适度较快的经济增长速度直接关系到提高人民生活水平、增强综合国力、提高国际竞争力、

>>>

2023 年我国 GDP 超过 126 万亿元，增速比 2022 年加快 2.2 个百分点。分季度看呈现前低、中高、后稳的态势，向好趋势进一步巩固。按照可比价计算，2023 年经济增量超过 6 万亿元，相当于一个中等国家一年的经济总量。人均国内生产总值稳步提高，2023 年达到 89 358 元，比上年增长 5.4%。从就业看，就业形势总体改善，全年城镇调查失业率平均值比上年下降 0.4 个百分点，特别是农民工就业形势改善比较明显。从物价看，物价总体保持温和上涨，全年 CPI 上涨 0.2%，核心 CPI 上涨 0.7%。从国际收支看，全年货物出口增长 0.6%，年末外汇储备超过 3.2 万亿美元。

资料来源：https://www.stats.gov.cn/sj/sjjd/202401/t20240117_1946664.html，国家统计局网站。

<<<

缩小与发达国家之间的差距、早日实现工业化和现代化，以及提供更多的就业机会等重大问题。因此，促进经济增长就成了宏观经济调控的首要目标。

当然经济增长速度的确定，必须根据实际的可能，量力而行，讲求实效，既要保持较高的增长速度，又要避免经济的大起大落。

第二，增加就业机会。在一国经济发展中，当总供给大于总需求而出现生产过剩，以及经济增长停滞时，就会出现失业率的上升。失业使劳动者的收入减少、生活水平下降，社会保障支出增加，财政负担加重，并影响到社会安定，带来一系列社会问题。因此，各国政府一般都把充分就业作为有效利用和合理配置人力资源、提高居民收入、缓解社会矛盾、维护社会和经济稳定的大事，作为重要的宏观调控目标。

就业形势总体稳定，城镇调查失业率下降

2023 年，全年全国城镇调查失业率平均值为 5.2%，比上年下降 0.4 个百分点。12 月份，全国城镇调查失业率为 5.1%。本地户籍劳动力调查失业率为 5.2%；外来户籍劳动力调查失业率为 4.7%，其中外来农业户籍劳动力调查失业率为 4.3%。不包含在校生的 16～24 岁、25～29 岁、30～59 岁劳动力调查失业率分别为 14.9%、6.1%、3.9%。31 个大城市城镇调查失业率为 5.0%。

资料来源：https：//www.stats.gov.cn/sj/zxfb/202401/t20240117_1946624.html，国家统计局网站。

我国是一个发展中的人口大国，面临着新增劳动力安置、农村剩余劳动力转移以及国有企业职工下岗分流等巨大的就业压力，存在着劳动者充分就业的需求与劳动力总量过大但素质不相适应的矛盾。因此，就业和再就业是我国经济发展中一个十分重要而严峻的问题，政府需要根据不同时期经济发展的具体情况，运用各种调控手段促使其实现。

第三，稳定物价。稳定物价是使物价总水平维持在有利于经济增长的范围内，既防止过高的通货膨胀，又避免严重的通货紧缩。保持物价总水平的基本稳定是国民经济持续、健康发展的重要条件。

无论是通货膨胀还是通货紧缩，都会对社会稳定和经济发展产生负面影响。通货膨胀的发生会降低人们的实际收入水平和货币的购买力，它所指示的供求失衡会引起经济的波动，还可能导致金融市场的混乱，引发金融危机和社会动荡。通货紧缩通常是经济增长低迷的表现，由于需求不足，物价下降，企业生产规模缩小，失业人数随之增加。因此，放开价格，建立主要由市场形成价格的机制的同时，政府应通过稳健的货币政策来调节货币供应量，保持物价总水平的基本稳定。

第四，保持国际收支平衡。国际收支是指一国在一定时期内一切对外经济贸易活动所发生的货币收入和支出，它全面反映一国涉外经济交易情况。出口大于进口为贸易顺差，会出现贸易盈余；进口大于出口为贸易逆差，会出现贸易赤字。国际收支平衡就是指一国的国际收支处于既无盈余又无赤字的状态。

一国的国际收支状况不仅反映了这个国家的对外经济交往情况，还反映出该国经济的稳定程度。国际收支发生严重逆差，会产生支付危机，降低国家的外汇储备，增加通货膨胀压力；国际收支顺差过大，会导致资金使用效率降低，引起国际上不利的反应，对国民经济造成负面影响。因此，将国际收支差额控制在合理范围之内，保持适度的外汇储备，有利于对外经济交往和国内经济的发展。

各个宏观调控目标之间存在着既相互联系又相互制约的关系，政府在制定宏观经济政策时要根据当时的实际情况，在各个目标之间加以权衡和协调。

实现宏观经济调控的目标需要创新和完善宏观调控方式，进一步提高宏观经济治理能力。健全以国家发展规划为战略导向，以财政政策、货币政策和就业政策为主要手段，产业政策等协同发力的宏观调控制度体系，增强宏观调控的前瞻性、针对性、协同性。

一是中长期经济社会发展规划制度。用中长期规划指导经济社会发展，是社会主义宏观经济调控和宏观经济治理的一种重要方式。2021 年，我国发布了《中华人民共和国国民经济和社会发展第十四个五年规划和 2035 年远景目标纲要》（简称

“十四五”规划），这是我国最新的中长期规划。“十四五”时期是我国全面建成小康社会、实现第一个百年奋斗目标之后，乘势而上开启全面建设社会主义现代化国家新征程、向第二个百年奋斗目标进军的第一个五年。这一时期经济社会发展的主要目标是：经济发展取得新成效、改革开放迈出新步伐、社会文明程度得到新提高、生态文明建设实现新进步、民生福祉达到新水平、国家治理效能得到新提升。实践证明，中长期发展规划既能充分发挥市场在资源配置中的决定性作用，又能更好发挥政府作用。

二是财政政策。财政政策是政府运用国家预算、税收、债券、转移支付等来调节经济结构和社会分配，以实现社会总需求和总供给平衡的宏观经济手段。财政政策分为平衡性财政政策、紧缩性财政政策和扩张性财政政策三种类型。平衡性财政政策根据财政收入来安排财政支出，既不要有大量结余，又不要有较大赤字，保持财政收支基本平衡，从而对总需求不产生扩张或紧缩的影响。紧缩性财政政策通过增加财政收入，缩减财政支出，来抑制社会总需求的增长，消除需求膨胀，降低通货膨胀率。扩张性财政政策通过降低财政收入、扩大财政支出来刺激社会总需求的增长，克服经济停滞，提高就业水平。

三是货币政策。货币政策是政府通过控制和调节货币供应量来影响投资和消费，以保持社会总需求和总供给平衡的宏观经济手段。货币政策的基本目标是保持币值稳定，促进经济增长。货币政策分为均衡性货币政策、紧缩性货币政策和扩张性货币政策三种类型。均衡性货币政策通过保持货币供应量与经济发展对货币的需求量的大体平衡，以实现总供给与总需求的基本平衡。紧缩性货币政策通过提高利率、紧缩信贷规模、减少货币供应量，来抑制社会总需求增长，消除通货膨胀。扩张性货币政策通过降低利率、扩大信贷规模、增加货币供应量，来刺激社会总需求增长，提高就业率。政府控制和调节货币供应量主要是通过中央银行调整法定存款准备金率、变更再贴现率和公开市场业务三大手段来实现的。

存款准备金率的调整

2018 年至 2022 年 4 月，人民银行 13 次下调存款准备金率，共释放长期资金约 10.8 万亿元。其中，2018 年 4 次降准释放资金 3.65 万亿元，2019 年 3 次降准释放资金 2.7 万亿元，2020 年 3 次降准释放资金 1.75 万亿元，2021 年 2 次降准释放资金 2.2 万亿元，2022 年 1 次降准释放资金 5 300 亿元。

通过降准政策的实施，优化了金融机构的资金结构，满足了银行体系特殊时点的流动性需求，加大了对中小微企业的支持力度，降低了社会融资成本，推进了市场化法治化“债转股”，鼓励了广大农村金融机构服务当地、服务实体，有力地支持了疫情防控和企业复工复产，发挥了支持实体经济的积极作用。

资料来源：http：//www.pbc.gov.cn/rmyh/4027845/4537000/index.html，中国人民银行网站。

在新发展阶段，要使货币政策与财政政策协调配合，健全货币政策和宏观审慎政策双支柱调控框架，强化货币政策、宏观审慎政策和金融监管。促使货币政策从数量型调控为主向价格型调控为主转型；全面加强宏观审慎管理，强化综合监管，突出功能监管和行为监管，制定交叉性金融产品监管规则；加强薄弱环节金融监管制度建设，填补监管空白，守住不发生系统性金融风险底线。

四是就业政策。就业是最基本的民生，抓好就业工作，是社会主义宏观经济调控的重要内容，既关系家庭幸福，也关系国家长远发展与社会和谐稳定。第一，强化就业优先政策，健全就业促进机制，促进高质量充分就业。第二，健全就业公共服务体系，完善重点群体就业支持体系，加强困难群体就业兜底帮扶。第三，统筹城乡就业政策体系，破除妨碍劳动力、人才流动的体制和政策弊端，消除影响平等就业的不合理限制和就业歧视，使人人都有通过勤奋劳动实现自身发展的机会。第四，健全终身职业技能培训制度，推动解决结构性就业矛盾。要加快提升劳动者技能素质，更好适应市场需求和经济社会高质量发展需要。第五，完善促进创业带动就业的保障制度，支持和规范发展新就业形态。第六，健全劳动法律法规，完善劳动关系协商协调机制，完善劳动者权益保障制度，加强灵活就业和新就业形态劳动者权益保障。

五是产业政策。产业政策是政府为优化产业结构、促进各产业部门均衡发展而采取的手段和措施的总和。产业政策的主要内容有：产业结构政策、产业组织政策、产业技术政策等。产业结构政策是产业政策的核心部分，它是指按照经济发展的一般规律，以及产业发展的内在联系和变化的趋势，主动地对各产业结构变化实施的各种政策。产业组织政策是指对产业组织的调整、优化实行的各种政策。产业技术政策是指为有效推动产业结构优化、促进产业发展的技术支持政策。政府运用产业政策对产业结构的调节主要表现在：(1) 制定正确的产业政策，扶持和发展主导产业，通过主导产业的发展带动国民经济各产业部门按比例发展。(2) 在发展主导产业或新兴产业的同时，促进落后产业的发展，调整优化产业结构。

11.2.2 宏观经济调控的新思路

随着中国特色社会主义经济发展实践的变化，宏观经济调控的思路和方式不断创新。党的十八大以来，中国共产党不断创新完善宏观经济调控，形成了政府和市场结合、短期和中长期结合、总量和结构结合、国内和国际统筹、改革和发展协调的完备的宏观经济调控体系。推动经济实现质的有效提升和量的合理增长，需要着力从健全高质量发展的宏观经济治理体系、提升宏观经济治理的现代化水平方面加强宏观经济调控。党的二十大报告进一步明确提出健全宏观经济治理体系问题，强调发挥国家发展规划的战略导向作用，加强财政政策和货币政策协调配合，着力扩大内需，增强消费对经济发展的基础性作用和投资对优化供给结构的关键作用。

健全高质量发展的宏观经济治理体系，一是要求宏观经济治理体系以创新为动力，积极营造鼓励创新的制度环境，着力破除一切不利于创新的体制机制障碍，加强对基础性创新的支持；二是要求宏观经济治理体系以协调为特点，尊重客观经济规律，在战略全局上处理好国内大循环与国内国际双循环的关系、改革发展与稳定的关系、政府与市场的关系、中央与地方的关系、人与自然的关系、城乡区域等各方面的关系；三是要

> 党的二十大报告指出，健全宏观经济治理体系，发挥国家发展规划的战略导向作用，加强财政政策和货币政策协调配合，着力扩大内需，增强消费对经济发展的基础性作用和投资对优化供给结构的关键作用。

求宏观经济治理体系以绿色为本底，坚持人与自然和谐共生，通过制度安排、法律规范、政策支持走资源节约型和环境友好型发展道路，促进经济社会发展全面绿色转型；四是要求宏观经济治理体系以开放为途径，积极参与并推动经济全球化，主动进行各国之间的协调沟通，提出中国方案，彰显大国担当；五是要求宏观经济治理体系以共享为目的，坚持以人民为中心的发展思想，着力补齐民生短板，增进人民福祉，使全体人民共享经济社会发展成果。

提升宏观经济治理的现代化水平，一是要求加强和完善党对宏观经济治理的集中统一领导，加强制度化建设，着力提高决策的科学性、有效性和针对性；二是要求加快推进宏观经济治理法制化进程，明确宏观经济治理在国家治理体系中的战略定位；三是要求健全宏观经济治理方式，充分用好财政政策、货币政策、就业政策、产业政策等政策工具，形成内在有机结合机制，不断提高宏观经济调控和治理的有效性；四是要求注重跨周期调节和逆周期调节的结合，以跨周期调节为补充，补齐逆周期调节短板，有效平衡促进经济增长、规避金融风险、优化经济结构等多个目标之间的关系，为宏观经济调控预留足够的政策空间；五是要求注重国际宏观经济政策协调，在坚持以我国为主的前提下，更好地畅通国内国际双循环，建设更高水平开放型经济新体制。

宏观经济治理体系和宏观经济治理的现代化体现着宏观经济调控目标体系和方式方法的创新。在目标体系上，宏观经济治理体系和宏观经济治理的现代化既涵盖了传统宏观经济调控关注经济增长和经济结构的目标，又发展了民生保障与生态治理的重要内容。在方式方法上，宏观经济治理体系和宏观经济治理的现代化在宏观经济调控的基础上进一步体现了全局性、系统性的特点，在多重治理目标和方式中寻求动态平衡。

11.3 社会主义市场经济的保障体系

社会保障是社会的“安全网”和改革的“缓冲器”，关系到社会的稳定与经济社会的协调发展。健全覆盖全民、统筹城乡、公平统一、安全规范、可持续、多层次的社会保障体系，是发展社会主义市场经济的需要。

11.3.1 社会保障体系的主要内容

我国的社会保障体系主要包括社会保险、社会救济、社会福利、优抚安置等方面。其中，社会保险是社会保障体系的核心部分，社会福利是社会保障体系的最高层次，社会救济是社会保障的最后防线。

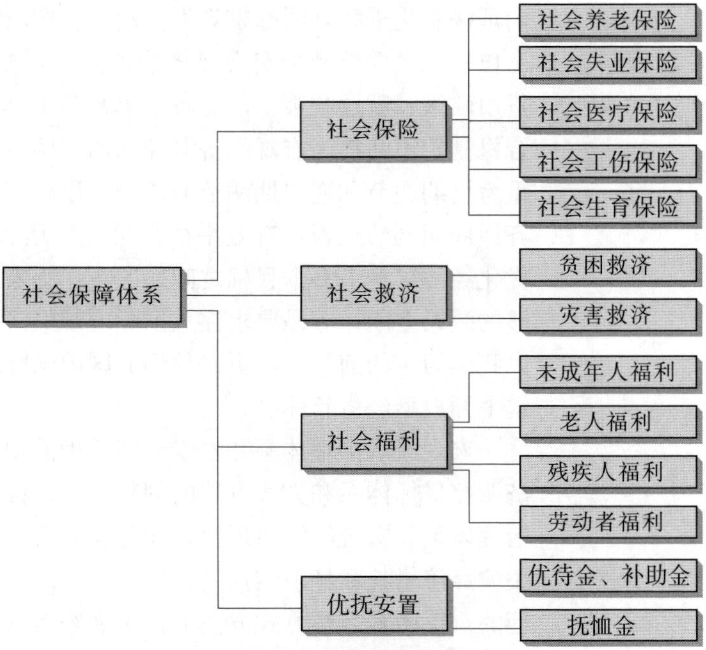

社会保障体系结构图

第一，社会保险是以政府为主体、以法律为基础，在权利与义务的一致性原则下，通过政府、企业、劳动者个人的共同筹资，为劳动者个人及其家庭提供经济收入补偿，使其在由年老、疾病、伤残、生育、失业等造成的社会生活问题面前仍然能够维持基本生活，以保障社会安定与持续发展的社会互助制度。

社会保险覆盖面广，涉及内容多，承担风险大，是社会保障体系的核心内容。它具有以下特点：一是强制性，由国家立法推行，要求符合一定条件的劳动者必须参加；二是互济性，参加者先尽到缴费义务，后享受补偿权利，风险分担，互助互济；三是储备性，社会保险基金在风险发生前筹集，在风险发生后使用；四是补偿性，参加者在劳动和收入中断时，才有权得到给付，以保障劳动者基本的生活需要。

在我国，社会保险主要包括社会养老保险、社会失业保险、社会医疗保险三大法定保险项目以及社会工伤保险和社会生育保险等。

第二，社会救济是国家通过国民收入的再分配，对因自然灾害或其他经济、社会因素而无法维持最低生活水平的社会成员给予救助，以保障其最低生活水平的制度。

社会救济是社会保障体系的最低层次，是保障社会安全的最后防线。它具有以下特点：一是救济对象的选择性，救济对象是在法定最低生活水平线和低于这个水平线的国民和家庭；二是救济标准的低层次性，救济目标在于保障公民维持最低生活水平；三是资金来源和流动的单向性，国家和社会向救济者给付救济金，而不要求救济对象缴费；四是救济时间的短期性，除一些长期救济对象外，大部分是应急性的。

社会救济的内容一般可分为贫困救济和灾害救济两大类。最低生活保障制度是指每一个公民在不能维持最低生活水平时，由国家和社会按照法定的标准向其提供满足最低生活需要的物质援助的社会保障制度。

第三，社会福利是国家和社会面向全体社会成员举办的福利事业和采取的福利措施。

社会福利是社会保障体系的最高层次。它具有以下特点：一是保障对象广泛，面向全体社会成员；二是免费、减费提供生活用品、服务或现金补贴；三是资金来自政府财政预算拨款、社会组织的专项基金、群众集资等。

2014 年颁布实施的《社会救助暂行办法》规定国家对共同生活的家庭成员人均收入低于当地最低生活保障标准，且符合当地最低生活保障家庭财产状况规定的家庭，给予最低生活保障。

社会福利的内容包括未成年人福利、老人福利、残疾人福利、劳动者福利等多个方面。社会福利的形式既有国家举办的福利项目，又有民间团体和志愿机构举办的福利项目；既有现金、实物援助的福利，又有劳务形态上的福利。

此外，根据具体国情，我国还采取了一些其他社会保障形式，作为对社会保险、社会救济、社会福利的补充。我国政府明确地把优抚安置作为社会保障体系的一个组成部分，设置专门机构负责伤残军人生活、抚恤烈士家属、优待军人家属的工作。

我国目前有三条社会保障线，即国有企业下岗职工基本生活保障、失业养老保险、城市居民最低生活保障制度，它们对保障职工和城市居民基本生活、促进深化改革、保持社会稳定，具有重要作用。

在建立社会主义市场经济体制的过程中，我国高度重视社会保障制度的改革与创新，将构建独立于企业事业单位之外，资金来源多元化、保障制度规范化、管理服务社会化的社会保障体系，确立为社会主义市场经济体制的基本支柱之一，社会保障的制度创新取得了突破性进展。具体表现在：按照“广覆盖、低水平、社会化、可持续”的目标，坚持社会统筹和个人账户相结合的原则，确立了城镇职工基本养老保险制度的基本框架，启动了城镇职工统一的基本医疗保险制度，逐步完善了失业保险制度和城市居民最低生活保障制度，农村养老保障和医疗保障也取得了一定的进展，初步建立了具有中国特色的社会保障体系。

11.3.2 社会保障体系的基本特征

社会保障体系是人民生活的“安全网”和社会运行的“稳定器”。覆盖全民、统筹城乡、公平统一、安全规范、可持续、多层次，是我国社会保障体系的基本特征。

第一，覆盖全民，即不断扩大社会保障覆盖面，引导更多符合条件的单位和人员纳入社会保障。健全农民工、灵活就业人员、新就业形态就业人员等重点群体参加社会保险的制度，完善对缴费困难群体的帮扶政策，努力实现应保尽保和法定人群全覆盖。进一步强化社会保障的互助共济功能，加强失业保险参保扩面工作，重点推动中小微企业人员、农民工等积极参加失业保险。实现工伤保险向职业劳动者的广覆盖。

第二，统筹城乡，即统筹推进城乡社会保障体系建设。加强城镇与农村社会保障制度衔接，完善更好适应社会流动性的社会保障政策，逐步缩小职工与居民、城市与农村的筹资和保障待遇差距，逐步提高城乡居民基本养老金水平。

> 要着力保障和改善民生，紧紧抓住人民最关心最直接最现实的利益问题，构建初次分配、再分配、第三次分配协调配套的制度体系，健全覆盖全民、统筹城乡、公平统一、安全规范、可持续的多层次社会保障体系，促进基本公共服务均等化，让发展成果更多更公平惠及全体人民。
>
> 资料来源：习近平．为实现党的二十大确定的目标任务而团结奋斗．求是，2023（1）．

第三，公平统一，即统一社会保障制度，更好体现社会保障作为收入分配调节器的重要功能。完善基本养老保险全国统筹制度，健全基本养老、基本医疗保险筹资和待遇调整机制，推动基本医疗保险、失业保险、工伤保险省级统筹，加快完善全国统一的社会保险公共服务平台，努力实现全体社会成员权利公平、机会公平、规则公平，让改革发展成果更多更公平惠及全体人民。

第四，安全规范，即统筹发展和安全，加强社会保障基金规范管理，守住社会保障基金安全底线。要依法健全社会保障基金监管体系，坚持政策、经办、信息、监督“四位一体”风险防控，强化人防、制防、技防、群防“四防”协同，加强基金监管能力建设，提升管理水平，以零容忍态度严厉打击欺诈骗保、套保或挪用贪占各类社会保障基金的违法行为，守护好人民群众的每一分“养老钱”“保命钱”和每一笔“救助款”“慈善款”。

第五，可持续，即立足当前、着眼未来，确保各项社会保障基金收支平衡，制度长期稳定运行，促进社会保障事业高质量可持续发展。人口老龄化给社会保障制度的可持续发展带来挑战，要提高征缴效率，健全多渠道筹资机制，完善社保基金市场化投资运营机制，综合施策，促进制度长期可持续发展。

第六，多层次，即加快完善多层次、多支柱的养老保险体系，不断满足人民群众多层次、多样化的社会保障需求。目前，我国多层次养老保险体系中第一支柱的基本养老保险独大，第二支柱的企业年金覆盖率低、发展滞后，第三支柱的个人养老金政策还处于起步阶段。在坚持基本养老保险保基本制度定位的同时，要大力发展企业年金和职业年金，提高企业年金覆盖率，推动个人养老金政策发展，实现对基本养老保险的有效补充。

11.3.3 社会保障的重要作用

社会保障是社会发展和社会进步的产物，是伴随生产社会化和市场经济的形成建立起来的。建立健全适合我国国情和市场经济要求的社会保障体系，对维护社会稳定和社会公平、保证社会再生产的顺利进行、促进经济稳定发展等，具有重要的作用。

第一，社会保障有利于化解个人风险，维护社会稳定。在自然经济条件下，家庭是基本的生产单位和消费单位，劳动者主要依赖家庭保障化解个人风险。市场经济是社会化大生产，劳动者因遭遇疾病、伤残、年老等风险而失去劳动能力后，个人、家庭乃至企业均无力承担劳动者基本的生活费用。于是，由社会来解决社会成员的基本生活保障问题，保护社会成员不致因遭受风险而陷入绝境，就成为经济持续发展、社会生活安定不可缺少的条件。

第二，社会保障有利于调整社会经济关系，维护社会公平。市场经济是竞争经济，优胜劣汰，从而不可避免地会出现贫富分化，产生社会不公。为了维护社会秩序，减少社会冲突，必须建立社会保障基金，对市场竞争中的失败者给予物质帮助，缩小贫富差距，解决市场机制解决不了的问题。

第三，社会保障有利于维持劳动力再生产，保证社会再生产的顺利进行。市场经济的发展呈现周期性，在经济收缩或停滞时期，企业开工不足，失业率上升，为避免失业工人流离失所，必须发放失业救济金和困难补助，给予失业工人基本的生活保障，保存这部分劳动力，防止经济繁荣时期出现劳动力供应不足的状况。此外，社会保障还通过建立生育、抚育子女津贴和教育津贴等形式，对劳动力再生产给予资助，为经济发展提供劳动力后备力量，使劳动力再生产和劳动结构的调整适应社会经济发展的需要。

第四，社会保障有利于调节积累与消费的关系，促进经济稳定发展。在经济运行过程中，社会保障具有“自动调节器”的作用。在经济繁荣或经济膨胀时期，就业人数增加，居民收入普遍提高，社会保障基金积累加快，基金数量增加，而领取失业救济金和困难补助的人数减少，社会保障支出相对减少，社会保障收入大于支出，从而在一定程度上抑制了过旺的消费需求，抑制了经济过热。反之，在经济不景气时期，失业和企业利润降低导致居民收入下降，更多的人因收入达不到最低生活标准而需要社会保障，社会保障基金积累放慢，基金数量减少，而领取失业救济金和困难补助的人数增加，社会保障支出大于收入，从而减缓了经济萧条的冲击，在一定程度上刺激了经济的增长。

本章小结

在社会主义经济运行中，国家进行宏观经济调控具有客观必然性。坚持社会主义市场经济改革方向，做好社会主义宏观经济调控，核心问题是处理好政府和市场的关系。

宏观经济调控的目标是：促进经济增长、增加就业机会、稳定物价、保持国际收支平衡。四个宏观经济调控目标之间既相互联系又相互制约，因此，政府在制定宏观经济政策时要根据实际，在各个目标之间加以权衡和协调。

社会主义宏观经济调控需要创新和完善宏观调控方式，进一步提高宏观经济治理能力。要健全以国家发展规划为战略导向，以财政政策、货币政策和就业政策为主要手段，产业政策等协同发力的宏观调控制度体系，增强宏观调控前瞻性、针对性、协同性。

随着中国特色社会主义经济发展实践的变化，宏观经济调控的思路和方式不断创新。党的二十大报告进一步明确提出健全宏观经济治理体系问题，宏观经济治理体系和宏观经济治理的现代化体现着宏观经济调控目标体系和方式方法的创新。

社会保障体系是人民生活的“安全网”和社会运行的“稳定器”。覆盖全民、统筹城乡、公平统一、安全规范、可持续、多层次，体现了我国社会保障体系的基本特征。要不断完善社会保险、社会救济、社会福利、优抚安置等制度，以保证社会稳定和国家的长治久安。

阅读书目

1. 中共中央关于建立社会主义市场经济体制若干问题的决定//中共中央文献研究室．十四大以来重要文献选编：上．北京：人民出版社，1996.

2. 江泽民．加快改革开放和现代化建设步伐，夺取有中国特色社会主义事业的更大胜利//江泽民．江泽民文选：第1卷．北京：人民出版社，2006.

3. 江泽民．全面建设小康社会，开创中国特色社会主义事业新局面//江泽民．江泽民文选：第3卷．北京：人民出版社，2006.

4. 胡锦涛．坚定不移沿着中国特色社会主义道路前进　为全面建成小康社会而奋斗．北京：人民出版社，2012.

5. 中共中央关于全面深化改革若干重大问题的决定．北京：人民出版社，2013.

6. 习近平．决胜全面建成小康社会　夺取新时代中国特色社会主义伟大胜利．北京：人民出版社，2017.

7. 习近平．高举中国特色社会主义伟大旗帜　为全面建设社会主义现代化国家而团结奋斗．北京：人民出版社，2022.

分析与思考

1. 试对下列所给命题或观点进行辨析：

（1）在社会主义市场经济体制下，国家应该运用经济手段和法律手段实行以间接调控为主要特征的宏观调控，不能采取带有强制性的命令、指示、规定等行政手段。

（2）宏观经济调控就是政府对企业进行调控。

（3）建立和完善社会保障体系就是为了使每个社会成员都能过上小康生活。

（4）社会保障制度是市场经济运行的“缓冲器”“安全网”。

2. 试述宏观经济调控的客观依据，并结合实际说明社会主义市场经济体制建立以来我国实行宏观经济调控的基本经验。

3. 面对“经济过热”或“经济萧条”，政府应如何遵循“相机抉择”的原则，搭配使用财政政策和货币政策，实现既定的宏观经济调控目标？

4. 我国当前进行宏观经济调控的新思路是什么？

5. 分析材料并回答问题：

材料　20 世纪 30 年代以前，西方学者大多认为：自由放任的市场经济有其无可比拟的优越性，它主要通过“看不见的手”的自发调节作用，使资源得到合理配置。然而，1929—1933 年资本主义特大经济危机的爆发，宣告了“市场万能论”破产。西方学者开始不再讳言市场经济的弱点和局限性，“市场失灵”一词被广泛使用，概括他们的论点主要有以下几方面：

A. 市场经济造成环境污染、公害泛滥、城市膨胀及生态失衡等。

B. 市场不能提供国防安全体系、科学教育、公共交通、水利等大型基础设施。

C. 市场调节导致对同一产品重复投资，不能很好安排资源的区域（空间）配置，更无法安排资源在现今和未来（时间）的合理配置。

D. 市场不能避免以钻空子、欺诈性的买空卖空为特征的投机行为。

E. 市场经济无力阻止权力集团和垄断势力入侵市场。

F. 市场经济使收入过于悬殊，产生贫富两极分化。

请回答：

（1）“市场万能论”破产的根本原因是什么？

（2）结合材料，试述宏观经济调控的必要性。

（3）在既有“市场失灵”又有“政府失灵”的条件下，应该如何处理市场调节和宏观调控的关系？

6. 分析材料并回答问题：

材料 历史上大规模爆发的传染病，曾给人类社会带来巨大创痛，它不仅夺去了数以亿计的人的生命，而且在短期内对社会经济造成严重破坏。有关资料显示，公元6世纪，在东罗马帝国爆发的瘟疫肆虐了50年之久，造成上亿人死亡；在欧洲爆发的黑死病，3年时间夺去了6 200万人的生命，几乎占当时欧洲人口的1/4；1918年至1919年，在美国爆发的流感，造成世界范围内4 000万以上人的死亡；1980年后出现的艾滋病迄今已经夺去超过2 500万人的生命。针对2003年的SARS，我国政府采取了一系列经济措施：中央财政设立20亿元的非典防治基金，北京市政府宣布对旅游、餐饮等服务性行业和交通运输业实施减税政策，等等。2020年，面对突如其来的新冠疫情，我国政府采取了包括减免税费、金融支持、加大基础设施建设投资、扩大消费等在内的一系列恢复经济的措施，不仅在较短时间内控制住了疫情，还维持了经济的高质量发展。

请回答：

（1）运用有关政治经济学原理，评价政府应对新冠疫情采取的经济措施。

（2）根据材料，说明财税政策和社会救济在应对突发性公共卫生事件中的作用。

（3）结合材料，谈谈你对改革社会保障制度和完善宏观调控体系的认识。

第12章 经济全球化与资本主义经济关系

要论提示

● 世界历史的形成是经济全球化产生和发展的基础。在经济全球化进程中，它受到“逆全球化”的挑战。

● 由发达资本主义国家主导的经济全球化必然有利于发达资本主义国家。发达资本主义国家之间日益复杂的经济关系主要依靠国际经济协调形式来调节。

● 经济全球化对发展中国家的经济发展具有双重影响。发达资本主义国家与发展中国家之间经济关系的实质就是剥削与反剥削、控制与反控制。

● 新殖民主义仍然是经济全球化进程中发达资本主义国家剥削和控制发展中国家的形式。发展中国家为之而奋斗的国际经济新秩序，其基本特征是平等互利、相互依赖。

关键词 经济全球化　发达资本主义国家　发展中国家　国际经济新秩序

经济全球化的产生与发展，对发达资本主义国家和发展中国家的经济发展产生了不同的影响。在经济全球化进程中，发达资本主义国家之间的经济关系、发达资本主义国家与发展中国家之间的经济关系进一步复杂化。发展中国家为建立国际经济新秩序做出了不懈的努力。

12.1 经济全球化的产生与发展

世界历史的形成，为经济全球化的产生和发展奠定了基础。经济全球化包括生产全球化、贸易全球化和资本全球化。经济全球化是生产力发展的必然结果，也是资本主义经济关系在世界范围扩展和深化的结果。经济全球化正日益向纵深发展。

12.1.1 世界历史与经济全球化

世界历史是指各民族、各地区和各国家的历史从相对的孤立走向相互联系、相互影响、相互渗透、相互融合，从而使各民族、各地区和各国家形成共同的历史。世界历史是相对于各民族、各地区和各国家孤立的历史而言的，是一个总体性概念。世界历史的形成，是经济全球化产生和发展的基础。

世界历史的形成，与国际分工和世界市场的形成发展紧密关联。国际分工是指随着生产力水平和生产社会化程度的不断提高，社会分工越出一国国界而形成的国与国之间的分工。国际分工是生产力发展到一定阶段的产物，并随着生产力的发展和资本主义生产关系的产生发展而不断深化。国际分工萌芽于资本主义生产方式确立之前，但国际分工体系的形成与发展是在资本主义生产方式确立之后。

资本主义制度确立后，英国等欧洲资本主义国家发生了第一次产业革命，这些国家建立了机器大工业，推动了生产力的迅速发展，并逐步建立了对落后国家的殖民统治，从而形成了生产工业制成品的宗主国和生产原材料与农业品的殖民地之间的国际分工。19 世纪后半期发生的第二次产业革命，使交通运输工具飞速发展，进一步推动了宗主国的工业发展，在宗主国与殖民地之间的国际分工进一步得到巩固的同时，出现了工业制成品生产国与初级产品生产国之间的国际分工，还出现了宗主国之间、不同工业制成品生产国之间的国际分工。第二次世界大战以后，资本主义殖民体系逐渐土崩瓦解，同时，第三次科技革命推动了生产力的巨大发展，跨国公司也得到了迅速发展，这些使资本主义国际分工体系产生了新的变化：(1) 原来宗主国与殖民地之间的国际分工，被发达国家与发展中国家的国际分工所取代；(2) 工业制成品生产国与初级产品生产国之间的国际分工，即传统的工业国和农业国的分工，发展为技术密集型产业、资金密集型产业和劳动密集型产业的国际分工；(3) 以自然资源为基础的传统的国际分工，发展为以产品专业化、零部件专业化和工艺专业化为基础的新的国际分工。20 世纪 90 年代以来，国际分工的广度和深度发生了前所未有的变化。发达国家和跨国公司在高技术产品的研发和国际化生产布局中，把产品的研发活动和核心技术产品的生产环节集中在发达国家和跨国公司的母公司，而把一般技术产品和外围产品转移到发展中国家生产，这种发达国家和发展中国家的国际分工，实际上是把生产的国际分工转变成了科研与生产的国际分工。

> 资产阶级，由于开拓了世界市场，使一切国家的生产和消费都成为世界性的了。
>
> ——马克思、恩格斯
>
> 资料来源：马克思，恩格斯．马克思恩格斯文集：第 2 卷．北京：人民出版社，2009：35.

国际分工的形成与发展，必然促进国际交换，从而促进世界市场的形成。世界市场有狭义的世界市场和广义的世界市场之分。狭义的世界市场，是指世界各国通过对外贸易和经济合作建立起来的商品交换的场所和领域，是商品交换场所突破国家和地域限制扩充到世界范围的结果。广义的世界市场，是指在国际经济关系基础上形成的各国资产阶级社会的总和，是各资本主义国家的资产阶级经济关系跃出国界限制在世界范围内不断扩张，发展成为世界规模的资本主义经济社会的整体。狭义的世界市场是广义的世界市场形成的前提基础，广义的世界市场是狭义的世界市场发展的必然结果。世界市场是经济全球化的雏形和不发达阶段，世界市场的形成与发展促进了经济全球化的产生和发展。

世界市场的形成和发展，打破了各民族、各地区和各国家的孤立、闭塞状态，无论是在物质产品方面还是在精神产品方面，民族的片面性和局限性日益成为不可能。这样，世界市场的形成和发展，就使世界的各个部分有了紧密的联系，把各个民族推向这种不可分割的紧密联系和交往之中，从而使各民族、各地区和各国家的历史，从孤立的历史发展成为共同的历史，即世界历史。世界市场和世界历史的形成和发展反映了资本主义经济关系发展的空间范围的扩大。马克思指出，资本主义大工业首次开创了世界历史，因为它使每个文明国家以及这些国家中的每一个人的需要的满足都依赖于整个世界，因为它消灭了各国以往自然形成的闭关自守的状态。世界历史的形成和发展，使工业较不发达的国家被工业发达国家以殖民化的方式强行拉入了资本主义的世界体系，从而推动了经济全球化的产生和发展。

经济全球化是指在科学技术、生产力和国际分工不断发展的情况下，把世界的生产、贸易、金融等活动紧密联系在一起，使各国各地区之间的经济活动相互依存、相互开放的客观趋势。与国际分工、世界市场和世界历史的发展水平相适应，经济全球化大致经历了

> 各个相互影响的活动范围在这个发展进程中越是扩大，各民族的原始封闭状态由于日益完善的生产方式、交往以及因交往而自然形成的不同民族之间的分工消灭得越是彻底，历史也就越是成为世界历史。
>
> ——马克思、恩格斯
>
> 资料来源：马克思，恩格斯．马克思恩格斯文集：第1卷．北京：人民出版社，2009：540－541.

三个阶段：(1) 殖民扩张和世界市场形成阶段，西方国家靠巧取豪夺、强权占领、殖民扩张，到第一次世界大战前基本完成了对世界的瓜分，世界各地区各民族都被卷入资本主义世界体系之中。(2) 两个平行世界市场阶段，第二次世界大战结束后，一批社会主义国家诞生，殖民地半殖民地国家纷纷独立，世界形成社会主义和资本主义两大阵营，在经济上则形成了两个平行的市场。(3) 经济全球化阶段，随着冷战结束，两大阵营对立局面不复存在，两个平行的市场随之不复存在，各国相互依存大幅加强，经济全球化快速发展演化。

12.1.2 经济全球化的主要内容

经济全球化的主要内容包括生产全球化、贸易全球化和资本全球化。

第一，生产全球化，即随着科学技术的发展和高精尖产品及工艺技术的出现，生产领域的国际分工和协作得到增强。生产全球化改变了国际分工的内容，即使以自然资源为基础的分工发展为以现代工艺和技术为基础的分工，使垂直型国际分工发展为水平型国际分工，使注重产品的前后向联系发展为重视产品型号、产品零部件以及产品工艺流程的分工。在此基础上，形成了世界性的生产网络，各国国内的生产活动成为世界生产的一个组成部分，成为产品生产过程的一个环节。

第二，贸易全球化，即随着科学技术的发展和各国对外开放程度的提高，流通领域中国际交换的范围、规模、程度发生变化。贸易全球化的前提是技术的全球扩散。在国际分工发展的基础上，跨国公司将一些成熟的技术和关联性技术扩散到世界各地，加强了各国之间的经济联系，从而引发了世界范围内产业结构的调整，产业在各国之间进行梯度转移。发达资本主义国家之间通过跨国公司的交叉投资、企业兼并等，在更大的经济规模上配置资源、开拓市场、更新技术，实现产业结构的优化和升级，并把技术较为陈旧、科技含量较低的产业转移到发展中国家，从而使各国之间交流产品和生产要素的必要性大大增强。随着加入区域集团的国家增多，全球贸易的范围和规模日益扩大，并且还出现了新的更便捷、更灵活的贸易方式，各国之间的贸易联系日益加强，各国对出口贸易的依存度也在不断提高。

若干年份世界贸易进出口总额　　（单位：亿美元）

类型	2005 年		2010 年		2015 年		2020 年	
	出口	进口	出口	进口	出口	进口	出口	进口
货物贸易	105 103	107 853	153 040	154 381	165 581	167 335	175 829	178 121
服务贸易	26 286	25 509	39 032	37 652	49 279	47 942	49 138	45 964

资料来源：世界贸易组织数据库。

第三，资本全球化，即随着科学技术的发展和各国对外开放程度的提高，资本在国际的流动速度加快。国际直接投资是资本全球化的基础。国际直接投资的主体和投资方式日益趋于多元化。发达国家与发展中国家都成为国际直接投资的主体，投资的方式既有设立新企业、收购兼并，也有股权投资、非股权投资。国际直接投资成为世界经济增长的主要推动力，其总量也迅速增长，增长速度高于世界生产和国际贸易的增长速度。此外，国际直接投资的产业分布和地区分布也发生了明显的变化。发达资本主义国家国际直接投资的产业分布已由初级产品部门转向制造业，特别是转向资本和技术密集型的制造业，对第三产业特别是其中的信息服务和金融服务的投资，不仅增长速度最快，而且所占比重最高；国际直接投资的地区分布主要在发达资本主义国家之间，目前对发展中国家的投资也有明显增加。国际金融市场的形成也是资本全球化的一个方面的内容。国际金融市场主要包括国际信贷市场、国际债券市场、国际股票市场、国际外汇市场和国际衍生金融工具市场等。资本全球化的发展使各国对国际金融市场的依赖程度提高，各国之间的金融联系日益紧密，但与此同时，也产生了防范金融风险、加强经济安全的要求。

12.1.3 经济全球化的本质及发展趋势

经济全球化，是生产力发展和生产关系变革共同推动的历史进程和必然结果。经济全球化的本质，也可以从生产力和生产关系两个方面来说明。

历史地看，经济全球化是社会生产力发展的客观要求和科技进步的必然结果，不是哪些人、哪些国家人为造出来的。经济全球化为世界经济增长提供了强劲动力，促进了商品和资本流动、科技和文明进步、各国人民交往。

资料来源：习近平．引导好经济全球化走向//中共中央党史和文献研究院．十八大以来重要文献选编：下．北京：中央文献出版社，2018：570.

从生产力的角度看，经济全球化的本质是社会生产力发展的客观要求和科技进步的必然结果。科学技术和生产力的发展，带来了交通工具和通讯方式的根本性变革，使得人类的经济活动能够突破国家和地域的限制，加速了科学技术的传播，扩大了人员往来的交流，节约了经济活动的成本，提高了经济交往的效率，从而为经济全球化的发展提供了物质技术条件。同时，科学技术和生产力的不断发展，要求人类社会的经济活动不断突破一国或一个地区范围的限制，进一步跨越国家和民族的疆界在更大范围来配置资源，使各国各地区在经济上的联系不断加深，从而形成全球性的生产、贸易和金融网络，以及国际经济组织、国际经济规则和国际经济治理体系，进而创造经济全球化发展的社会条件。

从生产关系的角度看，经济全球化是发达资本主义国家发动并主导的经济运动，其本质是资本主义经济关系在世界范围的扩展和深化。经济全球化使工业发达的资本主义国家把经济文化比较落后的国家强行拖入资本主义发展轨道，在促进这些国家生产力发展和进行世界交往的同时，也给这些国家带来了深重的灾难，使未开化和半开化的国家从属于文明的国家，形成了一个“中心”与“外围”相对立、“中心”控制“外围”和“外围”依附于“中心”的资本主义世界体系。资本主义世界体系的形成与发展过程，表明了经济全球化在生产关系方面的本质。

随着科技进步和生产力的进一步发展，以及资本主义制度向社会主义制度的过渡，发达资本主义国家所主导的经济全球化必将被新型的经济全球化所取代。

科学技术、生产力和国际分工的深入发展，使各国之间的经济关系日益密切，也预示着经济全球化的发展趋势。

第一，市场经济在全球经济体系中占据主导地位。一方面，市场经济在地理空间上扩展，它从一国范围内产生的经济体制扩展到世界范围，成为国际性经济体制；另一方面，市场经济在运行系统上扩展，它由本国市场经济的运行系统向国外延伸，成为全球市场经济的运行系统。从世界范围来看，几乎所有国家都被卷入了市场经济潮流之中。世界各国各地区都在发展自己的国内或地区内的市场经济，市场体制、市场发育日益具有全球性质，整个世界市场趋于统一，商品、劳务、技术、信息、知识等都出现了全球化趋势。不同类型国家，市场经济的类型、发展速度不同，发达资本主义国家的市场经济日益呈现多样化趋势，发展中国家的市场经济还不发达、不成熟。但是，无论怎样，经济全球化发展趋势中出现的市场经济的全球化，已是不可逆转的趋势。

第二，区域经济集团化日益发展。区域经济集团是指相邻的若干国家，通过签署某种条约、协议而形成的区域性一体化国际经济组织。区域经济集团的宗旨是增强和扩大集团内部的经济实力，提高集团在国际经济中的竞争力，从而为集团成员国争得更大的经济利益。根据区域经济一体化程度的不同，区域经济集团的组织形式可分为五种：(1) 自由贸易区，即废除区域内部各成员国之间的贸易障碍，但各成员国对区域外的国家仍然保持各自的关税制度。(2) 关税同盟，即除废除成员国之间的关税外，各成员国有统一对外的关税制度，并按照已经协调好的比例分配进口配额和关税收入。(3) 共同市场，即除实行区域商品自由流通和统一对外关税外，还在区域内实行

第二次世界大战以来最有代表性的区域经济集团

欧洲经济共同体，是国际垄断联合的组织形式中一种比较完备的高级形式。欧洲经济共同体也称欧洲共同市场，1958 年成立。欧洲经济共同体由最初只是单纯的关税和非关税领域的合作及建立统一大市场的经济政策协调，扩展为经济与货币、外交与安全、司法与社会事务的联盟。1967 年，欧洲煤钢共同体、欧洲经济共同体和欧洲原子能共同体三者合并，统称欧洲共同体。欧盟是由欧洲共同体发展而来的。1999 年 1 月 1 日，随着欧元的正式启动，欧盟也成为一个真正的经济联盟。

北美自由贸易区是 1992 年由美国、墨西哥、加拿大三国达成北美自由贸易协定以后形成的，其前身是 1989 年由美国和加拿大在两国自由贸易协定的基础上成立的美加自由贸易区。1994 年 1 月开始正式实施。北美自由贸易区实行的是商品、人员、资金、劳务的自由流动。

亚太经济合作组织是囊括人口最多、影响潜力巨大、具有独特合作形式的组织。1989 年启动。我国于 1991 年加入。它既有发达国家又有发展中国家，既有主权国家又有地区经济体；它下设的多个委员会只是在信息交流、研究共同问题和开展联系等方面起协调作用；它的特点是：合作本着求同存异的原则，把自愿的个别行动和适当协调的集体行动结合起来，把对区域内开放和对区域外开放结合起来，以求得既保持个性又发挥共性的合作与发展。

生产要素自由流动，协调各成员国的货币，联合干预汇率浮动幅度，进而建立起统一的货币制度。（4）经济同盟，即在区域内实行毫无限制的生产要素自由流动，制定统一的产业政策，协调各成员国的经济、金融、科技和社会政策，废除政策上的歧视。（5）完全一体化，即各成员国统一市场、统一货币、统一经济发展规划、统一制定财政和社会政策，设立一个中央机构负责对所有事务进行调控，制约各成员国。

第三，跨国公司的主导作用增强。跨国公司在第二次世界大战前后就已形成了相当规模，在经济全球化的发展进程中获得了进一步的发展。经济全球化要求在全球范围内配置资源，世界市场成为一个不断扩大的统一整体，各个国家都必须面向这个市场，实行规模生产和经营，积极参与世界竞争。在经济全球化进程中，跨国公司组成了更大规模的超国界的经济实体。跨国公司之间的合作方式多种多样，除了有相互持股、相互兼并和共同出资兴办新企业的形式外，还有跨国联盟，即两个以上的跨国公司以结盟的方式在投资、科研、生产和市场开拓等方面进行合作。跨国联盟主要实行资源共享、利益同求、风险共担。它的主要形式有合并式联盟、互补式联盟和项目式联盟。跨国联盟的组建，反映了在经济全球化条件下跨国公司主导作用的增强。跨国公司在全世界范围考虑生产布局、营销渠道、长远发展等问题，哪里有业务，哪里有利可图，它就会涉足哪里。因此，它又以其全球性生产经营的企业形态，以其相互间的联合与合作的形式促进了经济全球化的深入发展。跨国公司的全球经营战略，以及跨国公司的母公司与子公司之间的内部联系，形成了当代国际经济关系活动中囊括世界各国各地区的空前巨大的网络，从而使全球化的经济成为网络型经济。跨国公司之间的联盟更推动了经济全球化的发展，因为这种联合与合作是一种世界范围的强强联合与合作，它有利于突破贸易壁垒、分散投资风险、引进新技术、开拓新市场，使世界各国的经济联系更加紧密，使国际竞争在更大的规模上得到开展，从而使经济全球化向纵深发展。

近些年来，在经济全球化发展过程中，“逆全球化”力量急剧上升，主要表现在：第一，贸易保护主义盛行。在全球经济增长乏力的情况下，一些国家为了扭转贸易逆差、规避贸易失衡，通过设置贸易壁垒，实施贸易保护，采用反倾销手段，干预正常的贸易，抢占国际市场份额。贸易保护主义的盛行必然带来贸易争端，甚至贸易大战，影响全球经济发展。第二，民粹主义势力登场。经济全球化的消极影响被一些民粹主义势力所利用，他们以维护平民的利益为由头，引导广大底层民众把经济疲软乏力以及社会问题归罪于经济全球化。此外，全球范围的新媒体、大数据、云计算出现，网络民主、网络政治得以产生，大量的底层民众卷入了政治。民粹主义势力的登场，对全球自由贸易和投资体系产生了影响，使全球治理机制出现了失序和碎片化问题。第三，国际恐怖主义加剧。随着经济全球化的发展，国家之间发生战争的可能性已大大降低。在这种情况下，恐怖主义一方面利用互联网进行恐怖主义宣传，通过网络传播恐怖主义活动信息，利用电脑黑客对网址进行破坏等；另一方面利用大规模杀伤性武器进行恐怖活动，如毒气袭击、生化武器搞破坏活动，破坏人类的秩序感和对安全生活的控制感。“逆全球化”力量的急剧上升，说明了经济全球化的发展缺乏普惠性、共享性和包容性。面对经济全球化带来的机遇和挑战，正确的选择是，充分利用一切机遇，合作应对一切挑战，引导好经济全球化走向。

12.2 发达资本主义的国际经济关系

经济全球化是由发达资本主义国家主导的，它必然有利于发达资本主义国家。在经济全球化进程中，发达资本主义国家之间日益复杂的经济关系主要依靠国际经济协调形式来调节。

12.2.1 经济全球化对发达资本主义国家的影响

经济全球化是发达资本主义国家占优势、为主导的，这就决定了经济全球化的发展必然有利于发达资本主义国家。由于发达资本主义国家在资本主义世界体系中占主导地位和起支配作用，因而经济全球化具有不平等性质，即在平等竞争的旗号下推行着经济霸权主义，在全球范围内实施着资源的不平等分配制度，并在不对等的国际经济关系中享有极大的经济利益。

经济全球化的发展有利于发达资本主义国家的主要表现是：

第一，经济全球化过程中的多数规则是由发达资本主义国家制定的，这些规则的实施必然会使发达资本主义国家首先受益。经济全球化的建立以发达的市场经济为基础，发达资本主义国家的市场经济一般都处于发达阶段。世界经济运行的制度和规则，正是按照发达市场经济的需要制定的。制定并监督世界经济运行制度和规则的三大国际经济组织是国际货币基金组织、世界银行和世界贸易组织，而这三大国际经济组织则是被发达资本主义国家所操纵和控制的。它们竭力垄断世界经济运行制度和规则的制定权与修改权，排斥和压制其他国家参与决策，其结果必然是有利于发达资本主义国家。

三大国际经济组织

国际货币基金组织：1945 年 12 月 27 日正式成立，1947 年成为联合国的专门机构。它的宗旨是：稳定国际汇兑，消除妨碍世界贸易的外汇管制，促进国际货币合作，并通过提供短期贷款满足其成员国际收入暂时逆差的外汇资金需求。该组织的总裁通常由欧洲国家派任，但须得到美国的认可。我国于 1980 年正式恢复代表权。

世界银行：1945 年 12 月 27 日正式成立，1947 年成为联合国的专门机构。它的宗旨是通过组织和发放长期贷款满足一部分成员经济发展对资金的需求，贷款的重点是发展中国家。历任行长通常由美国派任。我国于 1980 年正式恢复代表权。

世界贸易组织：其前身是关税及贸易总协定。经过八轮多边贸易谈判，于 1995 年 1 月 1 日正式成立世界贸易组织，经过一年的过渡期完全取代关税及贸易总协定。世界贸易组织的宗旨是建立没有贸易壁垒的世界单一市场，功能是定期审议各国贸易政策的机制，受理贸易诉讼，仲裁贸易争端，组织新一轮的贸易谈判。我国作为关税及贸易总协定的缔约国之一，于 1986 年 7 月正式申请加入并开始谈判，于 2001 年 12 月 11 日正式成为世界贸易组织的第 143 个成员。

第二，发达资本主义国家的经济通过经济全球化可以得到迅速增长。由于发达资本主义国家不仅在资金、技术和管理等方面具有较大优势，而且在市场经济体制、法律制度、产业组织制度和企业制度等方面也具有较大优势，再加上世界经济的运行制度和规则有利于发达资本主义国家，因此，发达资本主义国家通过自由贸易，可以使其资源优势迅速转化为竞争优势和利益优势，从而从世界各地获得大量利润；通过跨国公司及跨国公司之间的联盟，可以使其投资和生产遍布世界各地，既使其生产成本降低，又控制着跨国公司所在国的经济；通过金融自由化，可以使其利用手中掌握的闲置资本，加强对国际金融市场的控制，并为在国际金融领域的投机活动大开方便之门。

12.2.2 发达资本主义国家之间的经济关系

在经济全球化进程中，发达资本主义国家之间的贸易和资本流动，既存在相互联系、相互依赖的一面，也存在相互竞争、相互矛盾的一面，使发达资本主义国家之间的经济关系呈现出复杂性。

经济全球化的发展使各发达资本主义国家经济之间存在着日益紧密的联系。在生产领域，跨国投资成为发达资本主义国家生产国际化的一种重要的联系和依赖方式。它促使各发达资本主义国家之间在资本供求关系、资源配置、产业结构、技术层次等方面相互渗透、相互依存。在贸易领域，商品贸易成为发达资本主义国家经济之间相互联系、相互依赖的最基本的形式。发达资本主义国家之间的商品贸易结构在经济全球化的推动下，已由工业制成品的贸易转变为高新技术产品的贸易，航空航天工业、光学、电子计算机、电子工业、仪器制造业的产品贸易发展迅速。在金融领域，货币关系的国际化成为发达资本主义国家经济之间相互联系、相互依赖的重要方式。在生产国际化、商品贸易联系密切的情况下，各发达资本主义国家之间必然会发生债权与债务关系，从而引发它们之间的货币兑换、比价、货币储备等问题，国际金融市场就成为各发达资本主义国家经济之间相互联系、相互依赖的纽带。

由于垄断资本的本性是最大限度地追求垄断利润，因而经济全球化的发展在使各发达资本主义国家经济之间存在着日益紧密联系的同时，也加剧了各发达资本主义国家之间的经济矛盾。其主要表现是贸易冲突、投资冲突和金融冲突，其中贸易冲突最为突出。在国际贸易中，各发达资本主义国家为维持和扩大本国垄断资本的销售份额，必然会发生利益纷争，发生贸易冲突。贸易冲突的主要表现有：(1) 关税之争，即提高关税税率或征收附加税，被征收高税率的国家会进行报复，相应地对对方的出口征收高税率。(2) 汇率之争，即在汇率变动上，

“广场协议”及其对日本的影响

20 世纪 80 年代初期，美国财政赤字剧增，对外贸易逆差大幅增长，希望通过美元贬值来增加产品的出口竞争力，以改善美国国际收支不平衡状况。1985 年 9 月 22 日，美国、日本、联邦德国、法国、英国的财政部部长和中央银行行长在纽约广场饭店举行会议，达成五国政府联合干预外汇市场、诱导美元贬值的协议。该协议又称“广场协议”。

“广场协议”表面上是解决美国因美元定值过高而产生的巨额贸易逆差问题，但实际上严重打击了美国的最大债权国——日本。“广场协议”之后，日元大幅度地升值，对日本以出口为导向的产业产生相当大的影响，为了达到经济增长的目的，日本政府便以宽松的货币政策来维持国内经济的景气，从而形成了著名的日本泡沫经济。这个泡沫经济在 1991 年破灭之后，日本经济便陷入战后最大的不景气状态，不景气状态一直持续了很多年。

当一方通过货币贬值迫使对方货币升值，从而使对方商品价格提高，以削弱竞争力时，另一方也采取措施使自己的货币强制贬值。(3) 配额之争，即在进口的配额限制上，当一国对外国商品的进入实行限制时，被限制的一方也采取应对的报复措施。在国际资本流动中，各发达资本主义国家在输入国投资建厂，生产产品就地销售，可以绕开东道国的贸易壁垒，保持和提高市场占有率，因此，各发达资本主义国家之间争夺有利的投资场所的竞争非常激烈，必然发生投资冲突。投资冲突虽远不如贸易冲突那么激烈，但也是各发达资本主义国家之间经济矛盾的集中点。在国际金融领域发生的金融冲突主要表现在两个方面：一是为巩固和提高各自的货币在国际货币金融事务中的地位而展开争夺，二是围绕各不同货币之间的汇率变动而产生纠纷。

12.2.3 发达资本主义的国际经济协调

发达资本主义国家之间的矛盾主要是通过妥协和协调的方

式来解决的。这是当代发达资本主义国家之间经济关系的一个重要特点。资本主义国际经济协调是指各资本主义国家代表本国垄断资本的利益，对资本主义国际化再生产过程中所产生的各种矛盾、摩擦进行共同协商和调节。

资本主义国际经济协调的形式主要有以下三种：

第一，国际经济组织的协调。在众多的国际经济组织中，国际货币基金组织、世界银行、世界贸易组织被认为是以国际经济组织协调国际经济关系的三大支柱。国际货币基金组织、世界银行等主要是对国际金融活动中出现的矛盾和摩擦进行调节，世界贸易组织主要是对国际贸易活动中产生的矛盾进行调节。此外，经济合作与发展组织协调的范围涉及成员国的经济增长、财政稳定、资本输出、多边贸易、技术合作、能源、环境等方面。

第二，区域经济集团的协调。在经济一体化条件下，自由贸易区与关税同盟的调节范围主要是商品流通领域；欧洲联盟则不仅调节商品流通领域，而且还调节生产要素、货币金融、外贸等领域的矛盾、摩擦。

第三，政府首脑会晤的协调。政府首脑会晤是在各发达国家经济关系矛盾重重、危机四伏情况下渡过难关的应急措施，是在政府领导人一级水平上对重大经济问题进行磋商、协调彼此之间经济关系和经济政策、对国际经济问题进行联合调节的一种形式。

各发达国家之间在经济发展中的矛盾是通过协调来解决的。但是，发达国家之间的经济协调作用是十分有限的，经过调节，旧的矛盾得到缓解，但新的矛盾又会产生，协调不断进行，也不断被破坏，协调过后则是更为剧烈的摩擦。

12.3　发达资本主义国家与发展中国家的经济关系

经济全球化给发展中国家的经济发展既带来机遇也带来挑

战。在经济全球化条件下，发达资本主义国家与发展中国家之间的相互依存、相互联系程度不断提高，但它们之间的矛盾和冲突也日益突出，其实质仍然是剥削与反剥削、控制与反控制。

发达国家和发展中国家

较为普遍、直接的方法是将所有国家按照它们的发展程度进行区分。这样，我们便可分出发达国家和不发达国家、较为发达国家和欠发达国家，或者考虑到持续变化过程，区分为发达国家和发展中国家。“发展中国家”明确含有乐观意味，采用缩写字母 LDCs 表示“欠发达国家”又有其方便之处，这就使得这两个名称成了使用最为广泛的两个术语。发达国家又常常被称为工业国家，以表明重视发展与工业化之间的密切联系。

资料来源：吉利斯，波金斯，罗默，等．发展经济学：第 4 版．北京：中国人民大学出版社，1998.

12.3.1 发展中国家的发展状况及经济特征

发展中国家泛指曾长期遭受殖民主义的奴役和掠夺，后来经过民族革命斗争取得了独立，现在经济相对比较落后的广大亚非拉国家。当代世界 200 多个国家和地区中，除 30 多个为发达国家外，其他绝大多数属于发展中国家。

第二次世界大战后，民族解放运动持续高涨，广大殖民地、附属国纷纷赢得了民族独立，这为发展中国家的经济发展奠定了政治基础。经过几十年的发展，发展中国家取得了很大的经济成就，主要表现在：一是经济有了较快的发展。除 20 世纪 80 年代外，发展中国家的经济保持了较高的增长速度，成为拉动世界经济增长的重要力量。二是单一的、以农业为主的经济结构有所改善。经过几十年的努力，大部分发展中国家的工业化程度大大提高，工业在国内生产总值中的比例大大增加，工业制成品在出口中的比重也大幅提高，还出现了一批新兴工业化国家和地区。三是经济自主性和经济实力有所增强。

发展中国家独立后废除了宗主国的一些特权，在很大程度上能够根据本国的实际情况和国家利益来制定经济发展战略和政策，增强了经济的自主能力，另外，发展中国家在世界经济中的比重也大幅提高。

发展中国家众多，在历史、文化、资源、生态环境和社会制度等方面存在很多差异，但在总体上有一些共同特征，主要是：

第一，经济发展具有过渡性。发展中国家在政治上获得独立后，基本都处在由传统的自然经济向商品经济、由前资本主义社会经济形态向资本主义社会形态，以及由落后的农业和单一经济结构向先进的工业和多样化经济结构过渡的阶段。发展中国家现存的商品经济和资本主义生产关系，是殖民地时期由殖民国家从外部强行输入的；西方殖民者的入侵给发展中国家遗留下了农业极端落后、经济结构单一的弊病。发展中国家面临着完成经济发展过渡的主要任务。

第二，经济发展具有依附性。长期的帝国主义殖民统治，使发展中国家的经济在很大程度上依附于发达资本主义国家。政治上取得独立以后，历史上形成的不合理的国际分工体系并未得到根本改变，再加上经济基础薄弱，科学技术落后，因而发展中国家在资本主义世界体系中的地位仍然是受剥削、受控制，在生产、贸易、金融等领域，必然要依附于发达资本主义国家。

第三，经济发展具有不平衡性。二战结束以来，发展中国家在经济上已获得了很大的发展，但是，各发展中国家及其内部的经济发展程度则呈现出不平衡性。各发展中国家之间的不平衡性主要表现在：新兴工业化国家或地区、石油输出国的经济取得了较快发展，经济实力和出口能力有所增强，它们与发达资本主义国家之间的经济差距逐渐缩小；而以原料和初级产品生产和出口为主的发展中国家，特别是最不发达的发展中国家，经济相对落后，经济发展缓慢，它们与发达资本主义国家之间的经济差距进一步扩大，它们与新兴工业化国家或地区、石油输出国之间的经济差距也迅速扩大。各发展中国家内部的不平衡性主要表现在：不同地区、不同部门之间发展不平衡，如较为进步的地区与落后的、封建的地区并存，吸收了外资的以出口为目的的自然资源开发部门与传统落后的手工业部门以及面向国内市场的粮食生产部门并存，等等；经济结构发展不平衡，如重视工业发展，忽视农业及其他部门的协调发展，等等；城乡之间发展不平衡，如城乡差别、工农差别严重扩大。

12.3.2 经济全球化对发展中国家的影响

经济全球化给发展中国家既带来了经济发展的机遇，同时也带来了经济发展的消极影响。其经济发展的机遇主要表现在：

第一，经济全球化在实现规模经济效益的过程中为发展中国家提供了一个广阔的发展空间。经济全球化意味着国内市场与国际市场的融合，在这样的前提下，发展中国家的经济发展就不仅仅是面向国内居民的需要，还必须面向全球的消费者，经济发展的意识就不仅仅局限于国内市场的竞争，还必须扩大到全球范围，在国际市场上占有自己的一席之地。发展中国家经济发展空间的扩大，有利于自身在全球规模经济效益提高的环境中降低生产经营成本，提高无形资产价值，降低交易成本，从而提高抵御外来风险的能力。

第二，经济全球化在促进研究开发、开展技术竞争的过程中促使发展中国家利用后发优势积极争夺这一制高点。发达资本主义国家拥有技术优势，为了保持这种优势，在世界科技领域永远居于领先地位，它们不断增加研究开发的投资，加强国际范围内研究开发合作和战略联盟，加快技术转让、扩散和创新，发展高新技术产业，促进技术的全球化。在这一发展趋势中，发展中国家为了实现工业化、市场化、社会化，为了提高全要素生产率和经济发展的绩效，可以在向发达国家学习、引进先进技术和先进管理方式的基础上，实现产业结构转换，加大科技投入，建立科技激励机制，促进技术尽快地向现实生产力转化，从而使自身在世界科技领域居于先进地位。

第三，经济全球化在协调各国之间经贸政策的过程中促进了发展中国家经济的增长。在经济全球化进程中，各国之间贸易依存度大大提高。一国经济的繁荣可能会带动他国的经济发展，一国经济的衰退也可能使他国的经济陷入困境。因此，经济全球化在促进贸易和投资自由化的同时，也要求协调各国之间的经济贸易政策，加强各国之间合作与政策的管理。这实际意味着国际冲突发生频率的降低、国际协调机会的增加，从而在一定程度上为发展中国家提供了发展经济的良好环境。

全球化不是某个人的异想天开，也不是某个人的创造发明。全球化是历史规律，是生产力发展的结果。全球化合乎逻辑地随身带来不可忽视的经济危机这个课题。在历史上最强大和最自私的那个大国庇护之下，一个全球性的和难以持续的金融投机在迅速发展，各国经济日益脆弱，大自然遭到破坏，前途捉摸不定，盲目的和不可控制的新自由主义以及占压倒地位的和野蛮的全球主义——我并不反对全球主义而是反对全球化的形式——把我们引向无底深渊。

资料来源：卡斯特罗．全球化与现代资本主义．北京：社会科学文献出版社，2000：31，402，404.

经济全球化对发展中国家经济发展的消极影响主要表现在：

第一，经济发展受到一定程度的损失。由于发达国家在经济全球化中处于主导地位，世界经济运行规则大部分由发达国家制定，所以发展中国家在参与经济全球化的过程中，在遵守发达国家制定的世界经济运行规则时，必然要牺牲某些利益，付出一定的代价，接受一些不平等、不公正的条件。例如，在不合理的国际分工体系中，发展中国家在接受发达国家扩散的低层次产业的基础上，必然会使自身的产业结构走向单一化、低度化和从属化，使自身的国内市场受到发达国家的挤占。在国际经济的依存关系中，发展中国家对国际事务没有发言权，发展中国家在现代科学技术、资金等方面对发达国家具有很强的依附性。在国际贸易关系中，发展中国家在与发达国家的不平等贸易中，剩余价值大量流失。

第二，金融风险加大。在经济全球化进程中，国际金融市场规模日益扩大，金融衍生工具市场得到迅速发展。但是，国际金融活动的赌博性极强，金融衍生商品的交易与实际商品的生产和贸易脱节，规模庞大的金融活动失去了相应的物质生产与产品的支撑，由此产生了大规模的投机套利活动，甚至导致金融风险。国际金融市场上经济的虚拟化成为经济全球化的一种表现形式。发展中国家在经济全球化进程中实行市场经济，开放了金融市场，给发达国家的大投机财团提供了在世界经济活动中、在国际金融市场上呼风唤雨、为所欲为的条件。同时，发展中国家原本就缺乏资本，经济实力依然很弱，金融体系不完善，立法不健全，政府的金融调控机制不健全，管制放松，在经济全球化进程中易受到国际金融活动的冲击，易被国际大投机财团利用。因此，经济全球化进程中金融自由化、国际金融市场上的大规模投机套利活动，对发展中国家的金融安全提出了严峻挑战。

12.3.3 发达资本主义国家与发展中国家经济关系的实质

随着经济全球化的发展，发达资本主义国家与发展中国家之间的相互依存、相互联系程度不断提高，但它们之间的矛盾和冲突也日益突出。发达资本主义国家与发展中国家之间经济关系的实质是剥削与反剥削、控制与反控制。

在经济全球化进程中，发达资本主义国家与发展中国家之间的经济关系，从生产领域到流通领域，从原料、技术到资金等各方面都表现出纵横交错的相互依赖关系。但是，由于不合理的国际分工体系的存在，以及资本的国际扩张、国际积累的存在，这种相互依赖关系又是不对等、不平等的。

发达资本主义国家与发展中国家之间经济关系的主要表现是：

第一，贸易关系。发达资本主义国家为保障自己在国际贸易中对发展中国家的支配地位，采用了两种方式。一方面采用不等价交换方式，即凭借其垄断地位，利用发展中国家不具备制造出技术要求高、精度大的电子、机械设备和化工等产品的能力，极力提高自己所生产的并销往发展中国家的工业制成品的价格，强行要求发展中国家按照这种垄断高价从它们那里买进这些工业制成品；利用发展中国家所生产的初级产品具有的需求弹性低、库藏时间短、容易找到代用品的特点，极力压低发展中国家出口初级产品的价格，迫使发展中国家按照这种垄断低价向它们出口这些初级产品。另一方面采用等价交换方式，即利用其在资本主义世界体系中所占有的国际分工和劳动生产力的优势，以具有较少国别价值的商品换取发展中国家具有较多国别价值的商品，从中获取大量超额利润。

第二，投资关系。资本输出是发达资本主义国家企图统治世界的手段，发展中国家债务负担沉重就是这种关系的表现形式。发展中国家要弥补在与发达资本主义国家的不平等贸易中所遭受的外汇收入的巨大损失，要在困境中发展经济，就不得不接受发达资本主义国家的资本输出。发展中国家大量输入资本，虽然在一定程度上弥补了建设资金的不足，引进了先进技术，促进了新兴工业部门的建立，但却掉入了债务陷阱，加深了自己在经济发展中对发达资本主义国家的依附。因此，发达资本主义国家向发展中国家的投资过程，就是发展中国家的债务积累过程，就是发达资本主义国家对发展中国家进行残酷剥削和掠夺并造成对其依附的过程，也是发达资本主义国家占领市场和利用廉价劳动力，建立一种“殖民地式的经济关系”的过程。

第三，技术关系。发达资本主义国家占据资本主义世界体系中的技术垄断地位，一方面把在本国生产的产品已趋于过剩或被淘汰的技术项目转移到发展中国家；另一方面把有害于生态环境的、只具备陈旧技术生产设备的企业转移到发展中国家。这样做，对发达国家来说，既可以降低成本，占领发展中国家的市场，也可以腾出人力、物力进行更高层次技术领域的开发、研究，保住自身在新技术领域的领先地位；

而对发展中国家来说，生产的发展只能处于技术的较低层次、较低等级上，只能跟在发达资本主义国家身后亦步亦趋地爬行，技术的改进和生产中使用的技术配件也都必须依靠发达资本主义国家提供。发达资本主义国家往往以高价或搭配陈旧和过时的设备转让技术，既使发展中国家蒙受了大量的经济损失，又使发展中国家丧失了发展经济的主动性和发展生产的动力。

不同类型国家居民消费支出

国家或地区	居民最终消费支出（现价，亿美元）			人均居民最终消费支出（2010 年价格，美元）		
	2010 年	2015 年	2020 年	2010 年	2015 年	2020 年
世　界	377 737	425 890	463 829	5 348	5 803	5 866
高收入国家	270 676	284 502	309 855	22 760	23 962	24 032
中等收入国家	102 613	136 900	—	1 983	2 472	—
低收入国家	2 245	3 199	3 447	524	548	628

资料来源：世界银行世界发展指数（WDI）数据库。

发达资本主义国家与发展中国家之间在贸易、投资、技术等方面的经济关系，是相互依赖中的不平等关系，深刻揭示了世界经济结构内部的矛盾。发达资本主义国家是垄断者、支配者、掠夺者和压迫者，发展中国家是被垄断者、受支配者、被掠夺者和被压迫者，因此，它们之间经济关系的实质，仍然是剥削与反剥削、控制与反控制。

12.4 国际经济新秩序

在经济全球化进程中，发达资本主义国家积极推行新殖民主义，利用经济渗透剥削和控制发展中国家，形成了国际经济旧秩序。发展中国家为改变自身在国际经济旧秩序中受剥削、受控制的地位，进行着争取建立国际经济新秩序的斗争。

12.4.1 新殖民主义与国际经济旧秩序

新殖民主义是相对于旧殖民主义而言的。旧殖民主义是第二次世界大战以前的殖民统治形式。它是指垄断资本依靠公开的、赤裸裸的暴力统治，直接占领殖民地国家的一种剥削手段，其基本特点是“政治兼并”，即在政治统治和殖民占领的前提下，实行经济扩张和掠夺。新殖民主义则是在第二次世界大战结束以后，发达资本主义国家在旧殖民体系瓦解的基础上，为维护其既得利益，对已经获得了政治独立的发展中国家采取的一种新的剥削和掠夺的手段。它的基本特点是不带“政治兼并”的“经济兼并”，即表面上承认殖民地国家的政治独立权利，实际上则利用种种手段，迫使发展中国家从经济上、政治上乃至军事上从属和依附于发达资本主义国家的垄断资本。在经济全球化进程中，新殖民主义仍然是发达资本主义国家对发展中国家进行剥削和掠夺的方式。

发达资本主义国家采取新殖民主义手段剥削和掠夺发展中国家的主要形式有：

第一，发达资本主义国家以“援助”“赠与”“贷款”为名输出国家资本，从发展中国家获取各种特权，例如培养代理人，支持和扶植受垄断资本控制的政权，通过各种方式干涉发展中国家的内政，操纵发展中国家的武装力量，为发达资本主义国家垄断资本的扩张开辟道路，最终把发展中国家的经济发展导向有利于发达资本主义国家经济发展的轨道。从战后相当长的时期来看，发达资本主义国家的“援助”“赠与”“贷款”所附加的条件是极为苛刻的。例如，受援国必须为其提供廉价原料，并采取措施促进原料的生产，消除外运的障碍；受援国必须为其承担军事义务，允许发达资本主义国家的军队进入发展中国家，为其提供军事基地；受援国必须用传统的出口商品来购买发达资本主义国家的商品，用援建企业的产品来偿还贷款等。受援国为了得到一点援助，不得不接受这些强加的条件。

第二，发达资本主义国家通过国际垄断组织如跨国公司等，增加对发展中国家的直接投资，创办新企业，扩充原有企业和吞并当地企业，掠夺发展中国家的经济资源，攫取高额垄断利润，以控制发展中国家的经济命脉；还通过建立一些国际垄断组织如"共同体"或"联系国"等，把原来属于自己统治的殖民地附属国继续纳入自己的势力范围。

第三，发达资本主义国家通过产品进出口价格的"剪刀差"、国际贸易中国际价值和国别价值的差额形成的不平等交换，使发展中国家的剩余价值大量流向发达资本主义国家，使发展中国家的资本积累表现出外向型特点。发展中国家由于这种不平等的贸易所形成的"剪刀差"，蒙受了巨大的经济损失。显然，新殖民主义反映的是垄断资本扩张的本性，是旧殖民主义在战后，特别是在经济全球化进程中的一种继续，是发达资本主义国家的垄断资本为维护自身利益、适应新形势变化对殖民政策所做的一种调整。

> **金砖国家**
>
> 金砖国家最初是指巴西（Brazil）、俄罗斯（Russia）、印度（India）和中国（China）。因为这4个国家英文名称首字母组成的"BRIC"，其发音与"brick"（砖）非常相似，所以被称为"金砖国家"。2011年，南非正式加入金砖国家，英文名称定为BRICS。五国国土面积占世界领土总面积的26.46%，人口占世界总人口的41.93%。据估算，2021年5国经济总量约占世界的25.24%，贸易总额占世界的17.90%。5个金砖国家均是新兴市场国家，在许多国际和地区问题上看法接近，在世界经济中发挥着日益重要的作用。2023年8月金砖国家扩员，阿根廷、埃及、埃塞俄比亚、伊朗、沙特阿拉伯、阿联酋等6国获邀加入金砖国家合作机制，金砖国家成员增至11国。

国际经济旧秩序是新殖民主义在国际经济关系和制度上的体现。国际经济秩序是指在世界范围内建立起来的国际经济关系，以及各种国际经济体系和制度的总和。国际经济旧秩序是资本主义发展过程中国际垄断资本控制、掠夺和剥削发展中国家的经济秩序。

国际经济旧秩序的主要内容是：(1) 以不合理的国际分工

为基础的国际生产体系，即发达资本主义国家生产工业制成品、发展中国家生产初级产品的不合理的生产结构。(2) 以不平等交换为基础的国际贸易体系，即发达资本主义国家不仅凭借其在国际分工体系中所占有的优势，通过压低初级产品价格、抬高工业制成品价格的方式剥削发展中国家，而且凭借其在国际生产体系中所占有的垄断地位，通过占据易进行技术革新和提高劳动生产率的生产部门的方式剥削发展中国家。不合理的国际分工体系造成了不合理的国际生产体系，从而造成了不合理的国际贸易体系。(3) 以垄断资本为基础的国际金融体系，即垄断资本主义国家通过提供贷款、经济援助、投资等形式，控制着发展中国家的财政金融；通过各种国际经济集团和机构，控制着发展中国家的经济生活；通过货币结算手段，迫使发展中国家按照发达国家的利益支付各种收支项目。国际经济旧秩序的基本特征就是发达资本主义国家从国际贸易、金融、货币、技术等领域控制和剥削发展中国家，造成世界范围内的贫富两极分化。

12.4.2 建立公正合理的国际经济新秩序

国际经济新秩序是相对于国际经济旧秩序而言的。国际经济新秩序是指在国际经济交往中消灭剥削和控制，建立起真正体现平等互利、互助合作原则的世界经济体系。

发展中国家在国际经济旧秩序中处于不平等、不公正的地位，其最先提出了彻底改革不合理、不公正的国际经济旧秩序，建立公正合理的国际经济新秩序的主张。发展中国家主张建立的国际经济新秩序，是指在当今的世界经济环境中，为促进发展中国家的经济

> 无论国内还是国际的经济和社会力量都对大多数第三世界国家的贫困、不平等、劳动生产率低下的共同特点负有责任。成功地进行经济和社会发展不仅需要第三世界制定适当的发展战略，而且也需要改变现行的国际经济秩序，使它更注重贫困国家的发展需要。
>
> 资料来源：托达罗．第三世界的经济发展：上．北京：中国人民大学出版社，1988：66.

发展和社会进步，对反映国际经济旧秩序的现行国际经济结构进行调整和改变，形成能真正体现公平互利和发展中国家发展权，并注重可持续发展的国际经济机制。

发展中国家提出的建立国际经济新秩序的内容是相当广泛的，主要包括：（1）变革现有的国际生产体系、国际贸易体系和国际金融体系，让发展中国家以平等的地位参与国际分工；要求发达资本主义国家减少对发展中国家出口的关税或非关税壁垒，提高发展中国家初级产品的价格和竞争能力；要求为发展中国家解决货币与发展资金问题，增加技术的转让，使发展中国家对自己的资源和经济活动享有主权，对国际经济事务的决策享有主权，在国际贸易、金融、技术等领域进行的交往必须公平互利。（2）相互依赖，即各个国家之间的经济发展紧密相连，发达资本主义国家有责任帮助发展中国家发展经济，在公平的基础上进行广泛的合作，消除世界上的贫富差距，促进共同繁荣。

20世纪50年代以来，发展中国家为改革国际经济旧秩序、建立国际经济新秩序做出了不懈的努力。发展中国家所做的这一努力遭到了国际垄断资本的抵制和反对，争取建立国际经济新秩序

发展中国家为建立国际经济新秩序的斗争

发展中国家为建立国际经济新秩序的斗争，从20世纪50年代中期到60年代末，由分散的、自发的行动发展为联合的、自觉的、世界性的行动。20世纪70年代开始，发展中国家为建立国际经济新秩序，取得了如《经济宣言》《经济合作行动纲领》《关于建立新的国际经济秩序的宣言》《关于建立新的国际经济秩序的行动纲领》等重要成果。20世纪90年代以来，苏联“八·一九”事件后，南北矛盾日益突出。发展中国家在1993年召开的世界人权大会上，坚决拒绝把发达国家的人权观念写进会议最后文件。1995年3月，在哥本哈根召开的联合国社会发展问题世界首脑会议，强调了发展权和生存权。这年10月，在哥伦比亚召开的第十一届不结盟国家首脑会议，批评了少数发达国家推行霸权主义和“新干涉主义”，呼吁建立新的国际秩序。与此同时，发展中国家的南南合作也得到开展，它们把发展经济作为主要任务，更加明确了建立国际经济新秩序的斗争目标。20世纪末21世纪初，发展中国家为建立国际经济新秩序的斗争陷入低潮。随着世界多极化趋势的发展，中国作为发展中国家，在建立平等、公正、合理的国际经济新秩序中发挥着重要作用。

的斗争具有长期性和曲折性。在经济全球化进程中，发展中国家在建立国际经济新秩序上已进一步明确了斗争目标：（1）维护本国的主权和保护本国的自然资源；（2）改善贸易条件，稳定或提高初级产品的生产；（3）实施必要的国际金融调控，减少发展中国家的债务负担；（4）通过国际立法防范发达资本主义国家特别是跨国公司对发展中国家的侵害。

本章小结

国际分工和世界市场的形成与发展，使各民族、各地区和各国家的历史发展成为世界历史，世界历史的形成和发展推动了经济全球化的产生和发展。经济全球化是指在科学技术、生产力和国际分工不断发展的情况下，把世界的生产、贸易、金融等活动紧密联系在一起，使各国各地区之间的经济活动相互依存、相互开放的客观趋势。经济全球化的内容主要是生产全球化、贸易全球化和资本全球化。市场经济在全球经济体系中占据主导地位、区域经济集团化日益发展和跨国公司的主导作用增强，反映了经济全球化的发展趋势。经济全球化在发展中也遭到了"逆全球化"的挑战。

从生产力的角度看，经济全球化的本质是社会生产力发展的客观要求和科技进步的必然结果；从生产关系的角度看，经济全球化是发达资本主义国家发动并主导的经济运动，其本质是资本主义经济关系在世界范围的扩展和深化。在不对等的国际经济关系中，发达资本主义国家享有极大的经济利益。其主要表现是：经济全球化过程中的多数规则由发达资本主义国家制定，它们势必会首先从中受益；发达资本主义国家的经济通过经济全球化可以得到迅速增长。发达资本主义国家之间的经济关系呈现出复杂性，其特点是既相互联系、相互依赖，又相互竞争、相互矛盾。相关矛盾主要是通过妥协和协调的方式解决的。

第二次世界大战后，发展中国家的经济有了较快的发展，以农业为主的经济结构有所改善，经济自主性和经济实力有所增强。发展中国家的经济发展具有过渡性、依附性和不平衡性的特征。经济全球化是一把"双刃剑"，给发展中国家既带来了经济发展的机遇，同时也带来了经济发展的消极影响。由于存在着不合理的国际分工体系，存在着资本的国际扩张和国际积累，发达资本主义国家与发展中国家之间的经济关系既相互依赖又不平等，其实质仍然是剥削与反剥削、控制与反控制。

新殖民主义反映的是垄断资本扩张的本性，是发达资本主义国家对发展中国家进行剥削和掠夺的方式。新殖民主义是旧殖民主义在战后，特别是在经济全球化进程中的一种继续。国际经济旧秩序是新殖民主义在国际经济关系和制度上的体现，它严重地阻碍着发展中国家的经济发展。发展中国家为改变自身在世界经济格局中受剥削、受控制的地位，进行着争取建立平等的国际经济新秩序的斗争。

阅读书目 …………

1. 马克思，恩格斯．共产党宣言//马克思，恩格斯．马克思恩格斯文集：第2卷．北京：人民出版社，2009.

2. 江泽民．在庆祝中国共产党成立八十周年大会上的讲话//江泽民．江泽民文选：第3卷．北京：人民出版社，2006.

3. 习近平．深入理解新发展理念//习近平．习近平谈治国理政：第2卷．北京：外文出版社，2017.

4. 习近平．高举多边主义旗帜，为建设美好世界作出应有贡献//习近平．习近平谈治国理政：第4卷．北京：外文出版社，2022.

5. 赫斯特，汤普森．质疑全球化．北京：社会科学文献出版社，2002.

6. 赫尔德，等．驯服全球化．上海：上海译文出版社，2005.

分析与思考 …………

1. 经济全球化已成为当今世界经济发展的重要趋势，其明显表现有哪些？

2. 有人认为经济全球化是全球资本主义化，也有人认为经济全球化是资源配置全球化。请对此做出评析。

3. 发达资本主义国家之间的经济矛盾是通过国际经济协调方式来解决的，因而它们在经济全球化进程中的关系实质上是联合和平等的关系。试分析这一说法。

4. 美国经济学家斯蒂格利茨曾经就贸易自由化问题，抨击了发达资本主义国家对发展中国家的虚伪性。他指出：发达资本主义国家试图说服发展中国家进一步开放本国市场，而发展中国家对此则持警惕态度，这是因为“发达国家的人们看起来很虚伪”。结合斯蒂格利茨的这一观点，谈谈发展中国家在经济全球化进程中的地位和作用。

5. 简述国际经济新秩序的主要内容及基本特征。

6. 分析材料并回答问题：

材料 1 马克思、恩格斯在《共产党宣言》中指出：不断扩大产品销路的需要，驱使资产阶级奔走于全球各地。它必须到处落户，到处开发，到处建立联系。

美国联合技术公司为开发电梯新产品，充分利用全球各国的优势，如在法国制造电梯门系统，在德国制造电子器件，在日本设计电动驱动装置，最后在美国组装。美国福特汽车公司生产的轿车，外国部件占 27%。20 世纪 80 年代初至 90 年代中期，国际资本流量年均增长率高达 20%，远远超过国际贸易约 5.5%的年均增长速度。

如同交通工具的改进和铁路运费的降低曾经有力地推动了 19 世纪末各国的经济融合一样，20 世纪 80 年代以来现代通信业的革命，特别是近年来互联网的迅速商业化运用，大大降低了国际的通信费用和交易成本。

材料 2 20 世纪 80 年代以来，许多亚洲和拉美地区的发展中国家大力推行外向型经济发展模式，积极引进直接投资和其他形式的外国资本，并且采取一系列鼓励措施促进出口。它们持续保持了 5%～8%的年经济高速增长率，在较短的时间内成功地实现了由初级产品出口国向制成品出口国的转变。据国际货币基金组织统计，1989—1994 年，发达国家的对外贸易年均增长率为 3.65%，而发展中国家为 8.59%，其中发展最快的是东亚和东南亚地区。

经济全球化使美国获得了巨额的国际资本。美国是全球最大的资本输出国，同时也是最大的资本输入国。大量的外资净流入，有效地抵消了国内私人储蓄水平持续下降和巨额贸易逆差的不利影响，对于保持较高的就业和经济增长水平具有重要作用，同时也为美国保持较低的物价水平做出了不小的贡献。有资料显示，近几年来，绝大多数最不发达国家除了得到捐赠和多边经济援助外，几乎吸引不到任何外国直接投资。

材料 3 **若干年份世界及不同类型国家人均国内生产总值** （单位：美元）

国家或地区	2000 年	2005 年	2010 年	2015 年	2019 年	2020 年
世界	5 512	7 305	9 559	10 223	11 395	10 909
高收入国家	25 761	33 913	39 391	40 444	45 407	43 953
中等收入国家	1 252	1 943	3 825	4 755	5 480	5 207
中低收入国家	1 177	1 811	3 538	4 369	4 998	4 745
低收入国家	272	357	625	714	688	689

资料来源：世界银行数据库。

材料 4 各国应加强经济技术的交流与合作，逐步改变不公正不合理的国际经济秩序，使经济全球化达到共赢和共存的目的。

请回答：

（1）根据材料 1，说明经济全球化产生的原因。

（2）根据材料 2、3，分析经济全球化的发展趋势对世界各国经济的影响。

（3）综合材料 1、2、3、4，给出我国面对经济全球化的基本对策。

第13章 经济全球化与中国的对外开放

要论提示

● 中国实行对外开放，是适应经济全球化发展和国内经济社会发展的必然结果。中国的对外开放经历了40多年波澜壮阔的发展过程，使中国实现了从封闭半封闭到全方位开放的历史性转变。

● 新时代以来，我国更加积极主动对外开放，实施自由贸易区战略，推进“一带一路”高质量发展，建设更高水平开放型经济新体制，推动形成更大范围、更宽领域、更深层次的对外开放格局。

● 当前经济全球化呈现出新的发展态势，但经济全球化仍然是世界经济发展的时代潮流。中国积极参与全球经济治理体系变革，推动和引导经济全球化健康发展。构建人类命运共同体，是中国为解决人类重大问题而贡献的中国智慧和中国方案。

关键词　对外开放　开放型经济新体制　经济全球化健康发展
人类命运共同体

对外开放是中国的一项基本国策，是推动我国经济社会发展的重要动力。进入新时代以来，中国以更加积极主动的姿态走向世界，坚持实施更大范围、更宽领域、更深层次的对外开放。中国是经济全球化的积极参与者和坚定支持者，努力推动构建人类命运共同体。

13.1 经济全球化条件下中国的对外开放

当今的世界是一个开放的世界，中国在开放的世界中要得到发展，必须实行对外开放。党的十一届三中全会以来，中国坚持对外开放基本国策，实行了多种形式的对外开放，实现了从封闭半封闭到全方位开放的伟大历史变革。中国对外开放必须正确处理好对外开放与独立自主、自力更生的关系。

13.1.1 中国实行对外开放的必要性

中国实行对外开放，既是适应经济全球化发展的需要，也是促进国内经济发展的需要，还是推进现代化建设的重大决策和社会主义市场经济发展的要求。

第一，中国实行对外开放是适应经济全球化发展的需要。当代世界，科技革命的浪潮极大地促进了生产力的发展，推动了国际分工和经济高度国际化的发展，使各国的生产、流通、投资等日益联结成一个整体，整个世界经济的开放程度也随之日益提高。世界经济发展的实践表明，随着社会生产力的发展、国际市场的形成和国际分工的深化，在越来越多的生产领域中，最有效益的生产规模，其产量并不是一国的市场所能容纳的，需要到几个、十几个、几十个国家的市场上去销售；产品的更新换代、产品质量的提高，所需要的大量科研费用，也越来越多地通过采用国际合作和国际分工的办法来获得。在国际贸易和资本国际流动日益频繁的情况下，开放已使各个国家的生产和流通紧密地联系在一起，任何国家无论其社会制度如何、规模多大，都被卷入了世界市场，成为世界经济整体不可分割的组成部分，我国也不例外。

第二，中国实行对外开放是促进国内经济发展的需要。我国在经济发展中所需要的一切资源和市场，只有在发展对外经济关系、参与国际经济合作中才能获得；我国在经济发展中有限资源的有效配置和充分利用，也只有在发展对外经济关系、参与合理的国际分工中才能达到。在开放的世界经济中，生产、贸易、金融等都不可能只在一国范围内进行，商品、资本、劳动、技术等都必须在国际流动，资源必须在国际范围进行配置。在开放的世界经济中，一国的经济发展必须通过在国际市场上进行国内资源与国际资源的转换来实现，也必须通过在国际范围内获得追加的生产要素来实现。因此，在开放的世界经济中，任何一个国家孤立自己、闭关自守，不加强国际交往，不引进先进技术和先进经验，不引进资金，都是不可能实现发展的。

国际贸易中优势互补的实例

资产阶级古典经济学家李嘉图提供了国际贸易中优势互补的实例：英国和葡萄牙都生产布和酒。在布的生产上，英国的生产成本低于葡萄牙，生产一定数量的布，英国需要 90 人一年的劳动，而葡萄牙需要 100 人一年的劳动；在酒的生产上，英国的生产成本高于葡萄牙，生产一定数量的酒，英国需要 120 人一年的劳动，而葡萄牙需要 80 人一年的劳动。因此，对英国人来说，用布换酒是有利的；而对葡萄牙人来说，以酒换布是有利的。这样，通过国际分工和交换，双方都发挥了自身的优势，都得到了最佳的利益。

第三，中国实行对外开放是推进现代化建设的重大决策。到本世纪中叶，我国的奋斗目标是把我国建设成为富强民主文明和谐美丽的社会主义现代化强国。要实现这一目标，就必须发展对外经济关系，充分利用开放的世界，获取现代化建设所需要的各种资源。通过发展对外经济关系，我们可以积极合理地利用外资，弥补我国社会主义现代化建设中资金的不足；通过发展对外经济关系，我们可以引进先进技术成果，促进我国科学技术的进步和产业结构的优化、升级；通过发展对外经济关系，我们可以吸收借鉴国外先进的经营方式和管理经验，提高我国政府、市场、企业的管理水平。

> 要实现四个现代化，就要善于学习，大量取得国际上的帮助。要引进国际上的先进技术、先进装备，作为我们发展的起点。
>
> 资料来源：邓小平．邓小平文选：第2卷．2版．北京：人民出版社，1994：133.

第四，中国实行对外开放是社会主义市场经济发展的要求。我国现阶段实行的是社会主义市场经济体制。社会主义市场经济体制的运行和发展，必然要求节约社会劳动，提高经济效益，实行对外开放可以做到这一点。由于世界各国在自然条件、资源禀赋、技术条件等方面都存在着很大的差别，在经济发展方面也各有优势和劣势，通过实行对外开放，可以进行经济资源上的互通有无和经济发展上的取长补短。我国的基本情况是：资源总量大，但人均资源占有量却比较少；人口众多，劳动力资源丰富，劳动力价格低廉，受教育水平较低，劳动力素质不高；等等。我们可以根据我国的实际情况，通过实行对外开放，在充分利用国内资源的同时充分利用国外资源，取人之长，补己之短。我们也可以发展具有优势和国际竞争力的出口产业，在国际贸易中换取我国在生产上不具有优势的产品，从而节约国内生产要素的耗费，节约社会劳动，提高我国经济发展的整体效益。

13.1.2 中国对外开放的历史进程

对外开放是中国的一项长期基本国策，自党的十一届三中全会开始，中国的对外开放经历了波澜壮阔的历史发展过程。

1978 年，党的十一届三中全会开启了中国对外开放的伟大历程。1984 年，党的十二届三中全会把对外开放政策确定为一项基本国策。1987 年，党的十三大把坚持改革开放作为社会主义初级阶段党的建设有中国特色的社会主义的基本路线的两个基本点之一，并写进了党章和宪法。1979 年，深圳蛇口工业区正式成立，成为中国第一个外向型经济开发区。1980 年，中央决定设立深圳、珠海、汕头、厦门 4 个经济特区，在经济特区实行不同于其他地区的特殊经济政策，经济特区成为实施对外开放的试点和窗口。1984 年，在总结对外开放经验与成就的基础上，我国决定进一步加快对外开放的步伐，开放大连、秦皇岛、天津、烟台、青岛、连云港、南通、上海、宁波、温州、福州、广州、湛江、北海 14 个沿海港口城市，赋予这些城市开展对外经济贸易活动的更大的自主权，促进这些城市外商投资活动的发展。1985 年，将长江三角洲、珠江三角洲、闽南厦漳泉三角地区开辟为沿海经济开放区。1988 年，辽东半岛和山东半岛全部对外开放。同年，将海南省设立为我国最大的经济特区——海南经济特区。1990 年，国家决定开发和开放上海浦东新区，这显示了中国进一步推进对外开放的巨大决心。1991 年，又开放了满洲里、丹东、绥芬河、珲春 4 个北部口岸。

1992 年，邓小平在视察南方时发表重要谈话，强调要加快改革开放步伐。随后国家出台了一系列重大措施，全面推进对外开放，掀起了中国对外开放的又一高潮。这一时期，沿江沿边开放、兴建保税区、推进外贸体制改革成为对外经济政策的重点环节。1992 年，决定开放重庆、岳阳、武汉、九江、芜湖 5 个沿江城市和三峡库区，开放哈尔滨、长春、呼和浩特、石家庄 4 个边境和沿海地区省会城市，开放珲春、绥芬河、黑河、满洲里、二连浩特、伊宁、塔城、博乐、河口、畹町、瑞丽、凭祥、东兴等 13 个边境城市、县、镇，开放太原、合肥、南昌、郑州、长沙、成都、贵阳、西安、兰州、西宁、银川等 11 个内陆省会城市，这样沿江沿边的对外开放格局初步形成。在此期间，大连、广州、青岛、张家港、宁波、福州、厦门、汕头、海口等城市获得兴建保税区的资质。此外，中央还着手推进外贸体制改革，努力建立适应国际贸易惯例、符合社会主义市场经济要求的新型外贸体制。2001 年 12 月 11 日，中国正式加入世界贸易组织，2006 年 12 月 11 日，中国加入世界贸易组织过渡期基本结束，对外开放进入新的发展时期。

到党的十八大之前，中国已形成了经济特区-沿海开放城市-沿海经济开放区-沿边、沿江和内陆中心城市的全方位、多层次、宽领域的具有中国特色的对外开放战略格局。所谓全方位，就是不论对资本主义国家还是社会主义国家，对发达资本主义国家还是发展中国家都实行开放政策；不仅在经济建设方面坚持对外开放，而且在精神文明建设方面也坚持对外开放。所谓多层次，就是根据各地区的实际情况和特点，通过经济特区、沿海开放城市、沿海经济开放区以及沿边、沿江和内陆中心城市等不同开放程度的各种形式，形成全国范围内的对外开放。所谓宽领域，就是立足国情，对国际商品市场、国际资本市场、国际技术市场、国际劳务市场开放，把对外开放拓宽到能源、交通等基础产业和基础设施，以及金融、保险、房地产等领域。

党的十八大以来，中国特色社会主义进入了新时代。进入新时代以来，中国主动适应经济全球化发展的新形势，努力建设更高水平开放型经济新体制，发展更高层次的开放型经济，推动形成陆海内外联动、东西双向互济的全面开放新格局，积极参与和推动经济全球化进程，中国的对外开放进入了新的发展阶段。

2012 年，党的十八大提出必须实行更加积极主动的开放战略，

> 二十年前甚至十五年前，经济全球化的主要推手是美国等西方国家，今天反而是我们被认为是世界上推动贸易和投资自由化便利化的最大旗手，积极主动同西方国家形形色色的保护主义作斗争。这说明，只要主动顺应世界发展潮流，不但能发展壮大自己，而且可以引领世界发展潮流。
>
> 资料来源：习近平．深入理解新发展理念//中共中央党史和文献研究院．十八大以来重要文献选编：下．北京：中央文献出版社，2018：167.

完善互利共赢、多元平衡、安全高效的开放型经济体系。2013 年，党的十八届三中全会第一次提出要构建开放型经济新体制。2015 年，中共中央、国务院发布了《关于构建开放型经济新体制的若干意见》，对构建开放型经济新体制的总体目标、战略举措做了全面系统的规划。同年，党的十八届五中全会提出，要积极参与全球经济治理和公共产品供给，提高我国在全球经济治理中的制度性话语权，构建广泛的利益共同体。2017 年，党的十九大强调要坚持对外开放的基本国策，发展更高层次的开放型经济，形成陆海内外联动、东西双向互济的开放格局。2018 年，习近平主席在博鳌亚洲论坛年会开幕式上提出了大幅度放宽市场准入、创造更有吸引力的投资环境、加强知识产权保护、主动扩大进口等四项中国扩大开放的重大举措。2019 年，党的十九届四中全会提出建设更高水平开放型经济新体制，实施更大范围、更宽领域、更深层次的全面开放。2020 年，习近平主席提出积极构建以国内大循环为主体、国内国际双循环相互促进的新发展格局。同年，党的十九届五中全会强调，要坚持实施更大范围、更宽领域、更深层次对外开放，全面提高对外开放水平，并在“十四五”规划建议中进行了部署。2022 年，党的二十大提出要依托我国超大规模市场优势，以国内大循环吸引全球资源要素，增强国内国际两个市场两种资源联动效应，提升贸易投资合作质量和水平。目前，我国已成为 140 多个国家和地区的主要贸易伙伴，货物贸易总额居世界第一，吸引外资和对外投资居世界前列。

13.1.3 中国对外开放的基本形式和原则

我国对外开放的形式有很多，基本形式主要有四种：

第一，对外贸易。对外贸易主要是指国与国之间的商品交换关系，一般由商品的进口和出口两个方面组成。如果一个国家每年的出口额和进口额相等，就称作外贸均衡；如果出口额大于进口额，就称作外贸顺差；如果进口额大于出口额，就称作外贸逆差，也称贸易入超。

对外贸易是我国实行对外开放的基础和主要形式。发展对外贸易，可以通过组织商品和劳务的出口，增加外汇收入，补充经济建设资金的来源；可以推动我国科学技术的进步，促进国民经济的技术改造；可以丰富国内市场，提高人民生活水平；可以加快我国建设社会主义现代化国家的步伐。

第二，利用外资。利用外资是解决社会主义现代化建设中资金缺乏问题的一个重要途径。主要有三种方式：其一，财政信贷，包括出口信贷、政府贷款、银行间的往来、在国际市场上筹集的资金、国际组织提供的贷款等。其二，商品信贷，即补偿贸易以及加工装配业务中利用的信贷。其三，直接投资，包括中外合营和外商独资经营。社会主义经济建设中利用外资，可以弥补建设资金的不足，保证一批重点、关键性项目的建设；可以促进高新技术和新兴产业部门的发展，优化产业结构；可以促进国内资源的开发，增强自力更生的能力。

2013 年我国货物进出口规模首次达到 4 万亿美元后，2021 年又连续跨过 5 万亿、6 万亿美元两大台阶，达到了历史高点。我国货物进出口占国际市场份额从 2012 年的 10.4%提升到 2021 年的 13.5%，2017—2021 年，我国连续五年保持全球货物贸易第一大国的地位。我国服务进出口规模持续扩大，2014—2021 年连续八年稳居全球第二。2013—2021 年，我国累计服务进出口总额 41.1 万亿元，年均增长 6.4%，比货物贸易年均增速快 1 个百分点。2022 年、2023 年我国货物进出口总额分别比上年增长 7.7%、0.2%，服务进出口总额分别比上年增长 12.9%、10.0%。

资料来源：国家统计局网站。

第三，引进先进技术。引进先进技术是促进社会主义现代化建设的重要条件。引进先进技术的方式多种多样，包括购买国外的专利权和非专利技术，开办中外合资企业和合作企业、外资企业以及寻求技术咨询、技术服务等。

引进先进技术，可以加速我国技术的进步和发展，推动国民经济的技术改造和设备更新，提高劳动生产率，大大缩短在技术上赶超先进国家所需的时间；可以减少研究和试制费用，节省建设资金，提高我国的科学研究水平和经营管理水平。

2013—2021 年，我国非金融领域累计利用外商直接投资金额 1.2 万亿美元，2021 年利用外资金额比 2012 年增长 55.3%，年均增长 5.0%。2022 年实际利用外商直接投资 1 891 亿美元，比上年增长 8.0%。我国利用外资规模连续多年居发展中国家首位。外商投资企业数量快速增加，市场主体活力不断增强。2021 年，我国外商投资企业 4.8 万家，较 2012 年增长近 1 倍。2023 年我国新设外商直接投资企业 53 766 家，比上年增长 39.7%。

资料来源：国家统计局网站。

第四，国际劳务合作。主要是指一国通过以活劳动为主的非物质形式向他国提供服务，并取得报酬的一种国际经济合作关系。它包括工程承包、技术服务以及提供教师、医生、海员、厨师等服务项目。其中，工程承包由本国的对外承包公司承揽外国政府、国际组织和私人业主的建设项目、物资采购和其他业务，一般通过投标、议标和其他协商途径签订承包合同，然后按合同规定开展业务活动。此外，还有对外经济援助和接受外援，发展国际旅游业等。

国际劳务合作实际上是一项包括人力、物力和设备等多方面内容的综合性的出口业务，越来越受到各国的重视。我国于 1979 年开始正式开展国际劳务合作。开展国际劳务合作，既可以有效地减轻我国国内的就业压力，为社会主义现代化建设增加外汇收入，也可以在国际竞争的环境中培养高素质的人才。

中国对外开放必须坚持独立自主、自力更生的原则。独立自主、自力更生，就是指在坚持政治独立和经济自主的基础上，从本国具体情况出发，主要依靠本国人民的力量，充分利用自己的资源和资金来发展民族经济。

对外开放与独立自主、自力更生是统一的、相辅相成的。任何事物的发展都是内因和外因共同作用的结果，独立自主、自力更生是我国经济发展的内因，是社会主义现代化建设的内部根据，对外开放、吸收和借鉴国外先进的经营方式和管理方法是我国经济发展的外因，是社会主义现代化建设的外部条件，外因只有通过内因才能起作用。因此，独立自主、自力更生是我国社会主义经济发展的立足点。我国的社会主义经济建设必须从实际出发，不能照抄照搬别国经验、别国模式。改革开放以来，我国的对外开放所取得的巨大成就，正是通过独立自主、自力更生这一内因发生作用的。当然，坚持独立自主、自力更生，绝不是闭关锁国、故步自封，关起门来搞建设，盲目地排斥同国外进行平等互利的经济合作和技术交流，而是在立足自身发展的基础上实行对外开放。

只有正确处理好对外开放与独立自主、自力更生的关系，才能充分利用国内外两种资源、两个市场，促进本国经济的发展，提高本国经济的实力。

13.2 实行更加积极主动的开放战略

党的十八大以来，我国更加积极主动地实施对外开放的战略，坚定不移全面扩大开放，实施自由贸易区战略，推动共建“一带一路”高质量发展，建设更高水平开放型经济新体制，推动形成更大范围、更宽领域、更深层次的对外开放格局。

13.2.1 实施自由贸易区战略

自由贸易试验区，是在主权国家或地区的关境之外划出特定的区域，准许外国商品豁免关税自由进出，在贸易和投资等方面比世界贸易组织有关规定更加优惠的贸易安排。实施自由贸易区战略，是我国新一轮对外开放的重要内容，是全面提高开放型经济水平的有效方式。

我国的自由贸易试验区建设自 2013 年 9 月从上海开始。中国（上海）自由贸易试验区成立之初，面积仅有 28.78 平方公里，涵盖上海市外高桥保税区、外高桥保税物流园区、洋山保税港区和上海浦东机场综合保税区。2014 年 12 月自由贸易试验区扩容，区域涵盖了陆家嘴、金桥和张江，面积达 120.72 平方公里。而后，又增设了广东、天津和福建 3 个自由贸易试验区。2015 年 12 月，国务院印发了《关于加快实施自由贸易区战略的若干意见》，提出了我国加快实施自由贸易区战略的总体要求，强调要进一步优化自由贸易区建设布局和加快建设高水平自由贸易区，并就健全保障体系、完善支持机制以及加强组织实施做出了具体部署。2017 年 4 月 1 日，辽宁、浙江、河南、湖北、陕西、四川、重庆 7 个自由贸易试验区正式挂牌运营。2018 年 4 月 13 日，习近平总书记在庆祝海南建省办经济特区 30 周年大会上郑重宣布，党中央决定支持海南全岛建设自由贸易试验区。同年 10 月 16 日，国务院批复同意设立中国（海南）自由贸易试验区并印发《中国（海南）自由贸易试验区总体方案》。截至目前，中国共设立了 21 个自由贸易试验区，它们是新时代中国改革开放创新的重要窗口。

> 建设自由贸易试验区，是党中央为推进新形势下改革开放提出的一项重大举措。要牢牢把握国际通行规则，加快形成与国际投资、贸易通行规则相衔接的基本制度体系和监管模式，既充分发挥市场在资源配置中的决定性作用，又更好发挥政府作用。要大胆闯、大胆试、自主改，尽快形成一批可复制、可推广的新制度，加快在促进投资贸易便利、监管高效便捷、法制环境规范等方面先试出首批管用、有效的成果。要扩大服务业对外开放，引进国际先进经验，提高服务业能级和水平。在自由贸易试验区要做点压力测试，把各方面可能发生的风险控制好，切实防范系统性风险特别是金融风险。
>
> 资料来源：中共中央文献研究室．习近平关于社会主义经济建设论述摘编．北京：中央文献出版社，2017：289.

自由贸易港是开放程度更高的自由贸易区。自由贸易港，取消或最大限度地简化了入港货物的贸易管制措施，货物可以完全自由流动。2017 年，党的十九大进一步指出，赋予自由贸易试验区更大改革自主权，探索建设自由贸易港。2018 年，习近平总书记在庆祝海南建省办经济特区 30 周年大会上指出，支持海南逐步探索、稳步推进中国特色自由贸易港建设，分步骤、分阶段建立自由贸易港政策和制度体系。2020 年，中共中央、国务院印发了《海南自由贸易港建设总体方案》。

加快实施自由贸易区战略，建设具有中国特色的自由贸易试验区和自由贸易港，是适应经济全球化新趋势的客观要求，是全面深化改革、构建开放型经济新体制的必然选择，也是我国积极运筹对外关系、实现对外战略目标的重要手段。首先，建设具有中国特色的自由贸易试验区和自由贸易港，发挥它们对贸易投资的促进作用，更好帮助我国企业开拓国际市场，为我国经济发展注入新动力、增添新活力、拓展新空间。其次，建设具有中国特色的自由贸易试验区和自由贸易港，是我国积极参与国际经贸规则制定、争取全球经济治理制度性权力的重要平台，我们不能当旁观者、跟随者，而是要做参与者、引领者，善于通过自由贸易区建设增强我国的国际竞争力，在国际规则制定中发出更多中国声音、注入更多中国元素，维护和拓展我国发展利益。

建设具有中国特色的自由贸易试验区和自由贸易港，是一项复杂的系统工程。其核心任务是制度创新，即对照国际最高标准、最好水平的自由贸易区，完善基本体系，突破瓶颈、疏通堵点、激活全盘，聚焦商事制度、贸易监管制度、金融开放创新制度、事中事后监管制度等，加快建设同国际投资和贸易通行规则相衔接的制度体系，率先形成法治化、国际化、便利化的营商环境，加快形成公平、统一、高效的市场环境。主要要求是：第一，加强顶层设计，谋划大棋局，既要谋子又要谋势，逐步构筑起立足周边、辐射“一带一路”、面向全球的自由贸易区网络，积极同“一带一路”沿线国家和地区商建自由贸易区，使我国与沿线国家的合作更加紧密、往来更加便利、利益更加融合。第二，努力扩大规模，更讲质量，大胆探索，与时俱进，积极扩大服务业开放，加快新议题谈判。第三，坚持底线思维，注重防风险，做好风险评估，努力排除风险因素，加强先行先试、科学求证，加快建立健全综合监管体系，提高监管能力，筑牢“安全网”。第四，继续练好内功，办好自己的事，加快市场化改革，营造法治化营商环境，加快经济结构调整，推动产业优化升级，支持企业做大做强，提高国际竞争力和抗风险能力。

13.2.2 推动共建“一带一路”高质量发展

2013 年 9 月和 10 月，习近平主席分别提出建设“丝绸之路经济带”和“21 世纪海上丝绸之路”的合作倡议。“一带一路”是“丝绸之路经济带”和“21 世纪海上丝绸之路”的简称。“一带一路”倡议，是我国参与全球开放合作、改善全球经济治理体系、促进全球共同发展繁荣、推动构建人类命运共同体的中国方案，是新时代推进更高水平对外开放的又一重大举措。“一带一路”是我国扩大对外开放的重大战略举措和经济外交的顶层设计，是我国今后相当长时期对外开放和对外合作的管总规划，也是我国推动全球治理体系变革的主动作为。

“一带一路”建设，旨在借用古代丝绸之路的历史符号，高举和平发展的旗帜，积极发展与沿线国家的经济合作伙伴关系，共同打造政治互信、经济融合、文化包容的利益共同体、命运共同体和责任共同体；旨在促进经济要素有序自由流动、资源高效配置和市场深度融合，推动沿线各国实现经济政策协调，开展更大范围、更高水平、更深层次的区域合作，共同打造开放、包容、均衡、普惠的区域经济合作架构；旨在顺应世界多极化、经济全球化、文化多样化、社会信息化的潮流，秉持开放的区域合作精神，致力于维护全球自由贸易体系和开放型世界经济，探索国际合作以及全球治理新模式，彰显人类社会共同理想和美好追求。

“一带一路”倡议的核心内容是，促进基础设施建设和互联互通，加强经济政策协调和发展战略对接，促进协同联动发展，实现共同繁荣，具体包括政策沟通、设施联通、贸易畅通、资金融通和民心相通五个方面。“一带一路”建设的基本原则是共商共建共享。共商即集思广益，群策群力，讲到底，就是重视相关国家的利益与关切，体现相关国家的智慧与创意；共建即各施所长，各尽所能，讲到底，就是相关国家要把自身的优势和潜能都充分发挥出来；共享即建设成果更早、更多、更公平地惠及相关国家和人民。“一带一路”倡议源于中国，更属于世界。共建“一带一路”是经济合作倡议，不是搞地缘政治联盟或军事同盟；是开放包容进程，不是要关起门来搞小圈子或者“中国俱乐部”；是不以意识形态划界，不搞零和游戏，只要各国有意愿，我们都欢迎。

“一带一路”建设成果显著

截至2023年6月底，中国与五大洲的150多个国家、30多个国际组织签署了200多份共建“一带一路”合作文件……中欧班列通达欧洲25个国家的200多个城市……截至2023年6月底，中欧班列累计开行7.4万列，运输近700万标箱……合计货值超3 000亿美元……2013—2022年，中国与共建国家进出口总额累计19.1万亿美元，年均增长6.4%；与共建国家双向投资累计超过3 800亿美元，其中中国对外直接投资超过2 400亿美元；中国在共建国家承包工程新签合同额、完成营业额累计分别达到2万亿美元、1.3万亿美元。2022年，中国与共建国家进出口总额近2.9万亿美元，占同期中国外贸总值的45.4%，较2013年提高了6.2个百分点。

资料来源：中华人民共和国国务院新闻办公室．共建“一带一路”：构建人类命运共同体的重大实践（2023年10月）．人民日报，2023-10-11（10）．

继续推动共建“一带一路”高质量发展，要做好以下几方面工作：一是夯实发展根基。要深化政治互信、深化互联互通、深化贸易畅通、深化资金融通、深化人文交流。二是稳步拓展合作新领域。要稳妥开展健康、绿色、数字、创新等新领域合作，支持发展中国家能源绿色低碳发展，深化数字领域合作，发展“丝路电商”，实施好科技创新行动计划，打造开放、公平、公正、非歧视的科技发展环境。三是更好服务构建新发展格局。要统筹考虑和谋划构建新发展格局和共建“一带一路”，加快完善各具特色、互为补充、畅通安全的陆上通道并优化海上布局，加强产业链供应链畅通衔接，推动来源多元化，优质打造标志性工程，形成更多接地气、聚人心的合作成果。四是全面强化风险防控。要落实风险防控制度，探索建立境外项目风险的全天候预警评估综合服务平台，加强海外利益保护、国际反恐、安全保障等机制的协同协作，统筹推进疫情防控和共建“一带一路”合作，教育引导我国在海外企业的公民自觉遵守当地的法律和风俗习惯，加快形成系统完备的反腐败涉外法律法规体系，加大跨境腐败治理力度。五是强化统筹协调。要坚持党的集中统一领导，把共建“一带一路”工作纳入重要议事日程，统筹落实好境外项目建设和风险防控责任，各地要找准参与共建“一带一路”定位，讲好共建“一带一路”故事，营造良好舆论氛围。

13.2.3 建设更高水平开放型经济新体制

建设更高水平开放型经济新体制，目的是进一步破除体制机制障碍，使对内对外开放相互促进、引进来和走出去更好结合，构建互利共赢、多元平衡、安全高效的开放型经济体系。建设更高水平开放型经济新体制，必须实施更大范围、更宽领域、更深层次的全面开放。

第一，实施更大范围的全面开放。实施更大范围的开放，就是要优化对外开放的空间布局，通过更大范围的开放，改变我国对外开放东快西慢、沿海强内陆弱的区域格局，引导沿海内陆沿边开放优势互补、协同发展，逐步形成陆海内外联动、东西双向互济的开放格局。(1) 巩固东部沿海地区开放的先导地位，完善内陆开放新机制，培育沿边开放新支点。要巩固东部沿海地区和全国特大城市的开放先导作用。要更好发挥东部地区对中西部地区的产业辐射带动作用。将沿边重点开发开放试验区、边境经济合作区建成我国与周边国家合作的重要平台，加快沿边开放步伐。(2) 扩大对中国香港、澳门和台湾地区的开放。发挥港澳地区的开放平台与示范作用，做好建立内地与港澳更紧密经贸关系的安排，加快实现内地与港澳服务贸易自由化。加强两岸产业合作、双向贸易投资及便利化方面的合作。(3) 加快自由贸易试验区和自由贸易港等对外开放高地建设。充分发挥上海临港新片区等的示范引领作用，赋予其更大的自主发展、自主改革和自主创新管理权限，充分发挥自由贸易试验区改革开放试验田作用。建立健全海南分步骤分阶段建设自由贸易港政策和制度体系，稳步推进海南自由贸易港建设，打造开放层次更高、营商环境更优、辐射作用更强的对外开放高地。(4) 以“一带一路”建设为重点构建对外开放新格局。坚持互利共赢的开放战略，推动共建“一带一路”走深走实和高质量发展，促进商品、资金、技术、人员更大范围流通，依托各类开发区发展高水平经贸产业合作园区，加强市场、规则、标准方面的软联通，强化合作机制建设。

新时代我国对外贸易区域发展更加协调

党的十八大以来，我国东部地区对外贸易保持稳步增长，中西部地区对外开放加速推进。按美元计价，2021 年，我国东部地区外贸进出口 4.8 万亿美元，比 2012 年增长 46.9%，年均增长 4.4%。同期，我国中西部地区进出口 1.1 万亿美元，是 2012 年的 2.5 倍，年均增长 10.7%，较同期我国外贸整体年均增速高 5.6 个百分点，占同期我国外贸进出口总值的 17.7%，较 2012 年提升 6.6 个百分点。

资料来源：国家统计局网站。

第二，实施更宽领域的全面开放。实施更宽领域的开放，就是要大幅放宽市场准入，更加重视和加快金融、电信、教育、医疗、文化等领域的开放进程，在更多领域允许外资控股或独资经营，大力提高贸易便利化自由化程度，发展服务贸易，促进外贸提质增效升级，同时，实施走出去国家战略，努力提高对外投资质量和效率，完善要素市场化国际化配置，使商品、要素等领域开放形成协同效应。(1) 创新外商投资管理体制。推动产业扩大开放，完善外商投资市场准入制度，大幅度放宽市场准入标准，引导外资更多投向先进制造业、现代农业，在更多领域允许外资控股或独资经营。扩大服务业市场准入，在做好风险评估的基础上，分层次、有重点放开服务业领域外资准入限制；在维护国家安全的前提下，对于交通、电信等基础设施以及矿业等相关领域逐步减少对外资的限制；鼓励跨国公司在华设立地区总部、研发中心、采购中心、财务管理中心等功能性机构。(2) 构建外贸可持续发展新机制。着力破解制约外贸持续发展和转型升级的突出问题，加快培育外贸竞争新优势。优化市场布局和贸易结构，进一步推进以质取胜战略；鼓励企业开展科技创新和商业模式创新，加快培育以技术、品牌、质量、服务为核心的外贸竞争新优势；鼓励发展跨境电子商务、市场采购贸易等新型贸易方式；鼓励先进技术、关键设备和零部件进口；强化大通关协作机制，实现口岸管理相关部门信息互换、监管互认、执法互助；大力发展服务贸易，提升服务贸易战略地位，着力扩大服务贸易规模；鼓励发展生产性服务贸易，提高货物贸易中的服务附加值，推进国内服务市场健全制度、标准、规范和监管体系，制定与国际接轨的服务业标准化体系，促进服务外包升级，提升服务跨境交付能力。(3) 建立促进“走出去”战略的新体制。健全对外投资政策和服务体系，推进引进外资与对外投资有机结合，实施“走出去”国家战略，提高对外投资的质量和效率，推动我国企业和产业不断增强国际竞争力。

外商投资产业布局不断优化

党的十八大以来，我国吸引外资更加注重结构优化，不断引导投资更多向高新技术产业、战略性新兴产业、现代服务业等产业倾斜。2021 年，服务业实际使用外资 9 065 亿元，占当年利用外资总额的 78.9%，比 2012 年提高 30.7 个百分点。2022 年，高技术产业实际使用外资 4 449.5 亿元，比上年增长 28.3%，占全部使用外资比重为 36.1%，比上年提高 7.1 个百分点。

资料来源：国家统计局网站。

第三，实施更深层次的全面开放。实施更深层次的开放，就是从我国国情出发，借鉴和对标国际先进经验，完善我国涉外经贸法律和规则体系，健全对外开放国家经济安全保障体系，积极参与世界贸易组织改革，推动完善国际经贸规则，推动对外开放由商品和要素流动型开放向规则、规制、管理、标准等制度型开放转变。（1）完善我国涉外经贸法律和规则体系。不断完善涉外经贸法律及相关领域国内立法，促进与国际通行经贸规则有机衔接、良性互动，大力加强对外开放的安全工作，在扩大开放的同时，坚持维护我国核心利益，建立系统完备、科学高效的开放型经济安全保障体系。（2）推动构建更高水平的国际经贸规则。坚持世界贸易体制规则，维护多边贸易体制在全球贸易投资自由化中的主渠道地位，维护世界贸易组织在多边贸易体制中的核心地位，积极推动和参与世界贸易组织改革。推动构建面向全球的高标准自由贸易区网络，加快实施自由贸易区战略，坚持分类施策、精耕细作，逐步构筑起立足周边、辐射“一带一路”、面向全球的高标准自由贸易区网络。依托共建“一带一路”倡议及联合国、上海合作组织、金砖国家、二十国集团、亚太经合组织等多边和区域、次区域合作机制，积极参与全球经济治理和公共产品供给，构建全球互联互通伙伴关系，加强与相关国家、国际组织的经济发展倡议、规划和标准的对接。全面参与国际经济体系变革和规则制定，推进全球经济治理体系改革，支持联合国、二十国集团等发挥全球经济治理主要平台作用，推动金砖国家合作机制发挥作用，共同提高新兴市场国家和发展中国家在全球经济治理领域的发言权和代表性。

13.3 经济全球化新态势与构建人类命运共同体

当前经济全球化进入阶段性调整期，呈现出新态势，但仍然是世界经济发展的时代潮流，要积极推进全球经济治理体系变革，引导和推动经济全球化健康发展。构建人类命运共同体，是中国共产党为解决人类重大问题而贡献的中国智慧和中国方案。

13.3.1 经济全球化发展的新态势

当前，世界百年未有之大变局加速演进，新一轮科技革命和产业变革深入发展，国际力量对比深刻调整，同时，世纪疫情影响深远，“逆全球化”思潮抬头，单边主义、保护主义上升，世界经济复苏乏力，局部冲突和动荡频发，全球性问题加剧，世界进入新的动荡变革期。这些变化，给经济全球化发展带来了机遇的同时也带来了挑战，经济全球化发展呈现出了新的态势。

第一，世界经济复苏乏力，阻碍了经济全球化的发展进程。当前全球增长动能不足，难以支撑世界经济持续稳定增长，从而使经济全球化发展的内生动力不足、发展进程受阻。近年来，世界经济处在动能转换的换挡期，传统增长引擎对经济的拉动作用减弱，虽然新技术不断涌现，但新的经济增长点尚未形成，难以支撑世界经济持续稳定增长；同时，世界各国短期政策刺激效果不佳，深层次结构性改革尚在推进，世界经济增速处于较低水平。另外，受新冠疫情影响，世界经济发展的不稳定不确定因素增加，部分国家的内顾倾向增强，全球产业链供应链出现了本土化、区域化趋势，还有一些国家将产业链供应链政治化、武器化等。这些都使经济全球化的发展进程受阻。

第二，国际力量对比深刻调整，改变了经济全球化的推动力量。新世纪以来，新兴市场国家和发展中国家快速崛起，发展态势明显强于发达国家，正在成为促进经济全球化发展的重要推动力量。根据国际货币基金组织的统计，2001 年至 2021 年，新兴市场国家和发展中国家占世界经济的比重从 21.15％上升到 40.92％，发达国家占世界经济的比重从 78.85％下降至 59.08％；同时，新兴市场国家和发展中国家仍保持相对发达国家更快的增长速度，对世界经济增长的贡献率已经达到 80％，成为世界经济增长的主要动力。美国等一些发达国家近年来经济社会发展陷入低迷，发展活力缺失，产业空心化、人口老龄化、收入差距扩大化严重威胁经济发展，社会内部严重分裂甚至走向对立。国际力量对比的革命性变化，必然推动国际经济、科技、文化、安全、政治格局出现重大变化，西方国家在经济全球化过程中垄断国际事务的局面难以为继，新兴市场国家和发展中国家在经济全球化过程中的地位和话语权不断提升，正在成为推动经济全球化发展的主导力量。

第三，保护主义盛行，催生了“逆全球化”的暗流。2008年国际金融危机以来，世界上出现了单边主义、保护主义和“逆全球化”倾向，一些发达国家在应对本国经济矛盾和危机时，为保护本国在国际贸易领域的优势地位和本国的市场及产业，片面强调自身利益，甚至以邻为壑，催生了各种形式的保护主义，特别是美国，在“美国优先”的口号下，大搞单边主义、保护主义和经济霸权主义。这些做法冲击了全球供应链和国际分工体系，破坏了国际经济秩序，导致了现有国际贸易秩序紊乱甚至冲突，使全球经济落入“衰退陷阱”，也给世界经济稳定运行带来不确定风险。同时，近年来欧美各国兴起民粹主义，对经济全球化产生怀疑，主张重新强化国家边界，反对国际组织和机制干预经济，对经济全球化提出了新的挑战。虽然困扰当今世界的许多问题，不都是由经济全球化造成的，但是单边主义、保护主义、民粹主义的兴起，使经济全球化的发展遭遇逆流。

经济全球化是时代潮流。大江奔腾向海，总会遇到逆流，但任何逆流都阻挡不了大江东去。动力助其前行，阻力促其强大。尽管出现了很多逆流、险滩，但经济全球化方向从未改变、也不会改变。

资料来源：习近平．坚定信心　勇毅前行　共创后疫情时代美好世界：在2022年世界经济论坛视频会议的演讲．人民日报，2022-01-18（2）.

第四，全球性问题加剧，恶化了经济全球化的发展环境。人类正处在大发展大变革大调整时期，虽然和平、发展、合作、共赢的时代潮流依然强劲，但是人类社会面临着诸多前所未有的全球性挑战。全球发展失衡，难以满足人们对美好生活的需要，收入分配不平等、发展空间不平衡加剧，甚至使一些国家出现了社会动荡。“弱肉强食”的丛林法则和“你输我赢”“赢者通吃”的零和博弈，造成富者愈富、贫者愈贫，发达国家与发展中国家以及发达国家内部的贫富差距越拉越大。地区冲突频繁发生，恐怖主义、难民潮等此起彼伏，贫困、失业、收入差距拉大以及气候变化、重大传染性疾病等依然是人类面临的重大威胁。人类正处在一个挑战层出不穷、风险日益增多的时代，世界面临的不确定性上升。人类社会发展面临的全球性问题，恶化了经济全球化的发展环境，给经济全球化的发展带来了不利影响。

13.3.2 推进全球经济治理体系变革

全球经济治理体系，是指各国政府和国际经济组织等非政府组织，按照国际经济规则和制度对世界或区域范围内共同的经济问题进行协调和管理的治理体系。当前，西方国家主导的全球经济治理体系，越来越不适应时代的发展和要求，国际社会对变革全球经济治理体系的呼声越来越高，推进全球经济治理体系变革已成为世界各国的普遍要求。

中国作为世界上重要的新兴经济体国家，积极参与全球经济治理体系变革和世界公共产品的供给，将继续发挥负责任大国的作用，做国际经贸规则的参与者、引领者。

中国积极参与全球经济治理，弘扬的是“共商共建共享”的全球治理理念。这一理念要求：第一，以开放为导向，坚持理念、政策、机制开放，适应形势变化，广纳良言，充分听取社会各界建议和诉求，鼓励各方积极参与和融入，不搞排他性安排，防止治理机制封闭化和规则碎片化，

> 现在，我国对外开放也出现了一些新特点：过去是招商引资为主，现在是引进来和走出去并重；过去主要是扩大出口换取外汇，现在是市场、资源能源、投资都离不开国际市场；过去只是被动适应国际经贸规则，现在则要主动参与和影响全球经济治理。
>
> 资料来源：中共中央文献研究室．习近平关于社会主义经济建设论述摘编．北京：中央文献出版社，2017：295.

世界上的事情各国共同商量着办。第二，以合作为动力，全球性挑战需要全球性应对，合作是必然的选择。各国在国际经济合作中必须确保机会平等、规则平等、权利平等，加强沟通和协调，照顾彼此利益关切，共商规则，共建机制，共迎挑战。第三，以共享为目标，提倡所有人参与、所有人受益，不搞“一家独大”或者“赢者通吃”，而是寻求利益共享，实现共赢目标。

中国积极参与全球经济治理的目的在于，推动形成更加公平合理的全球治理体系，深度参与新的国际经贸谈判和规则制定；推动投资和贸易自由化制度安排，使中国人民巧于制造、善于通商的优势充分发挥出来；推动国际秩序朝着更加公正合理的方向发展，为世界和平稳定提供制度保障。共同构建公正高效的全球金融治理格局，维护世界经济稳定大局；共同构建开放透明的全球贸易和投资治理格局，巩固多边贸易体制，释放全球经贸投资合作潜力；共同构建绿色低碳的全球能源治理格局，推动全球绿色发展合作；共同构建包容联动的全球发展治理格局，以落实联合国《2030年可持续发展议程》为目标，共同增进全人类福祉。

中国积极参与全球经济治理的路径主要有：

第一，坚持创新驱动，打造富有活力的增长模式。世界经济面临的根本问题是增长动力不足。创新是引领发展的第一动力。与以往历次工业革命相比，第四次工业革命是以指数级而非线性速度展开的。我们必须在创新中寻找出路。只有敢于创新、勇于变革，才能突破世界经济增长和发展的瓶颈。创新是各国发展的重要抓

2010年11月5日，国际货币基金组织执行董事会通过了份额改革方案，中国的份额从3.72%升至6.39%，投票权从3.65%升至6.07%，2016年1月该方案生效。这意味着中国超越德国、法国和英国，正式成为该组织中仅次于美国和日本的第三大股东，得到了在该组织中更大的话语权。2016年人民币加入特别提款权（SDR）货币篮子，2022年5月，国际货币基金组织宣布将人民币在特别提款权货币篮子中的权重从10.92%上调至12.28%，这进一步推动了人民币的国际化。

手，能让各国人民重拾信心和希望。

第二，坚持协同联动，打造开放共赢的合作模式。人类已经成为你中有我、我中有你的命运共同体，利益高度融合，彼此相互依存。每个国家都有发展权利，同时都应该在更加广阔的层面考虑自身利益，不能以损害其他国家利益为代价。要使全球互联互通，让世界各国实现联动增长，走向共同繁荣。

第三，坚持与时俱进，打造公正合理的治理模式。小智治事，大智治制。全球经济治理体系变革的紧迫性越来越突出，国际社会呼声越来越高。全球经济治理体系只有适应国际经济格局新要求，才能为全球经济提供有力保障。国家不论大小、强弱、贫富，都是国际社会平等成员，理应平等参与决策、享受权利、履行义务。

第四，坚持公平包容，打造平衡普惠的发展模式。“大道之行也，天下为公”。发展的目的是造福人民。要让发展更加平衡，让发展机会更加均等、发展成果人人共享，就要完善发展理念和模式，提升发展公平性、有效性、协同性。

13.3.3 引导和推动经济全球化健康发展

经济全球化契合各国人民要发展、要合作的时代潮流。经济全球化出现一些问题并不可怕，世界各国应站在历史正确的一边，总结历史经验与教训，加强协调、完善治理，引导经济全球化健康发展。

中国是经济全球化的积极参与者、坚定支持者和引领者，愿与国际社会一道，主动作为，加强引导，让经济全球化进程更有活力、更加包容、更可持续，推动经济全球化朝着更加开放、包容、普惠、平衡、共赢的方向发展。

第一，推动经济全球化开放发展。开放是人类文明进步的重要动力，是世界繁荣发展的必由之路，要坚持开放的政策取向，旗帜鲜明反对保护主义、单边主义，共同建设开放型世界经济。要致力于推进合作共赢的共同开放，坚持合作共赢理念，信任而不是猜忌，携手而不是挥拳，协商而不是谩骂，以各国共同利益为重。要致力于推进合作共担的共同开放，大国要率先示范，主要经济体要以身作则，发展中国家要积极作为，通过共同开放、共担责任，推动世界共同发展。要致力于推进合作共治的共同开放，以建设性姿态改革全球经济治理体系，坚持共商共建共享的全球治理观，维护以世界贸易组织为基石的多边贸易体制，完善全球经济治理规则，推动建设开放型世界经济。

> 面对经济全球化大势，像鸵鸟一样把头埋在沙里假装视而不见，或像堂吉诃德一样挥舞长矛加以抵制，都违背了历史规律。世界退不回彼此封闭孤立的状态，更不可能被人为割裂。
>
> 资料来源：习近平．在第七十五届联合国大会一般性辩论上的讲话//中共中央党史和文献研究院．十九大以来重要文献选编：中．北京：中央文献出版社，2021：712.

第二，推动经济全球化包容发展。进入21世纪，人类已经成为你中有我、我中有你的命运共同体，利益高度融合，彼此相互依存，要摒弃冷战思维以及由此产生的种种围堵、打压甚至对抗。以意识形态划线，搞集团政治和阵营对抗，只会割裂世界，阻碍全球发展和人类进步。搞保护主义、单边主义，最终只会损人害己，搞霸权霸凌，更是逆历史潮流而动。任何执意打造“小院高墙”“平行体系”的行径，任何热衷于搞排他性“小圈子”“小集团”分裂世界的行径，任何泛化国家安全概念、对其他国家经济科技发展进行遏制的行径，任何煽动意识形态对立、把经济科技问题政治化和武器化的行径，都严重削弱国际社会应对共同挑战的努力。不同国家、不同文明要在彼此尊重中包容发展，各国要顺应历史大势，坚持对话而不对抗、包容而不排他，反对一切形式的单边主义、保护主义，反对一切形式的霸权主义和强权政治，推动更加包容的全球发展。

第三，推动经济全球化普惠发展。追求幸福生活是各国人民的共同愿望，每个国家都想过上好日子，现代化不是哪个国家的特权。各国应该超越差异和分歧，发挥各自优势，走在前面的国家应该真心帮助其他国家发展，提供更多全球公共产品。大国要有大国的担当，要平衡照顾各国特别是发展中国家的利益，不能仅以发达国家、个别国家的安全、标准要求全世界，要尊重各国主权，不搞技术霸权，不干涉他国内政，不从事、不纵容、不保护危害他国安全的技术活动。要完善发展理念和模式，提升发展的公平性、有效性、协同性，赋予新兴市场国家和发展中国家更多代表性和发言权，让发展更加平衡、发展机会更加均等、发展成果人人共享。要落实联合国《2030年可持续发展议程》，加大对最不发达国家的支持力度，让发展成果惠及更多国家和民众，实现共同发展、共同繁荣、共同富裕。

第四，推动经济全球化平衡发展。当前，世界经济面临衰退的风险，发展中国家首当其冲，要支持发展中国家的发展，避免世界经济分化和不平衡复苏。要建设全球经济复苏伙伴关系，坚持发展优先、以人民为中心，始终想着发展中国家的难处，照顾发展中国家的关切，促进全球均衡发展。要遏制全球通胀，化解系统性经济金融风险，特别是发达经济体要减少货币政策调整的负面外溢效应，将债务稳定在可持续水平。要加快落实国际货币基金组织向低收入国家转借特别提款权的进程，国际金融机构和商业债权人作为发展中国家的主要债权方，应该参与对发展中国家的减缓债行动。要营造开放、公平、非歧视的数字经济发展环境，缩小南北国家间数字鸿沟。要坚持共同但有区别的责任原则，在发展框架内推进应对气候变化国际合作，发达经济体要率先履行减排责任，落实资金、技术支持承诺，为发展中国家应对气候变化、实现可持续发展创造必要的条件。

第五，推动经济全球化共赢发展。世界经济发展面临的

> 中国对外开放，不是要一家唱独角戏，而是要欢迎各方共同参与；不是要谋求势力范围，而是要支持各国共同发展；不是要营造自己的后花园，而是要建设各国共享的百花园。
>
> 资料来源：习近平．在庆祝中国共产党成立九十五周年大会上的讲话//中共中央党史和文献研究院．十八大以来重要文献选编：下．北京：中央文献出版社，2018：354.

难题，没有哪一个国家能独自解决。各国应该坚持人类优先的理念，而不应把一己之利凌驾于人类利益之上，反对零和博弈和“赢者通吃”，反对通过掠夺别国资源、牺牲别国利益来实现自己的发展。多边主义是维护和平、促进发展的有效路径。要继续坚持和维护已经被实践充分证明是正确有效的贸易自由化、多边贸易体制等规则体制，并不断创新、完善和发展。要完善全球治理，践行真正的多边主义，世界只有一个体系，就是以联合国为核心的国际体系；只有一个秩序，就是以国际法为基础的国际秩序；只有一套规则，就是以联合国宪章宗旨和原则为基础的国际关系基本准则。要消除霸权主义与强权政治、丛林法则与零和博弈，秉持共商共建共享理念，真正实现民主、平等、公正、合理。

12.3.4 推动构建人类命运共同体

推动构建人类命运共同体，是党的十八大以来，以习近平同志为核心的党中央面对世界大发展大变革大调整的新形势，在中国日益走近世界舞台中央之际，为解决人类重大问题而贡献的中国智慧和中国方案。

构建人类命运共同体的核心内涵是：建设持久和平、普遍安全、共同繁荣、开放包容、清洁美丽的世界。构建人类命运共同体思想，回答了“建设一个什么样的世界、如何建设这个世界”的重大时代命题，反映了人类社会共同价值追求，彰显了中国作为负责任大国的国际担当，符合中国人民和世界人民的根本利益，得到广大发展中国家的热烈欢迎和支持。

> 人类命运共同体，顾名思义，就是每个民族、每个国家的前途命运都紧紧联系在一起，应该风雨同舟，荣辱与共，努力把我们生于斯、长于斯的这个星球建成一个和睦的大家庭，把世界各国人民对美好生活的向往变成现实。
>
> 资料来源：习近平．携手建设更加美好的世界//中共中央党史和文献研究院．十九大以来重要文献选编：上．北京：中央文献出版社，2019：110.

构建人类命运共同体的关键在行动，国际社会要从伙伴关系、安全格局、经济发展、文明交流、生态建设等方面做出努力。中国作为世界和平的建设者、全球发展的贡献者、国际秩序的维护者，愿同世界各国人民一道，推动构建人类命运共同体，携手建设更加美好的世界。2021 年 9 月 21 日，习近平主席在第七十六届联合国大会一般性辩论上发表重要讲话，提出了全球发展倡议。全球发展倡议着眼全球共同发展的长远目标和现实需要，凝聚促进发展的国际共识，培育全球发展新动能，推动世界各国共同发展进步，为推动国际社会形成合力、破解发展赤字难题、实现联合国《2030 年可持续发展议程》贡献了中国方案和中国智慧。全球发展倡议，是新时代新征程上中国推动国际发展合作以及在经济上推动构建人类命运共同体的重要遵循。

> 每个国家都有发展的权利，各国人民都有追求幸福生活的自由。我提出全球发展倡议，就是推动国际社会走共同发展之路，重振联合国 2030 年可持续发展议程。
>
> 资料来源：习近平．深化团结合作　应对风险挑战　共建更加美好的世界：在 2023 年金砖国家工商论坛闭幕式上的致辞．人民日报，2023-08-23 (2).

中国提出的全球发展倡议的主要内容包括以下六个方面：

一是坚持发展优先，要把发展置于全球宏观政策框架的突出位置，加强主要经济体政策协调，保持连续性、稳定性、可持续性，构建更加平等均衡的全球发展伙伴关系，推动多边发展合作进程协同增效，加快落实联合国《2030 年可持续发展议程》。

二是坚持以人民为中心，在发展中保障和改善民生，保护和促进人权，做到发展为了人民、发展依靠人民、发展成果由人民共享，不断增强民众的幸福感、获得感、安全感，实现人的全面发展。

三是坚持普惠包容，关注发展中国家特殊需求，通过缓债、发展援助等方式支持发展中国家尤其是困难特别大的脆弱国家，着力解决国家间和各国内部发展不平衡、不充分问题。

四是坚持创新驱动，抓住新一轮科技革命和产业变革的历史性机遇，加速科技成果向现实生产力转化，打造开放、公平、公正、非歧视的科技发展环境，挖掘疫后经济增长新动能，携手实现跨越发展。

五是坚持人与自然和谐共生，完善全球环境治理，积极应对气候变化，构建人与自然生命共同体，加快绿色低碳转型，实现绿色复苏发展。

六是坚持行动导向，加大发展资源投入，重点推进减贫、粮食安全、抗疫和疫苗、发展筹资、气候变化和绿色发展、工业化、数字经济、互联互通等领域合作，构建全球发展命运共同体。

中国提出的全球发展倡议，最根本的追求是满足全世界人民对美好生活的向往，实现全人类共同价值。中方愿同各国一道，加快推进倡议合作，强化全球发展动能，应对共同挑战，增进各国人民福祉，推动全球发展迈向平衡、协调、包容新阶段。

本章小结

经济全球化是当代经济发展的大趋势。我国要发展社会主义市场经济，实现现代化，就必须实行对外开放。对外开放是中国的一项长期基本国策。我国的对外开放主要有对外贸易、利用外资、引进先进技术、国际劳务合作四种基本形式。对外开放必须处理好与独立自主、自力更生的关系。

进入新时代以来，我国更加积极主动对外开放，坚定不移全面扩大开放。建设具有中国特色的自由贸易试验区和自由贸易港，是适应经济全球化新趋势的客观要求，也是我国积极运筹对外关系、实现对外战略目标的重要手段。推动共建"一带一路"高质量发展，是我国参与全球开放合作、改善全球经济治理体系、促进全球共同发展繁荣、推动构建人类命运共同体的中国方案。建设更高水平开放型经济新体制的目的，是进一步破除体制机制障碍，使对内对外开放相互促进，引进来和走出去更好结合，构建互利共赢、多元平衡、安全高效的开放型经济体系。

当前经济全球化进入阶段性调整期，但经济全球化仍然是世界经济发展的时代潮流。中国作为世界上重要的新兴经济体国家，将继续发挥负责任大国作用，做国际经贸规则的参与者、引领者，积极参与全球经济治理体系变革和世界公共产品的供给。中国是经济全球化的积极参与者，也是坚定支持者和引领者，积极引导和推动经济全球化朝着更加开放、包容、普惠、平衡、共赢的方向发展。中国作为世界和平的建设者、全球发展的贡献者、国际秩序的维护者，愿同世界各国人民一道，推动构建人类命运共同体，携手建设更加美好的世界。

阅读书目

1. 江泽民．全面建设小康社会，开创中国特色社会主义事业新局面//江泽民．江泽民文选：第 3 卷．北京：人民出版社，2006.

2. 胡锦涛．坚定不移沿着中国特色社会主义道路前进　为全面建成小康社会而奋斗．北京：人民出版社，2012.

3. 中共中央关于全面深化改革若干重大问题的决定．北京：人民出版社，2013.

4. 习近平．提高我国参与全球治理的能力//习近平．习近平谈治国理政：第 2 卷．北京：外文出版社，2017.

5. 习近平．坚定信心，共克时艰，共建更加美好的世界//习近平．习近平谈治国理政：第 4 卷．北京：外文出版社，2022.

6. 习近平．高举中国特色社会主义伟大旗帜　为全面建设社会主义现代化国家而团结奋斗．北京：人民出版社，2022.

分析与思考

1. 有人认为，人多地少、人均资源短缺是我国实行对外开放的原因。你认为这一看法正确吗？

2. 在经济全球化条件下，我国实行对外开放的新举措是什么？

3. 当前经济全球化发展出现了哪些新态势？如何看待经济全球化的发展方向？

4. 中国提出的全球发展倡议的主要内容是什么？提出全球发展倡议有何重要意义？

一版后记

我们编写的这本教育部马克思主义理论与思想政治教育重点学科教材《马克思主义政治经济学原理》，从依据教学基本要求设计体系框架、写作每一章，到大量相关材料的搜集整理及分析与思考习题的整理和编辑，都花费了很多时间。对我们来说，编写这样一本探索性教材是一种尝试，希望这种尝试能给广大“两课”教师进行这门课的教学带来便利，也希望大学生在学习“两课”中能喜欢这样的教材。当然，我们更诚恳地希望大家通过使用这本教材，给我们提出宝贵的修改意见。

本教材的作者是中国人民大学、首都师范大学、首都医科大学、北京科技大学等高校长期从事“两课”教学的教师。各章分工情况如下：

导论、第 11、12 章：张雷声；

第 1、2、8 章：董正平；

第 3 章：李玉峰；

第 4、5 章：姜冰；

第 6、7 章：郑吉伟；

第 9、10 章：陆宁、董正平。

张雷声、董正平对全书做了统稿，并对一些章节做了补写或改写，全书最后由张雷声定稿。

本教材的写作得到顾海良教授的指导，本教材的出版得到中国人民大学出版社的大力支持，谨表感谢！

张雷声

2003 年 7 月 14 日

二版后记

《马克思主义政治经济学原理》自 2003 年由中国人民大学出版社作为教育部马克思主义理论与思想政治教育重点学科教材出版后，几年来，受到了广大读者的欢迎和好评。教材不仅能够作为本科生学科基础课的教材和考研的辅导教材，而且还能够作为马克思主义理论专业研究生入学考试的参考用书，我们作为教材的编者，颇感欣慰。

《马克思主义政治经济学原理（第二版）》是按照党的十七大精神修订而成的，并吸收了理论界的最新成果。在本书修订过程中，对有些理论问题做了重写或改写，对资料、数据、案例等做了部分替换。

本书修订工作由张雷声、董正平、韩建新完成。

衷心感谢中国人民大学出版社编辑郭晓明为本书再版付出的辛勤劳动。

主编

2009 年 8 月 16 日

三版后记

《马克思主义政治经济学原理》教材使用至今已有10多年了，其间做过一次修订。总体上看，该教材虽然是作为马克思主义理论与思想政治教育学科的教材出版的，但是，它的使用远超出了这个范围，不仅成为相关学科本科生的必用教材，而且也成为国内几十所高校马克思主义理论专业硕士研究生入学考试的必读书目，得到了师生们的好评。2011年，该教材被评为北京市高等教育精品教材。

现在出版的《马克思主义政治经济学原理（第三版）》，在正文和辅文上都做了不小的改动。一是将党的十八大和十八届三中全会精神融入了教材的相关内容中，更新了部分内容，采用了一些新的提法；二是对行文表述做了更为精练和简洁的润色和加工，力求表达精准，便于阅读和理解；三是对辅文做了大量的替换，尽可能地采用了最新资料。

本版的修订工作主要由中国人民大学张雷声、北京城市学院韩建新、中央财经大学彭俞超完成。张雷声修改了教材的正文部分，韩建新、彭俞超对部分辅文做了修订，全书最后由张雷声定稿。

本教材的修订再版得到中国人民大学出版社郭晓明、余盛的关心和支持，谨表感谢！

张雷声

2014年3月10日

四版后记

党的十九大之后，我就接到修订《马克思主义政治经济学原理》教材的任务，但由于多方面原因，耽搁了下来。

现在出版的《马克思主义政治经济学原理（第四版）》，其中改动比较大的章节有第 6、7、12 章。根据理论和实践发展的新情况、新问题和新要求，我们对这几章进行了改写，也增加了许多新的内容。

本版的修订工作主要由张雷声、董正平完成。导论、第 3、4、5、6、7、11、12 章的修订工作由张雷声完成，第 1、2、8、9、10 章的修订工作由董正平完成。其中，第 6、7、12 章的改写工作由张雷声完成，第 9、10 章的部分辅文资料由首都师范大学的张敏提供。全书最后由张雷声定稿。

本教材的修订再版得到了中国人民大学出版社郭晓明、牛晋芳的大力支持和帮助，表示衷心的感谢！

张雷声

2019 年 11 月 2 日

五版后记

《马克思主义政治经济学原理（第五版）》被纳入中国人民大学"十四五"规划教材建设之中。第五版改动比较大的章节有第 6、7、9、10、11、12、13 章。根据党的二十大的新精神，根据党的创新理论的新要求，根据理论和实践发展的新情况和新问题，由彭俞超、黄泽清、韩建新对这几章进行了改写，增加了新内容新材料；由黄泽清增补了本教材的第 10 章。

本版的修订工作由张雷声主持。导论、第 1、2 章的修订工作由张雷声完成，第 3、4、5 章的修订工作由李玉峰完成，第 6、7、8 章的修订工作由彭俞超完成，第 9、10、11 章的修订工作由黄泽清完成，第 12、13 章的修订工作由韩建新完成。全书最后由张雷声统稿。

本教材的修订再版得到了中国人民大学教务处的关心和支持，得到了中国人民大学出版社牛晋芳的支持和帮助，表示衷心的感谢！

张雷声

2024 年 5 月 5 日